नवनाथ

नवनाथ

प्रो. रविशंकर सिंह
डॉ. अरुण कुमार त्रिपाठी

वाणी प्रकाशन

वाणी प्रकाशन

4695, 21-ए, दरियागंज, नयी दिल्ली 110 002

फ़ोन : +91 11 23273167 फ़ैक्स : +91 11 23275710

शाखाएँ

अशोक राजपथ, पटना 800 004, बिहार

कॉफ़ी हाउस कैम्पस, महात्मा गांधी मार्ग, इलाहाबाद 211 001, उत्तर प्रदेश

महात्मा गांधी अन्तरराष्ट्रीय हिन्दी विश्वविद्यालय, वर्धा 442 001, महाराष्ट्र

सुल्तानिया रोड, मोतिया पार्क, भोपाल 462 001, मध्य प्रदेश

www.vaniprakashan.com
marketing@vaniprakashan.in
sales@vaniprakashan.in

Navnath
by Prof. Ravishankar Singh/Dr. Arun Kumar Tripathi

ISBN : 978-93-90678-74-7
Religion/Culture

प्रथम संस्करण 2021

मूल्य : ₹ 695

आर. टेक ऑफ़सेट प्रिंटर्स, दिल्ली-110032 में मुद्रित

वाणी प्रकाशन का लोगो मक़बूल फ़िदा हुसेन की कूची से

प्राक्कथन

भारतीय धर्म-साधना में नाथपन्थ का विशेष योगदान है। नाथ-सिद्धों, अवधूतों और योगियों के जीवन-चरित्र भगवान् आदिनाथ (शिव) की कृपा से सम्प्लावित और संस्कारित हैं। भगवान् शंकर ने आद्याशक्ति को जगत् के हितसाधन के निमित्त प्रार्थना स्वीकार कर योग को उपदेश रूप में दिया। नाथयोगी इसी उपदेश का अनुकरण करते हुए, अपनी साधना के द्वारा, परमतत्त्व का प्रत्यक्ष अनुभव करके सिद्धावस्था को प्राप्त कर लेते हैं। तद्नुरूप नाथयोगियों का उदात्त चरित्र लोकजीवन हेतु अनुकरणीय मर्यादा और आदर्श स्वरूप प्रसरित हो जाता है। ऐसे सिद्ध योगी मानवमात्र को मोक्ष प्रदान कराके जीवात्मा को विषय-प्रपंच तथा भव-बन्धन से मुक्त कर देते हैं। तदैव नाथपन्थ को श्रेयस्कर बताया गया है—*बद्धा येन बिमुच्यन्ते नाथमार्गमत: परम्।* नाथयोगियों के तन और मन की साधना से मुक्ति प्राप्त होती है।

नाथपन्थ के सिद्धों का चरित्र आध्यात्मिक शुचिता एवं मानवीय संचेतना का पर्याय है। नाथपन्थ में प्रमुखतया नवनाथ एवं चौरासी सिद्धों की मान्यता एवं व्याप्ति है फिर भी इनके अतिरिक्त भी अनेक सिद्धों एवं योगियों का उल्लेख भी प्राप्त होता है। नाथ-परम्परा (नाथ-धारा) आज भी नैरन्तर्य पूर्ववत गतिमान है। प्रस्तुत प्रणीत ग्रन्थ में नवनाथों के जीवन चरित्र, उनके उपदेश, उनके ग्रन्थों और उनके प्रति लोकास्था का संक्षिप्त विवरण प्रकाशित करने का प्रयास किया गया है। ऐसी पन्थिक-प्रसिद्धि है कि सृष्टि के आरम्भ में नवनाथ हुए और इन्होंने ही नाथपन्थ का प्रवर्तन किया। सहज विषय-बिन्दु है कि ये नवनाथ कौन-कौन हैं, उनका आध्यात्मिक, ऐतिहासिक और अकादमिक अवदान क्या है। नवनाथ के विषय में डॉ. पीताम्बरदत बड़थ्वाल से प्रारम्भ

करके आचार्य हजारी प्रसाद द्विवेदी, रुद्रकाशिकेय, स्वामी विष्णुतीर्थ महाराज, विधुशेखर भट्टाचार्य, प्रबोध चन्द्र बागची, हर प्रसाद शास्त्री, कल्याणी मलिक, महामहोपाध्याय बबुआ मिश्र, महामहोपाध्याय गोपीनाथ कविराज, क्षितिमोहन सेन, मोहन सिंह, जी. डब्ल्यू. ब्रिग्स, जी. एस. घुर्ये, फर्कुहर, अक्षयकुमार बनर्जी, महामहोपाध्याय पं राहुल सांकृत्यायन, पं. परशुराम चतुर्वेदी, डॉ. शान्तिप्रसाद चंदोला, डॉ. भगवती प्रसाद सिंह, आचार्य विनय मोहन शर्मा, डॉ. रांगेय राघव, डॉ. धर्मवीर भारती, डॉ. नागेन्द्रनाथ उपाध्याय, डॉ. वेदप्रकाश जुनेजा, डॉ. दिवाकर पाण्डेय, डॉ. अनुज प्रताप सिंह, रामलाल श्रीवास्तव आदि विद्वानों ने अपने-अपने विचार-विमर्श प्रस्तुत किये हैं।

नवनाथों की सूची के सन्दर्भ में नाथपन्थी विद्वानों के मत अलग-अलग हैं। अतएव संगामी सहमत हेतु प्रमुख विद्वानों के वैचारिक-मतों पर दृष्टिपात करना अतीव आवश्यक है। *योगिसंप्रदायविष्कृति* (योगिसंप्रदायाविष्कृति, चन्द्रनाथ योगी, अहमदाबाद, 2019, पृ. 11-14) में नवनारायणों का नवनाथों के रूप में अवतरित होने की कथा का वर्णन किया गया है। इस ग्रन्थ के अनुसार कविनारायण ने मत्स्येद्रनाथ, करभाजन नारायण ने गहिनिनाथ, अन्तरिक्षनारायण ने ज्वालेन्द्रनाथ अर्थात् जालन्धरनाथ, प्रबुद्धनारायण ने करणिपानाथ अर्थात् कानिपा, आविर्होत्रनारायण ने सम्भवतः नागनाथ, पिप्पलायन नारायण ने चर्पटनाथ, चमसनारायण ने रेवानाथ, हरिनारायण ने भर्तृनाथ अर्थात् भर्तृहरि, द्रुमिलनारायण ने गोपीचन्द्रनाथ नाम से अवतार लिया। ग्रन्थ में गोरक्षनाथ का अवतार किस नारायण ने लिया और आविर्होत्रनारायण ने किस नारायण का अवतार धारण किया इसका भी उल्लेख नहीं प्राप्त होता है परन्तु ग्रन्थ की भूमिका में जिन दस सिद्ध-आचार्यों का नामोल्लेख है उनमें नागनाथ का नाम भी है। ग्रन्थकार ने स्पष्ट रूप से लिखा है कि भगवान् महादेव जी ने गोरक्षनाथ को नवनाथों के अवतरित होने के बाद उत्पन्न किया। अतः यह स्पष्ट हो जाता है कि नागनाथ को नवनाथों में माना गया है तथा गोरक्षनाथ को नवनाथों में शामिल नहीं माना गया है। इसीलिए आविर्होत्रनारायण से ही नागनाथ का अवतार हुआ माना जा सकता है। एक अन्य ग्रन्थ *सुधाकरचन्द्रिका* (सुधाकरचन्द्रिका-पदुमावती-बिब्लोथिका इंडिका, न्यू सीरीज नं. 1172 – जी. पी. ग्रियर्सन और सुधाकर द्विवेदी द्वारा सम्पादित, कलकत्ता 1907, पर म. म. पं. सुधाकर द्विवेदी की हिन्दी टीका, पृ. 241) में भी गोरक्षनाथ

को नवनाथों से अलग माना गया है। *सुधाकरचन्द्रिका* के अनुसार नवनाथों की सूची में–1. एकनाथ, 2. आदिनाथ, 3. मत्स्येन्द्रनाथ, 4. उदयनाथ, 5. दण्डनाथ, 6. सत्यनाथ, 7. सन्तोषनाथ, 8. कूर्मनाथ, तथा 9. जालन्धरनाथ हैं। नेपाली–परम्परा में भी नवनाथों का नाम भिन्न है और गोरखनाथ जी का नाम नहीं है। इन नवनाथ–सूचियों में गोरखनाथ का नाम न आने का कारण स्पष्ट करते हुए डॉ. हजारी प्रसाद द्विवेदी (नाथ सम्प्रदाय–डॉ. हजारी प्रसाद द्विवेदी, हिन्दुस्तानी एकेडमी, इलाहाबाद, सं.–2012, पृ. 25–26) लिखते हैं कि ''गोरखपन्थी लोगों का विश्वास है कि इन नवनाथों की उत्पत्ति श्री गोरखनाथ (जिन्हें श्रीनाथ भी कहते हैं) से हुई है। नवनाथ गोरखनाथ के ही नवविध अवतार हैं। गोरखपन्थियों का सिद्धान्त है गोरख ही भिन्न–भिन्न समय में अवतार लेकर भिन्न–भिन्न नाथान्त नाम से अवतरित हुए हैं और गोरख ही अनादि अनन्त पुरुष हैं।''

महापार्वतन्त्र में नवनाथों द्वारा भिन्न–भिन्न दिशाओं में न्यास करने की विधि बताई गयी है। इस ग्रन्थ में नवनाथों का नाम निम्न प्रकार से प्रयुक्त किया गया है–1. गोरक्षनाथ, 2. जालन्धरनाथ, 3. नागार्जुन, 4. सहस्रार्जुन, 5. दत्तात्रेय, 6. देवदत्त, 7. जड़भरत, 8. आदिनाथ, 9. मत्स्येन्द्रनाथ। *गोरक्ष सिद्धान्त संग्रह* में भी एक स्वतन्त्र सूची प्राप्त होती है। तदनुसार नवनाथों में 1. गोरखनाथ, 2. जालन्धरनाथ, 3. नागार्जुन, 4. सहस्रार्जुन, 5. दत्तात्रेय, 6. देवदत्त, 7. जड़भरत, 8. आदिनाथ, 9. मत्स्येन्द्रनाथ हैं। *तान्त्रिक बौद्ध साधना और साहित्य* में *डॉ. योगीवशकर* ने एक सूची उद्धृत की है, जिसमें 1. मत्स्येन्द्रनाथ, 2. गोरक्ष, 3. जालन्धर, 4. कानपा, 5. भर्तृहरि, 6. रेवण, 7. नागनाथ, 8. चर्पट, 9. गहिनी को नवनाथ बताया गया है। *पण्डित परशुराम चतुर्वेदी* ने उपलब्ध 20 सूचियों का तुलनात्मक अध्ययन करके नवनाथों की परिष्कृत सूची तैयार करने का प्रयास किया है, 1. मत्स्येन्द्रनाथ, 2. गोरक्षनाथ, 3. जालन्धरनाथ, 4. चौरंगीनाथ, 5. कानिफानाथ, 6. कणेरीनाथ, 7. चर्पटीनाथ, 8. कंथड़िनाथ, और 9. गोपीचन्द हैं । *वर्णरत्नाकरकार ज्योतिरीश्वर ठाकुर* ने 1. मीननाथ, 2. गोरक्ष, 3. चौरंगी, 4. हालिया, 5. कण्ह, 6. जालन्धर को अपनी सूची में शामिल किया है । सम्प्रति *शिवयोगिसंप्रदाय भेष बारह पन्थ* में प्रसिद्ध नवनाथ क्रमशः 1. आदिनाथ, 2. उदयनाथ, 3. सत्यनाथ, 4. सन्तोषनाथ, 5. अचलनाथ, 6. कंथड़िनाथ, 7. चौरंगीनाथ, 8. मत्स्येन्द्रनाथ 9. गोरखनाथ हैं।

गुजरात और महाराष्ट्र में नवनाथ कथा उसी प्रकार से व्यापक रूप में प्रचलित है जिस प्रकार से उत्तर भारत में सत्यनारायण व्रत कथा। मराठी नवनाथ कथा में नवनाथों की सूची निम्नवत् है–1. मत्स्येन्द्रनाथ, 2. जालन्धरनाथ, 3. गोरक्षनाथ, 4. रेवणनाथ, 5. नागनाथ, 6. भर्तृहरिनाथ, 7. चर्पटनाथ, 8. कृष्णनाथ, 9. गहनिनाथ। *स्कन्दपुराण केदारखण्ड* में 1. आदिनाथ, 2. अनादिनाथ, 3. कूर्मनाथ, 4. भवनाथ, 5. सत्यनाथ, 6. सन्तोषनाथ, 7. मत्स्येन्द्रनाथ, 8. गोपीनाथ और 9. गोरक्षनाथ को नवनाथ की सूची में रखा गया है। *गोदावरी नासिक* के 12 पन्थी पण्डा *वेदमूर्ति हरिनाथ रघुनाथ गोधनी* की ऐतिहासिक बही की नवनाथ सूची में क्रमशः 1. आदिनाथ, 2. मत्स्येन्द्रनाथ, 3. उदयनाथ, 4. दण्डितानाथ, 5. भारद्वाजनाथ, 6. सत्यनाथ, 7. सन्तोषनाथ, 8. भवनार्जिनाथ तथा 9. गोरक्षनाथ का नामोल्लेख किया गया है। *भारद्वाज संहिता कदली मंजुनाथ माहात्म्य* में नवनाथ की सूची में 1. आदिनाथ, 2. मीननाथ, 3. कंथड़ीनाथ, 4. गोरक्षनाथ, 5. कोङ्कणनाथ, 6. विरुपाक्षनाथ, 7. जालन्धरनाथ, 8. चौरंगीनाथ, 9. अरुणाचलनाथ का नामोल्लेख है। *डॉ. वेदप्रकाश जुनेजा* ने नवनाथ और नाथयोगियों पर विचार करते हुए नवनाथ की सूची में क्रमशः 1. आदिनाथ, 2. मत्स्येन्द्रनाथ, 3. गोरखनाथ, 4. जालन्धरनाथ, 5. चौरंगीनाथ, 6. चर्पटीनाथ, 7. भर्तृहरिनाथ, 8. गोपीचन्द और 9. कानिकानाथ को रखा है। *गोरक्षनाथ और नाथसिद्ध* के रचनाकार *डॉ. अनुज प्रताप सिंह* ने अनेक सूचियों के शोधपरक अध्ययन के पश्चात् नवनाथ की लगभग सर्वमान्य नामावली तैयार की है । इस सूची में 1. आदिनाथ, 2. मत्स्येन्द्रनाथ, 3. गोरक्षनाथ, 4. जालन्धरनाथ, 5. चर्पटीनाथ, 6. कानिफानाथ, 7. चौरंगीनाथ, 8. भर्तृहरिनाथ, 9. गोपीचन्दनाथ हैं।

उपर्युक्त उल्लिखित नवनाथ-सूचियों पर विमर्श करने से यह सुस्पष्ट हो जाता है कि 1. आदिनाथ, 2. मत्स्येन्द्रनाथ, 3. गोरक्षनाथ, 4. चर्पटीनाथ, 6. कानिफानाथ, 7. चौरंगीनाथ को लगभग सभी विद्वानों ने नवनाथ के रूप में स्वीकार किया है परन्तु हमारा मन्तव्य है कि विचारनाथ, वैरागनाथ (जिन्हें क्रमशः भर्तृहरि और गोपीचन्द नाम से भी जाना जाता है) तथा नागनाथ को भी नवनाथ के रूप में स्वीकृति हेतु विचार करने की आवश्यकता है। *योगिसंप्रदायाविष्कृति के ग्रन्थाकार, जार्ज वेस्टर्न ब्रिग्स, डॉ. अनुज प्रताप सिंह, स्वामी विष्णुतीर्थ महाराज* आदि जैसे विद्वान् इन तीनों आचार्यों को भी नवनाथ

के रूप में स्वीकार करते हैं। राजगुरु योगी वस्कर, तथा मराठी नवनाथ कथा में इन तीनों नामों में से केवल भर्तृहरि एवं नागनाथ को नवनाथ मानते हैं। *डॉ. वेदप्रकाश जुनेजा* भर्तृहरि और गोपीचन्द को नवनाथ में मानते हैं। *वर्णरत्नाकर* के ग्रन्थाकार ने इन तीनों आचार्यों में से केवल भर्तृहरि को ही नवनाथ माना है। वहीं गोरखसिद्धान्त संग्रह में, स्कन्दपुराण केदारखण्ड में तथा पं. परशुराम चतुर्वेदी जैसे अनेक विद्वान् गोपीचन्द को भी नवनाथ मानते हैं। निष्कर्षतः भर्तृहरि, नागनाथ और गोपीचन्द को सर्वाधिक विद्वान् नवनाथ के रूप में मान्यता प्रदान करते हैं।

वर्णित विचार-बिन्दुओं के आलोक में यह निष्कर्ष निःसृत होता है कि नवनाथ की सूची में 1. आदिनाथ, 2. मत्स्येन्द्रनाथ, 3. गोरखनाथ, 4. जालन्धरनाथ, 5. चर्पटीनाथ, 6. कानिफानाथ, 7. चौरंगीनाथ, 8. भर्तृहरि, 9. नागनाथ और 10. गोपीचन्द को सर्वसम्मति से शामिल किया जा सकता है। चूँकि उपर्युक्त यह संख्या दस है इसलिए इन सिद्धयोगियों में से कोई एक सिद्ध अवश्य ऐसा होगा जो कि नवनाथ की सर्वमान्य सूची में सम्मिलित नहीं किया जा सकेगा। इस सम्भावना के तीन कारण प्रतीत हो रहे हैं–प्रथम, आदिनाथ के बारे में विद्वानों का मत है कि ये नवनाथों की उत्पत्ति करने वाले हैं इसलिए इनको नवनाथ की सूची में न रखा जाय, द्वितीय, गोरखपन्थी विद्वानों का मानना है कि नवनाथों की उत्पत्ति श्री गोरखनाथ (जिन्हें श्रीनाथ भी कहा जाता है) से हुई है, नवनाथ गोरखनाथ के ही नवविध अवतार हैं, गोरखनाथ ही विभिन्न नामों से अवतरित हुए हैं इसलिए गोरखनाथ को नवनाथों की सूची में न रखा जाय, तृतीय, हमारे अन्वेषण में कोई त्रुटि शेष रह गयी हो यह हमारी अज्ञानता। प्रथम तथ्य के कारण प्रदत्त नवनाथों की दस-आचार्यों की सूची में से आदिनाथ नवनाथ नहीं होंगे, द्वितीय तथ्य के कारण श्रीगोरखनाथ नवनाथ नहीं होंगे। इन तथ्यों के अतिरिक्त कोई अन्य कारण, यदि होगा तो, यह हमारी अल्पज्ञता का द्योतक है, और यह कारण विद्वानों हेतु गहन तथ्यात्मक विश्लेषण का विचार-बिन्दु प्रस्तुत करता है।

उपरोक्त नवनाथों की विभिन्न सूचियों को ध्यान में रखते हुए प्रस्तुत 'नवनाथ' नामांकित पुस्तक में 1. आदिनाथ, 2. मत्स्येन्द्रनाथ, 3. गोरखनाथ, 4. जालन्धरनाथ, 5. चर्पटीनाथ, 6. कानिफानाथ, 7. चौरंगीनाथ, 8. भर्तृहरिनाथ, 9. नागनाथ, तथा, 10. गोपीचन्द्रनाथ पर जनश्रुति की आस्था, उनकी रचनाओं

की अकादमिक–महत्ता, उनके ऐतिहासिक आविर्भाव–काल तथा उनके उपदेशों की नैरन्तर्यता के आधार पर नवनाथों का भारतीय धार्मिक लोकमन पर आपतित प्रभाव को जानने–समझाने का सूक्ष्म प्रयास किया गया है।

'नवनाथ' नामांकित यह सारस्वत यज्ञ–पुस्तक परम पूज्य गोरक्षपीठाधीश्वर महन्तश्री योगी आदित्यनाथ जी महाराज के आदेश के अनुपालन में आरम्भ हुआ है और श्रीगुरु गोरखनाथ के आशीर्वाद से हम अपनी श्रम–आहुति से इसे पूर्ण करने को उद्धत हैं। हम लोग आप सभी सुधी पाठकों हेतु नवनाथ–सम्बन्धी सभी जिज्ञासाओं को शान्त करने में सफल हो पायेंगे, ऐसा हमारा विश्वास है।

इस पुस्तक को पूर्ण करने में जिन ग्रन्थों और गुरुओं की प्रत्यक्ष व परोक्ष सहायता प्राप्त हुई है, हम उनके प्रति आजीवन आभारी रहेंगे। हम श्री अरुण माहेश्वरी, वाणी प्रकाशन, नयी दिल्ली के कृतज्ञ हैं जिन्होंने इस पुस्तक को प्रकाशित करने की अहैतुक कृपा की है।

माघ शुक्ल पूर्णिमा सं. 2077 वि.
शनिवार, 27 फ़रवरी, 2021

रविशंकर सिंह
अरुण कुमार त्रिपाठी

अनुक्रम

श्री आदिनाथ (शिव)

अध्याय-1

महायोगी आदिनाथ

आदिनाथ स्वयं भगवान शिव ही हैं। महायोगी गुरु श्रीगोरक्षनाथ द्वारा विरचित सिद्धसिद्धान्तपद्धति में इसकी पुष्टि करते हुए लिखा गया है कि–

देदीप्यमानस्तत्त्वस्य कर्ता साक्षात् स्वयं शिवः।
संरक्षन्तो विश्वमेव धीराः सिद्धमताश्रयाः।।[1]

नाथ सम्प्रदाय के प्रथम श्रीनाथ शिव ही हैं। हठयोग प्रदीपिका टीका में ब्रह्मानन्द जी ने लिखा है कि–

"आदिनाथः सर्वेषां नाथानां प्रथमः, ततो नाथसम्प्रदायः प्रवृत्त इति नाथसंप्रदायिनो वदन्ति।"[2]

अर्थात् आदिनाथ सभी नाथों में प्रथम हैं तथा उन्होंने नाथ सम्प्रदाय का प्रवर्तन किया है ऐसा नाथ सम्प्रदाय वालों का विश्वास है।

भगवान शिव योगदर्शन के प्राणस्त्रोत माने जाते हैं। योग–ज्ञान सम्यकतः इन्हीं के द्वारा दिया गया है। वस्तुतः योग ज्ञान ही नहीं अपितु इस धरा पर सम्पूर्ण ज्ञान इन्हीं की देन है। सम्पूर्ण शब्द शिव के डमरू से ही चौदह माहेश्वर सूत्र के रूप में निःसृत हैं। नवनाथ विषयक सभी मतों में निर्विवाद रूप से स्वीकृत है कि भगवान शिव ही आदिनाथ के रूप में नाथदर्शन, नाथमत, नाथधारा एवं नाथ–सम्प्रदाय का उपदेश दिये हैं। महायोगी गुरु श्रीगोरक्षनाथ ने भी अपनी रचना 'गोरखपद्धति' में यह मत व्यक्त किया है कि योगशास्त्र आदिनाथ के मुखकमल से प्रसूत है–

योगशास्त्रं पठेन्नित्यं किमन्येः शास्त्रविस्तरैः।
यत्स्वयं आदिनाथस्य निर्गतं वदनाम्बुजात्।।[3]

आदिनाथ भगवान शिव के द्वारा नाथ दर्शन का उपदेश शिव-पार्वती के संवाद के रूप में महायोगी गुरु श्रीगोरक्षनाथ द्वारा रचित योगबीज नामक ग्रन्थ में प्राप्त होता है। भगवती पार्वती ने श्रीशंकर से पूछा कि सभी जीव सुख-दुख रूप मायाजाल से वेष्टित हैं, उनकी मुक्ति किस प्रकार से होगी। हे महादेव! मोक्ष को प्राप्त करने वाले योगमार्ग का वर्णन कीजिए। इस पर भगवान शिव ने कहा-

बद्धायेन विमुच्यन्ते नाथमार्गमतः परम्।
नानामार्गेस्तु दुष्प्राप्तं कैवल्यं परमं पदम् ।
सिद्धमार्गेण लभ्येत नान्यथा शिवभाषितम्।।[4]

अर्थात् शंकर ने कहा कि हे पार्वती! मैं नाथमार्ग, सिद्धामृतमार्ग का वर्णन करता हूँ, इसका आश्रय ग्रहण करने पर सभी जीव जो संसार-बन्धन से ग्रस्त हैं, मुक्त हो जाते हैं। यह सर्व सिद्धिकर मार्ग है।

नारदपुराण के उत्तरार्द्ध में वर्णन प्राप्त होता है कि शिव जी ने पार्वती को नाथ तत्त्वोपदेश दिया-

तत्त्वोपदेशाय जगाम भद्रे स लोकलोकाचलमप्रमेय।

नारदपुराण के अनुसार आदिनाथ भगवान शिव ने मणिप्रदीप्त सप्तशृंग पर भगवती पार्वती को मोक्ष प्राप्ति के तत्त्व का उपदेश प्रदान करना प्रारम्भ किया। भगवती पार्वती को निद्रा आ गयी। भगवती पार्वती के निद्राभूत निद्रानिमग्न हो जाने पर मत्स्य के उदर में पोषित हो रहे बालक ने यह योगतत्त्वोपदेश सुना। भगवान् शंकर ने योग-दृष्टि से ज्ञात कर लिया कि योग दर्शन कौन ग्रहण कर रहा है। तदोपरान्त बालक ने सामने आकर उन्हें प्रणाम किया और सम्पूर्ण वृत्तान्त का वर्णन किया। भगवान शिव ने प्रसन्न होकर बालक को अपनी गोद में बैठाकर उनका मुख चूमा और बालक को अपना पुत्र मत्स्येन्द्रनाथ कहा।[5]

इस प्रकार नाथ परम्परा का ज्ञान आदिनाथ से प्रसूत होकर मत्स्येन्द्रनाथ को तथा मत्स्येन्द्रनाथ से गोरखनाथ ने प्राप्त किया। संत ज्ञानेश्वर ने भी नाथ दर्शन के प्रवर्तक आदिनाथ को ही माना है। अपने ज्ञानेश्वरी नामक गीतकाव्य में उन्होंने लिखा है कि-क्षीरसागर के तट पर श्रीशंकर ने एक बार शक्ति (पार्वती) के कान में जो उपदेश दिया था, वह क्षीरसागर की लहरों में स्थित

मछली के पेट में स्थित बालक के हाथ लगा। यह उपदेश मत्स्येन्द्रनाथ ने सप्तश्रृंग पर्वत पर चौरंगीनाथ को दिया तथा मत्स्येन्द्रनाथ ने ही इसे गोरखनाथ को दिया। इस प्रकार से सन्त ज्ञानेश्वर भी नाथ–मत के आदि प्रवर्तक भगवान शिव को ही मानते हैं।[6]

बंगला साहित्य में भी आदिनाथ को ही नाथपन्थ का उपदेष्टा स्वीकार किया गया है। बंग–साहित्य के अनुसार[7] आद्य और आद्या ने पहले देवताओं की सृष्टि की। तत्पश्चात् चार सिद्धों की उत्पत्ति हुई। गौरी नाम की एक कन्या हुई। आद्य के आदेश से शिव ने गौरी से विवाह किया। चार सिद्धों का नाम था–मीननाथ, गोरक्षनाथ, हाडिफा और कानिफा। गौरी ने शिव के गले में मुण्डमाला देखकर कारण पूछा। तब शिव ने बताया कि ये मुण्ड गौरी के ही हैं। गौरी ने कहा कि क्या कारण है कि आप मरते नहीं और गौरी मरती रहती हैं। शिव ने कहा कि यह गुप्त रहस्य है। चलो हम लोग क्षीर–सागर में डोंगी पर बैठकर वार्तालाप करें। दोनों क्षीरसागर में पहुँचे और इधर मीननाथ मछली के रूप में डोंगी के नीचे बैठ गये। देवी को शिव का ज्ञानोपदेश सुनते–सुनते नींद आ गयी। बाद में गौरी ने कहा कि मैंने महाज्ञान सुना ही नहीं। शिव ने डोंगी के नीचे मीननाथ को देखकर शाप दिया कि एक समय तुम यह ज्ञान भूल जाओगे। शिव कैलाश पर चले गये। इस प्रकार से आदिनाथ से मीननाथ ने 'नाथ–मत' का ज्ञान प्राप्त किया।

महायोगी गुरु श्रीगोरक्षनाथ जी ने स्वयं ही कहा है कि "वेद, स्मृति और अन्य सभी शास्त्रों में योगमार्ग से श्रेष्ठ अन्य मार्ग है ही नहीं, इस योगमार्ग का निर्वचन साक्षात् शिव ने प्राचीन काल में किया था।"[8]

उपरोक्त उद्धरणों से स्पष्ट हो जाता है कि भगवान शिव ही आदिनाथ हैं एवं आदिनाथ ही नाथ–पन्थ के प्रथम उपदेष्टा रहे हैं। आदिनाथ विषयक कथा एवं अनुश्रुतियों से स्पष्ट हो जाता है कि इनके शिष्य मत्स्येन्द्रनाथ हैं, जो शिव से साक्षात ज्ञान प्राप्त किये तदोपरान्त गोरखनाथ, जालन्धरनाथ, चर्पटीनाथ, कानिफानाथ, चौरंगीनाथ, भर्तृहरिनाथ तथा गोपीचन्दनाथ ने नाथ–परम्परा को उपदेशित और प्रसरित किया है। नाथ पन्थ में गुरु–शिष्य परम्परा के अनेक मत हैं। योगिसम्प्रदायविष्कृति के अनुसार आदिनाथ के शिष्य मत्स्येन्द्रनाथ और जालन्धरनाथ हैं। मत्स्येन्द्रनाथ के शिष्य गोरखनाथ, चर्पटनाथ, रेवानाथ,

मीननाथ हैं और जालन्धरनाथ के शिष्य कानिफा और गोपीचन्द हैं। गोरखनाथ के शिष्यों में गहिनीनाथ, नागनाथ, भर्तृहरिनाथ, माणिकनाथ, विलेशयनाथ हैं।[9] श्री ज्ञानेश्वर चरित्र में पं. लक्षण रामचन्द्र पांगारकर ने ज्ञाननाथ तक की परम्परा इस प्रकार बताई[10] है–

- **आदिनाथ**
  - **मत्स्येन्द्रनाथ**
    - **गोरखनाथ**
      - **गहिनीनाथ**
        - **निवृत्तिनाथ**
          - **ज्ञाननाथ**
    - **चौरंगीनाथ**
  - **जालन्धरनाथ**
    - **कानीफानाथ**
    - **मैनावती (गोपीचन्द की माता)**

डॉ. अनुज प्रताप सिंह ने अपने ग्रन्थ 'गोरखनाथ और नाथसिद्ध'[11] में दो दर्जन से अधिक मतों के अध्ययन करने के पश्चात् निष्कर्ष निकाला है कि नौ नाथ नामावली में आदिनाथ, मत्स्येन्द्रनाथ, गोरखनाथ, जालन्धरनाथ, चर्पटीनाथ, कानिफानाथ, चौरंगीनाथ, भर्तृहरिनाथ और गोपीचन्दनाथ हैं। इन्होंने आचार्य विनयमोहन शर्मा की कृति 'हिन्दी को मराठी संतों की देन' से नाथ सम्प्रदाय की बहुमान्य परम्परा निम्नवत् दी है।[12]

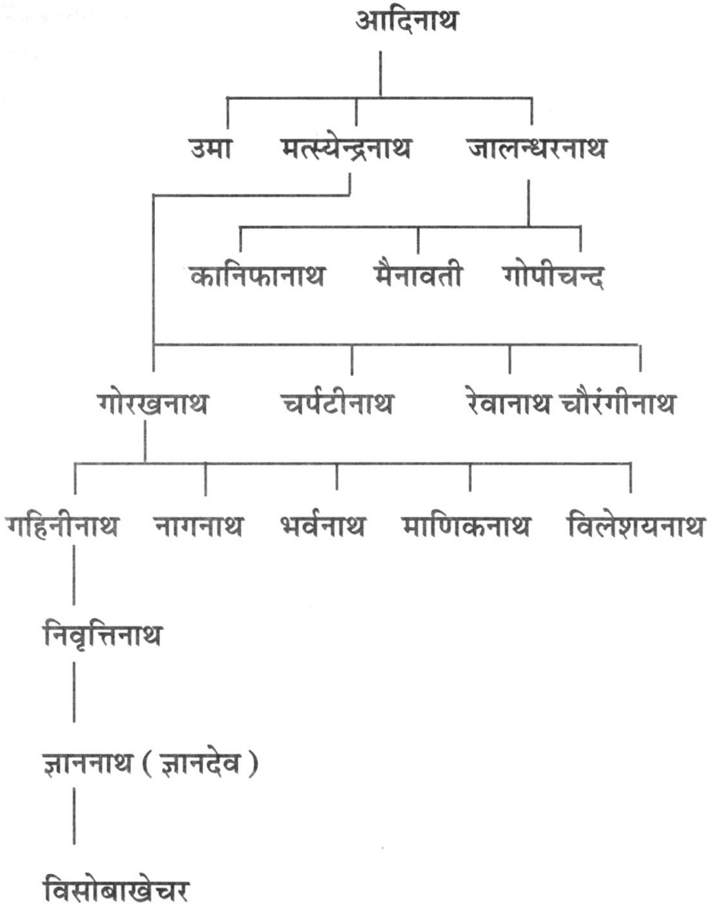

इस प्रकार से नाना प्रकार के क्रम प्राप्त होते हैं, परन्तु अभी भी सम्पूर्ण नाथ सम्प्रदाय के सही क्रम को जानने के लिए अनुसंधान की आवश्यकता है। क्रम जो भी हो परन्तु नाथयोग के बारे में 'योगबीज' में स्वयं महायोगी गुरु गोरखनाथ ने स्वयं लिखा है कि–

योगात्परतरं पुण्यं योगमार्गात्परं सुखम् ।
योगात्परतरं सूक्ष्मं योगमार्गात्परं नहि।।[13]

अर्थात् योग ही परमपुण्य है, योग ही परम सूक्ष्म ज्ञान है तथा योग ही सर्वश्रेष्ठ मार्ग है। हठयोगप्रदीपिका में निम्न उद्धरण प्राप्त होता है कि "आदिनाथ शम्भु ने ही दस मुद्राओं का प्रकाशन किया है" –

इति मुद्रा दश प्रोक्ता आदिनाथेन शम्भुना।[14]

योग प्रक्रिया में प्रयुक्त आसन, मुद्रा, बन्ध, प्राणायाम, नादानुसन्धान, कुण्डलिनी–जागरण, अमनस्कता नाथयोग के लिए आदिनाथ प्रदत्त देन है। ऐसा गोरक्षशतक में प्रशस्त है–

आसनानि वतावन्ति यावन्तो जीवजातयः।
एतेषामखिलान् भेदान् विजानाति महेश्वरः।।

चतुरशीतिलक्षाणामेकैक समुदाहृतम् ।।
ततः शिवेन पीठानां षाऽशोनं शतं कृतम् ।।[15]

अर्थात् जितने प्रकार के जीव हैं, उतने ही प्रकार के योगासन हैं, उनके समस्त भेद शिव जी जानते है। शिव जी ने चौरासी लाख आसनों में से प्रत्येक का अच्छी तरह वर्णन किया है। चौरासी आसनों को उनमें मुख्य बताया गया है। इस नाथयोग ज्ञान को शिव भक्तों को ही देने के लिए स्वयं शिव ने कहा है–

दातव्यं शिवभक्तेषु नाथमार्गपरेषु च।
योगबीजं महागुह्यं यन्मया प्रकटीकृतम्।।[16]

भगवान शिव को आदिनाथ होने के अनेक प्रमाण उनकी प्रार्थनाओ में भी प्राप्त होते हैं। यहाँ इसका भी उल्लेख कर देना आवश्यक है। योगबीज के आरम्भ में भगवती पार्वती शिव की आराधना आदिनाथ के रूप में करती हैं–

नमस्ते आदिनाथाय विश्वनाथाय ते नमः।
नमस्ते विश्वरूपाय विश्वातीताय ते नमः।।[17]

नाथ सिद्धों की बानियाँ में 'अथ नाथसिद्धवन्दना लिख्यते' के अन्तर्गत प्रेमदास ने भी आदिनाथ की वन्दना की है–

नमो आदिनाथं भए है सुनाथं।[18]

हठयोगप्रदीपिका में भी आदिनाथ की स्तुति की गयी है–

श्री आदिनाथाय नमोऽस्तु तस्मै येनोपदिष्टा हठयोगविद्या।[19]

जिस प्रकार से सभी के आदिगुरु भगवान शिव हैं उसी प्रकार भगवान शिव ने ही आदिनाथ के रूप में नाथ पन्थ का उपदेश दिया।

साधना, उपासना, योगाभ्यास, संसार के संयोग-वियोग दो रूपों तथा भक्ति और ज्ञान पर समान रूप से बल देने व सम्पन्न का उपदेश देने के कारण आदिनाथ सर्वप्रथम महागुरु और महायोगी के रूप में स्वीकृत एवं प्रशंसित हैं, अतः आदिनाथ ही नाथ सम्प्रदाय के आध्यात्मिक प्रणेता हैं।

सन्दर्भ

1. *सिद्धसिद्धान्तपद्धति,* गोरखमन्दिर, गोरखपुर, संवत् 2038
2. *हठयोगप्रदीपिका टीका–1-5,* पाणिनि आफिस, इलाहाबाद, 1915 ई.
3. *गोरक्षपद्धति – 2/100,* पं. महावीर शर्मा के भाषानुवाद सहित, बम्बई, सं. 1990 ई.
4. *योगबीज–7-8,* महेश्वर गोरक्षनाथ भाषितम्, योगप्रचरिणी, गोरख टिल्ला, काशी प्रथम संस्करण, वि. सं. 2008, संवत् 1072
5. नारदपुराण उत्तर–17-23
6. *ज्ञानेश्वरी–18/ ओ. बी. 175, 1-58*
7. *बंगला साहित्य का इतिहास*–लेखक–सुकुमारसेन, कलकत्ता, 1940 पृ.–937 (फेजुल्लाकृत–'गोरक्षविजय' और श्यामदास कृत 'मीन चेतन' की कथा में वर्णन है)
8. योगमार्गात्परो मार्गो नास्ति श्रुतौ स्मृतौ।।
शास्त्रेष्वन्येषु सर्वेषु शिवेन कथितः पुरा।।
सिद्धसिद्धान्तपद्धति–5/22, गोरखमन्दिर, गोरखपुर, संवत्, 2038 वि.
9. *नाथ सम्प्रदाय*–डॉ. हजारी प्रसाद द्विवेदी, सं. 2012, हिन्दुस्तानी एकेडमी इलाहाबाद, पृ. 14
10. वही. पृ. 32
11. *गोरखनाथ, और नाथ सिद्ध*–डॉ. अनुज प्रताप सिंह, प्रकाशक गोरखनाथ मन्दिर, गोरखपुर, सं. 2019, पृ. 119
12. वही, पृ. 122
13. *योगबीज*–महायोगी गुरुगोरखनाथ–87, प्रकाशक गोरखनाथ मन्दिर, गोरखपुर, प्रकाशन वर्ष 2039 वि.
14. *हठयोगप्रदीपिका–3*/128, पाणिनि आफिस, इलाहाबाद, 1915 ई.
15. *गोरक्षशतक–89,* गोरखनाथ मन्दिर, गोरखपुर, सं. 2038
16. *योगबीज–189,* योग प्रचारिणी, गोरखटिल्ला, काशी वि. सं. 2008
17. *योगबीज–1,* वही
18. *नाथ सिद्धों की बानियाँ–2,* नागरी प्रचारिणी सभा, काशी, वि. सं. 2035
19. *हठयोगप्रदीपिका–1/1,* पाणिनि आफिस, इलाहाबाद, 1915 ई.

योगिराज मत्स्येन्द्रनाथ जी

अध्याय-2

महायोगी मत्स्येन्द्रनाथ

ऐसी पंथिक मान्यता है कि मछली के पेट में रहकर भगवान शिव के द्वारा माँ पार्वती को प्रदत्त उपदेश के कारण इन्हें मत्स्येन्द्रनाथ कहा गया। इन्हीं को मीननाथ भी कहा जाता है। आदिनाथ स्वयं भगवान शिव हैं, इसलिए मनुष्य रूपी नाथ गुरुओं में मत्स्येन्द्रनाथ ही नाथपन्थ के प्रथम आचार्य हैं। सम्पूर्ण भारतवर्ष में इनके नाम की असंख्य दन्त कथायें प्रचलित हैं और लगभग सभी दन्तकथाओं में इनका वर्णन अपने योग्यतम शिष्य गोरखनाथ के साथ ही कथित है। दन्तकथाओं में ऐतिहासिक-तथ्य कितना है, इसको स्थापित करने के लिए शोध की आवश्यकता है। अनेक मूलस्रोतों से जो ऐतिहासिक तथ्य प्राप्त होता है उनसे इन दन्तकथाओं की प्रामाणिकता का तथ्य भी मिल जाता है। मत्स्येन्द्रनाथ पर शोध हेतु दन्तकथाओं के अतिरिक्त कुछ पुस्तकें भी हैं जिनसे हमें सहायता मिल सकती है। **डॉ. हजारी प्रसाद द्विवेदी ने** 'नाथ सम्प्रदाय' में लिखा है कि "मत्स्येन्द्रनाथ द्वारा रचित कई पुस्तकें नेपाल की दरबार लाइब्रेरी में सुरक्षित हैं। उनमें एक का नाम है 'कौल ज्ञान निर्णय', इसकी लिपि को देखकर स्वर्गीय महामहोपाध्याय पं. हरिप्रसाद शास्त्री ने अनुमान किया था कि वह ईसवी सन् की नवीं शताब्दी का लिखा हुआ है। (नेपाल कैटलॉग : 2 य भाग, पृ. XIX) हाल ही में कलकत्ता विश्वविद्यालय के (अब विश्वभारती शान्तिनिकेतन के) अध्यापक डॉ. प्रबोधचन्द्र बागची ने उस पुस्तक का तथा मत्स्येन्द्रनाथ की लिखी अन्य चार पुस्तकों का बहुत सुन्दर संपादित संस्करण प्रकाशित कराया है। बाकी चार पुस्तकों के नाम हैं-अकुलवीरतन्त्र-ए, अकुलवीरतन्त्र-बी, कुलानन्द और ज्ञानकारिका। डॉ. बागची के अनुसंधान से ज्ञात हुआ है कि इन ग्रन्थों की हस्तलिपि ईसवी सन्

की ग्यारहवीं शताब्दी के मध्यभाग की है, नवीं शताब्दी की नहीं।"[1] अनेक प्राचीन ग्रन्थों में इनको मच्छघ्नपाद, मच्छेन्द्रपाद, मत्स्येन्द्रपाद, मीनपाद, मच्छिन्द्रनाथपाद तथा मत्स्येन्द्र नामों से सम्बोधित किया गया है। मच्छघ्न नाम के आधार पर हरिप्रसाद शास्त्री ने अनुमान लगाया है कि मत्स्येन्द्रनाथ मछली मारने वाली कैवर्त जाति में उत्पन्न हुए थे। कौल ज्ञान निर्णय के अनुसार मत्स्येन्द्रनाथ ब्राह्मण कुल में पैदा हुए थे, परन्तु एक विशेष कारण से उनका नाम मत्स्यघ्न पड़ गया। इस पुस्तक के अनुसार कार्तिकेय ने कुलागम शास्त्र को चुरा कर समुद्र में फेंक दिया था तब उस शास्त्र का उद्धार करने के लिए स्वयं भैरव अर्थात् शिव ने मत्स्येन्द्रनाथ का अवतार धारण करके समुद्र में घुसकर उस शास्त्र का भक्षण करने वाले मत्स्य का उदर विदीर्ण करके शास्त्र का उद्धार किया। इसी कारण से वे मत्स्यघ्न कहलाये। मीननाथ तथा मत्स्येन्द्रनाथ भी एक ही हैं।[2] कौल ज्ञान निर्णय के अनुसार मीननाथ मत्स्येन्द्रनाथ से अभिन्न हैं। वर्णरत्नाकर से भी यह सिद्ध होता है क्योंकि इसमें दिये गये नाथ सिद्धों की सूची काफी पुरानी है, जिसमें प्रथम सिद्ध का नाम मीननाथ है और 41वें सिद्ध का नाम मीन है। प्रथम सिद्ध मीननाथ निश्चय ही मत्स्येन्द्रनाथ हैं तथा 41वें सिद्ध अन्य हैं, जो कि इनकी नाथ परम्परा में अवतरति होने के कारण इनके पुत्र कह दिये गये। मत्स्येन्द्रनाथ और मीननाथ का एक होने का प्रमाण जयद्रथ की तन्त्रालोक की टीका में भी प्राप्त होता है–

भैरव्या भैरवात् प्राप्तं योगं व्याप्त ततः प्रिये।
तत्सकाशात्तु सिद्धेन मीनादयेन बराननेे।
कामरूपे महापीठे मच्छन्देन महात्मना।।[3]

अतएव निष्कर्षतः कहा जा सकता है कि मीननाथ तथा मत्स्येन्द्रनाथ एक ही हैं।

महायोगी मत्स्येन्द्रनाथ के जीवन चरित्र पर प्रकाश डालने के लिए उनके सम्बन्ध में प्रचलित जनश्रुतियों, किंवदन्तियों, तन्त्रग्रन्थों तथा नाथ साहित्यों का शोध, अध्ययन आवश्यक है। 'नित्याह्निक तिलकम्' पुस्तक में उल्लेख है कि मत्स्येन्द्रनाथ का पूर्वनाम विष्णु शर्मा था, वे ब्राह्मण हैं और वारणा उनकी जन्मभूमि है। मत्स्येन्द्रनाथ के चरित्र-चित्रण का एक विशिष्ट

अंग उनके द्वारा कुलागम शास्त्र का उद्धार है। उक्त विषयक अनेक उपाख्यान मिलते हैं जिसकी कथा निम्नवत है–

कौल ज्ञान निर्णय के अनुसार "भैरव और भैरवी चन्द्रदीप में गये हुए थे। वहाँ कार्तिकेय उनके शिष्य रूप में पहुँचे। अज्ञान के आधिक्य से उन्होंने महान् कुलागम शास्त्र को समुद्र में फेंक दिया। भैरव (मत्स्येन्द्रनाथ) ने समुद्र में जाकर मछली का पेट फाड़ कर उस शास्त्र का उद्धार किया। इस कार्य से कार्तिकेय बहुत क्रुद्ध हुए। उन्होंने एक बड़ा सा गड्ढा खोदा और छिपकर दुबारा उस शास्त्र को समुद्र में फेंक दिया। इस बार एक प्रचण्डतर शक्तिशाली मत्स्य ने उसे खा लिया। भैरव ने शक्ति-तेज से एक जाल बनाया और उस मत्स्य को पकड़ना चाहा पर वह उतना ही शक्ति सम्पन्न था, जितना स्वयं भैरव थे। हार कर भैरव को ब्राह्मण वेश त्याग करना पड़ा। उस महामत्स्य का उदर फिर से विदीर्ण करके उन्होंने कुलगम शास्त्र का उद्धार किया।"[4]

मत्स्येन्द्रनाथ की जीवनी के सम्बन्ध में एक अन्य कथा सुकुमार सेन द्वारा लिखित बंगला साहित्य के इतिहास में प्राप्त होती है, जो फयजुल्ला का गोरखविजय और श्यामदास के मीनचेतन पर आधारित है। कथा इस प्रकार है–"आद्य और आद्या ने पहले देवताओं की सृष्टि की बाद में चार सिद्धों की उत्पत्ति हुई। उसके बाद एक कन्या भी उत्पन्न हुई, इसका नाम गौरी रखा गया। आद्य के आदेश से शिव गौरी से विवाह करके पृथ्वी पर आ गये। चारों सिद्ध जिनका नाम मीननाथ, गोरखनाथ, जालन्धरनाथ (हाडिया) और कानुपा कृष्णपाद (कानफा) थे, वायुमात्र के आहार से, योगाभ्यास आरंभ किया। गोरखनाथ मीननाथ के सेवक हुए और कानपा (कानफा) हाडिया (हाडिफा) के। एक दिन गौरी ने शिव के गले में मुण्डमाल देखकर उसका कारण पूछा। तब शिव ने बताया कि वस्तुतः ये मुण्ड गौरी के ही हैं। गौरी हैरान होकर सोचने लगीं कि क्या कारण है कि वे बराबर मरती रहती हैं और शिव कभी नहीं मरते। पूछने पर शिव ने बताया कि यह गुप्त रहस्य सबके सुनने योग्य नहीं है। चलो हम लोग क्षीरसागर में टंग (डोंगी) पर बैठकर इस ज्ञान के विषय में वार्तालाप करें। दोनों क्षीरसागर में पहुँचे, इधर श्री मीननाथ मछली बन कर टंग के नीचे बैठ गये। देवी गौरी को सुनते-सुनते जब नींद आ गयी तब भी मीननाथ हुंकारी भरते रहे। इस आवाज से जब देवी की निद्रा

टूटी तो वे कह उठीं कि मैंने तो महाज्ञान सुना ही नहीं। शिव सोचने लगे कि यह हुंकारी किसने भरी। देखते हैं तो टंग के नीचे मीननाथ हैं। उन्होंने क्रुद्ध होकर शाप दिया कि तुम एक समय महाज्ञान भूल जाओगे।"[5] अग्रिम कथा का सारांश है कि गौरी ने बार-बार शिव से आग्रह किया कि वे चारों सिद्धों का विवाह करके वंश चलाने का आदेश दे दें। शिव ने कहा कि सिद्ध लोगों में काम विकार नहीं है। गौरी ने कहा कि मनुष्य के शरीर में तो काम विकार होगा ही और शिव से कहा कि आप आज्ञा दें तो मैं परीक्षा ले लेती हूँ। शिव ने आज्ञा दे दी। शिव चारों सिद्धों को बुलाये और गौरी ने भुवनमोहिनी रूप बनाकर सिद्धों को अन्न परोसा। चारों ही सिद्ध उस रूप पर मुग्ध हो गये। मीननाथ ने मन ही मन सोचा कि यदि ऐसी सुन्दरी मिले तो आनन्द केलि से रात काटूँ। देवी ने उनको शाप दिया कि तुम महाज्ञान भूलकर कदली देश में सोलह सौ सुन्दरियों के साथ कामकौतुक में रत होओगे। मीननाथ कदली देश में महाज्ञान भूलकर स्त्रियों के साथ विहार करने लगे। कानपा के द्वारा सूचना पाकर इनके शिष्य गुरु गोरखनाथ 'लंग' और 'महालंग' नामक दो शिष्यों के साथ नर्तकी का वेश बनाकर अपने गुरु मत्स्येन्द्रनाथ की शक्तियों को याद दिलाकर उद्धार किया।

गोरखनाथ मन्दिर, गोरखपुर से प्रकाशित ग्रन्थ 'नाथसिद्ध चरितामृत' में नारद पुराण की कथा के अनुसार "भगवती पार्वती को भगवान शिव के गले में मुण्डमाला देखकर बड़ा आश्चर्य हुआ। देवर्षि नारद ने देवी को बताया कि वे (मुण्ड) उन्हीं (देवी) के पूर्व जन्मों के हैं। भगवती गौरी ने महादेव से कारण पूछा तो उन्होंने एकान्त में इस रहस्य (महाज्ञान) को बताने के लिए निर्जन स्थान चुना। वे गौरी के साथ समुद्र में गये और एक डोंगी पर बैठकर अपनी अमरता और देवी के अनेक बार शरीर धारण करने की कथा का वर्णन करने लगे। महाज्ञान का श्रवण करते-करते देवी को नींद आ गयी। उनके बदले डोंगी के नीचे छिपे मत्स्येन्द्रनाथ हुंकारी भरने लगे। नींद भंग होने पर देवी ने कहा कि मैंने तो महाज्ञान पूर्ण रूप से सुना ही नहीं। भगवान शिव ने मत्स्येन्द्रनाथ को शाप दिया कि तुम कुछ समय के लिए योग ज्ञान (महाज्ञान) भूल जाओगे। इस सम्बन्ध में यह भी जनश्रुति है कि कविनारायण ने मत्स्येन्द्रनाथ के रूप में एक ब्राह्मण के घर गंडान्त योग में जन्म लिया था।

ब्राह्मण ने उनको समुद्र में फेंक दिया था। एक मछली बारह साल तक उनको अपने उदर में धारण किये रही। मत्स्येन्द्रनाथ ने मत्स्य के उदर में रहकर महाज्ञान श्रवण किया था। मत्स्येन्द्रनाथ द्वारा महाज्ञान के श्रवण का उपर्युक्त वृत्तान्त नारद पुराण के उत्तर भाग के 69 वें अध्याय के छठे से 25 वे श्लोक में वर्णित है। (श्रीमद्भागवत के ऋषभदेव के पुत्र कविनारायण को ही योगिसम्प्रदायविष्कृति ग्रन्थ के मत से मत्स्येन्द्रनाथ कहा गया है।)

भगवान महेश्वर ने मणिप्रदीप्त सप्तश्रृंग पर भगवती उमा को तत्त्वज्ञान का उपदेश दिया। भगवती के निद्राभिभूत होने पर मत्स्य की गोद से निकलकर मत्स्येन्द्रनाथ ने यह तत्त्वोपदेश सुना। महेश्वर शिव ने प्रसन्नतापूर्वक अपनी गोंद में बैठाकर मुख चूमा और अपना पुत्र कहा। उनका नाम सिद्धनाथ बताया। उन सिद्धनाथ (मत्स्येन्द्रनाथ) का ध्यान कर मनुष्य का सभी मनोरथ पूर्ण होता है।

सुतो ममायं किलमत्स्यनाथे विज्ञाततत्वोऽखिल सिद्धनाथः''[6]

नारद पुराण के ही उत्तर भाग में कहा गया है कि–कामाक्षा में पार्वती जी के पुत्र सिद्धनाथ (मत्स्येन्द्रनाथ) रहते हैं, वे तपस्या में स्थिर हैं। सत्ययुग त्रेता और द्वापर में लोग उन्हें प्रत्यक्ष देखते हैं पर कलयुग में वे अन्तर्धान रहते हैं तथा कामाक्षा में उग्र तपस्या करने से लोग उनका दर्शन कर पाते हैं। वे विज्ञान में पारंगत योगी हैं–

तत्रास्ते पार्वतीपुत्रः सिद्धनाथो वरानने।
उग्रेतपसि लोके सः प्रेक्ष्यते कदाचन।
कृतत्रेताद्वापरेषु प्रत्यक्ष दृश्यतेऽखिलैः।।
स मत्स्यनाथः किलतत्र संस्थो
विज्ञानपारंगत एव भद्र।।[7]

नेपाल में मत्स्येन्द्रनाथ की लिखी अनेक कृतियाँ प्राप्त होती हैं। यहाँ इनके बारे में अनेक कथायें प्रचलित हैं।[8] लेवीनेल नेपाल (जि.–1 पृष्ठ –347-355) में प्रकाशित कहानी में वर्णित बौद्धकथा में मत्स्येन्द्रनाथ को 'अवलोकितेश्वर', समझा गया है। मत्स्येन्द्रनाथ एक पर्वत पर रहते थे जिस पर चढ़ना कठिन था। गोरखनाथ उनके दर्शन के लिए गये हुए थे, पर पर्वत पर चढ़ना दुष्कर समझ कर उन्होंने एक चाल चली। नौ नागों को बाँधकर वे

बैठ गये जिसका परिणाम यह हुआ कि नेपाल में बारह वर्ष तक वर्षा नहीं हुई। राजा नरेन्द्रदेव के गुरु बुद्धदत्त कारण समझ गये और अवलोकितेश्वर को ले आने का संकल्प करके कपोतक पर्वत पर गये। उनकी सेवा से प्रसन्न होकर अवलोकितेश्वर ने उन्हें मन्त्र दिया और कहा कि इसके जप से वे आकृष्ट होकर जपकर्ता के पास आ जायेंगे। घर लौटकर बुद्धदत्त ने मन्त्र जप का अनुष्ठान किया। मन्त्र शक्ति से आकृष्ट होकर अवलोकितेश्वर भौंरा बन कर कमण्डलु में प्रविष्ट हुए। उस समय राजा नरेन्द्रदेव सो रहा था। बुद्धदत्त ने लात मार कर उसे जगाया और इशारा किया कि कमण्डलु का मुख बन्द कर दें। वैसा करने पर अवलोकितेश्वर नेपाल में ही बँधे रह गये और नेपाल में प्रचुरवर्षा हुई। तभी से बुगम नामक स्थान में आज भी मत्स्येन्द्रनाथ की यात्रा होती है।[9]

इसी से मिलती-जुलती कथा 'बुद्धपुराण' नामक ग्रन्थ में इस प्रकार है। महादेव ने एक बार पुत्र-चाहने वाली किसी स्त्री को खाने के लिए भभूत दिया। अविश्वास होने के कारण उस स्त्री ने उसे गोबर में फेंक दिया। बारह वर्ष बाद जब वे उस तरफ लौटे तो उस स्त्री से बालक के बारे में पूछा। स्त्री ने कहा कि उसने उस भभूत को गोबर में फेंक दिया था। गोबर में देखा गया तो बारह साल का दिव्य बालक खेलता हुआ पाया गया। महादेव ही मत्स्येन्द्र थे और बालक गोरखनाथ। मत्स्येन्द्रनाथ ने उसे शिष्य रूप में साथ रख लिया। एक बार गोरखनाथ नेपाल गये पर वहाँ लोगों ने उनका उचित सम्मान नहीं किया, फलतः रुष्ट होकर गोरखनाथ बादलों को बाँधकर बैठ गये और नेपाल में बारह वर्ष का घोर अकाल पड़ा। नेपाल के सौभाग्य से मत्स्येन्द्रनाथ उधर से पधारे और गुरु को समागत देखकर गोरखनाथ को अभ्युत्थान आदि से उनका सम्मान करना पड़ा। उठते ही बादल छूट गये और प्रचुर वर्षा हुई। इसीलिए मत्स्येन्द्रनाथ के उस उपकार की स्मृति रक्षा के लिए उत्सव यात्रा प्रवर्तित हुई।[10]

योगिसम्प्रदायविष्कृति में भी मत्स्येन्द्रनाथ सम्बन्धी अनेक कथायें प्रचलित हैं। एक इस प्रकार है। नारद जी से पार्वती को यह रहस्य मालूम हुआ कि शिव जी ने गले में जो मुण्डमाला धारण की है, वह उनके पूर्व जन्मों के कपाल हैं। अमरकथा न जानने के कारण ही वे मरती रहती हैं और उसके जानने के कारण ही शिव अमर बने हुए हैं। पार्वती के अत्यन्त आग्रह

पर शिव जी ने अमरकथा सुनाने के लिए समुद्र में निर्जन स्थान चुना। इधर कविनारायण मत्स्येन्द्रनाथ के रूप में एक भृगुवंशी ब्राह्मण के घर अवतरित हुए थे। पर गंडान्त योग* में पैदा होने के कारण उस ब्राह्मण ने उन्हें समुद्र में फेंक दिया था। एक मछली बारह वर्ष तक उन्हें निगले रही और वे उसके पेट में ही बढ़ते रहे। पार्वती को सुनाई जाने वाली कथा को मछली के पेट से उस बालक ने सुना और बाद में शिव जी द्वारा अनुगृहीत और उद्धृत होकर महासिद्ध हुआ। बालक मत्स्येन्द्र ने अपनी अपूर्व सिद्धि के बल पर हनुमान, बीरबैताल, वीरभद्र, भद्रकाली और चामुण्डा देवी को अपना पराक्रम दिखाकर वर प्राप्त किया।

एक बार मत्स्येन्द्रनाथ मृत राजा के शरीर में प्रवेश करके माया में फँस गये। प्रयागराज के राजा के मरने से शोकाकुल जनसमूह को देखकर गोरखनाथ ने ही उनसे राजा के मृत शरीर में प्रवेश करके लोगों को सुखी करने का अनुरोध किया और मत्स्येन्द्रनाथ ने मृत शरीर की बारह वर्ष तक रक्षा करने की अवधि देकर राजा के शरीर में प्रवेश किया। बारह वर्ष तक वे आनन्दपूर्वक जीवन व्यतीत करते रहे। किसी प्रकार रानियों को रहस्य मालूम हो गया। तब रानियों ने मत्स्येन्द्रनाथ के शरीर को नष्ट कर देना चाहा परन्तु वीरभद्र उस शरीर को ले गये और वह नष्ट होने से बच गया। अपने बैर के कारण वीरभद्र इस शरीर को लौटाना नहीं चाहते थे, परन्तु गोरनखनाथ की अद्भुत शक्ति के सामने उन्हें झुकना पड़ा और मत्स्येन्द्रनाथ को पुनः अपना शरीर प्राप्त हो गया। इसी समय मत्स्येन्द्रनाथ को माणिकनाथ नामक पुत्र उत्पन्न हुआ जो बाद में चलकर बहुत बड़े सिद्धयोगी हुए।

इसी सम्प्रदाय की एक अन्य कथा में मत्स्येन्द्रनाथ त्रियादेश की रानी के चक्कर में फँस गये। त्रियादेश की रानी ने अपने रुग्ण-क्षीण पति से असन्तुष्ट होकर अन्य योग्य पुरुष की कामना करती हुई हनुमान जी की कृपा प्राप्त की।

---

* गण्डमूल को शास्त्रों में गण्डात की संज्ञा दी गई है। गण्ड का अर्थ होता है निकृष्ट ज्योतिष शास्त्र में उल्लेखित 27 नक्षत्रों में से रेवती, अश्विनी, श्लेषा, मघा, ज्येष्ठा तथा मूल नक्षत्र को गण्डान्त नक्षत्र कहा जाता है। इन नक्षत्रों में जन्म लेने वाले बालक को जन्म के 27वें दिन जब पुनः वही नक्षत्र आ जाता है तब पूजन, हवन के माध्यम से इसकी शान्ति कराई जाती है। इन नक्षत्रों में मूल नक्षत्र को सबसे अधिक अशुभ माना जाता है।

हनुमान जी ने स्वयं गृहस्थी के बन्धन में बँधना अस्वीकार किया, पर अपनी जगह मत्स्येन्द्रनाथ को ले आये। गुरु गोरखनाथ को पता चला तो वे गुरु को मुक्त कराने राजमहल जाने लगे परन्तु त्रियादेश की रानियों ने राज्य में योगियों का आना निषेध कर दिया था। गोरखनाथ ने बालक वेश बनाकर राज्य में प्रवेश किया। उसी समय कलिंगा नामक अपूर्व नृत्य-चतुरा वेश्या मत्स्येन्द्रनाथ के अन्तःपुर में नाचने जा रही थी। गोरखनाथ स्त्रीवेश बनाने और तबला बजाने में अपनी निपुणता का परिचय देकर उस नृत्यांगना के साथ आ गये। रात को अन्तःपुर में कलिंगा का नृत्य हो रहा था, तभी गोरखनाथ ने तबलची के पेट में पीड़ा उत्पन्न कर दिया और तबला खुद बजाने लगे। अवसर देखकर गोरखनाथ ने तबले पर 'जागो गोरखनाथ आ गया' (जाग मछन्दर गोरख)की ध्वनि की और गुरु को चैतन्य कराया। रानी ने बहुत प्रकार से गोरखनाथ को वश में करना चाहा और मत्स्येन्द्रनाथ यह सुख छोड़ कर अन्यत्र जाने में बहुत पसोपेश करते रहे पर अन्त तक गोरखनाथ उन्हें क्षणभंगुर विषय सुख से विरक्त करने में सफल हुए। इसी समय मत्स्येन्द्रनाथ के परशुराम और मीनराम नामक दो पुत्र हुए जो आगे चलकर बड़े सिद्ध हुए। इस कथा का संक्षिप्त वर्णन 'सुधाकरचन्द्रिका' नामक ग्रन्थ में भी पाया जाता है।[11]

उक्त कथा की तरह ही नाथ चरित्र में भी कथा पायी जाती है। **पं. विश्वेश्वरनाथ द्वारा संग्रहीत कथाओं** में से दो कथा इस प्रकार हैं। प्रथम कथा है कि, एक बार मत्स्येन्द्रनाथ पर्यटन को निकले। मार्ग में जिस नगर से होकर गुजर रहे थे उस नगर के राजा का स्वर्गवास हो गया था, उसके नौकर उसके शरीर को जलाने श्मशान घाट ले जा रहे थे। यह देखकर मत्स्येन्द्रनाथ ने अपनी शरीर की रक्षा का भार अपने शिष्यों को सौंपकर 'परकाया प्रवेश' विद्या के बल से उस राजा के शरीर में प्रवेश किया। इससे वह राजा जीवित हो गया और उसके साथ जा रहे लोग हर्ष मनाने लगे। इस प्रकार राजा के शरीर में रहकर मत्स्येन्द्रनाथ ने बहुत समय तक भोग-विलास किया। कुछ समय पश्चात् एक पर्व के अवसर पर हरिद्वार में योगी लोग इकट्ठे हुए। यहाँ पर मत्स्येन्द्रनाथ के शिष्य गोरखनाथ और कनीपा के बीच विवाद हो गया और कनीपा ने गोरखनाथ को उनके गुरु मत्स्येन्द्रनाथ के भोग विलास में फँसे रहने का ताना दिया। यह गोरखनाथ से सहन नहीं हुआ और वे राजा के शरीर में

स्थित मत्स्येन्द्रनाथ के पास गये और उन्हें समझा कर वहाँ से चलने के लिए तैयार किया। इस स्थिति से अवगत होने पर रानी परिमला, जो विमलादेवी का अवतार थीं, बहुत चिन्तित हुई। तब मत्स्येन्द्रनाथ रानी से पुनः मिलने की प्रतिज्ञा किये। अन्त में मत्स्येन्द्रनाथ के जाने पर रानी ने अग्नि-प्रवेश कर वह शरीर त्याग दिया और कुछ समय पश्चात् एक राजा की जयन्ती नामक कन्या के रूप में जन्म लिया। उसके बड़े होने पर पूर्व प्रतिज्ञानुसार मत्स्येन्द्रनाथ वहाँ पहुँचे और उससे विवाह कर कदलीवन में उसके साथ विहार करने लगे। देवताओं और सिद्धों ने वहाँ जाकर उनकी स्तुति की और आदिनाथजी ने पहुँचकर मत्स्येन्द्रनाथ और जयन्ती को आशीर्वाद दिया।

पं. विश्वेश्वर नाथ जी द्वारा वर्णित **दूसरी कथा** के अनुसार मत्स्येन्द्रनाथ कामरूप देश में तप कर रहे थे, जब वहाँ के राजा की मृत्यु हो गयी तब उन्होंने मृत राजा के शरीर में प्रवेश कर उसकी मंगला नामक रानी के साथ विहार किया। इसी प्रकार मत्स्येन्द्रनाथ ने सभी रानियों के साथ भी आनन्दोपभोग किया। परिणामस्वरूप दो पुत्र हुए। कुछ वर्ष बाद रानियों ने उन्हें पहचान लिया। अन्त में गुरु गोरखनाथ वहाँ पहुँचे और अपने गुरु मत्स्येन्द्रनाथ तथा उनके दोनों पुत्रों को लेकर वहाँ से चल दिये। दीर्घ काल तक भोगों में लिप्त होने के कारण मत्स्येन्द्रनाथ का मन अभी तक सुवर्ण और रत्नादि में फँसा हुआ था। उनका ध्यान भोग से हटाने के लिए गुरु गोरखनाथ ने मार्ग के एक पर्वत-शिखर को अपने कमण्डल के जल का छींटा देकर स्वर्ण का बना दिया। अपने शिष्य की इस सिद्धि को देखकर मत्स्येन्द्रनाथ ने अपने गले के आभूषणादि को तोड़कर फेंक दिया। गोरखनाथ ने स्वर्ण को कलह का मूल समझकर पुनः उस पर्वत शिखर को जल छिड़कर स्फटिक का बना दिया। इतने से भी उन्हें सन्तोष नहीं हुआ और पुनः जल-सिंचन करके पहाड़ी को गेरु का बना दिया। आगे पहुँचने पर मत्स्येन्द्रनाथ ने अपने दोनों पुत्रों को पास के एक नगर में भिक्षा माँगने के लिए भेजा। उनमें से एक जो पवित्र भिक्षा न मिलने से खाली हाथ लौट आया उसे पार्श्वनाथ होने का वर दिया और दूसरा जो एक अनुसूचित जाति के यहाँ से उत्तम भोज्य पदार्थों को ले आया उसे श्वेताम्बरी जैन होने का शाप दिया। इसके बाद वे सब कदलीवन को गये, और वहाँ गुरु मत्स्येन्द्रनाथ और शिष्य गोरखनाथ के बीच अनेक विषयों पर चर्चा-परिचर्चा किये।

उपर्युक्त आख्यान का तात्पर्य यह है कि भगवान शिव के अनुग्रह से वे महासिद्ध हुए। उन्होंने महाज्ञान अवश्य सुना, शाप के कारण उन्हें विस्मृति हुई और वे कौलाचार को अपना कर कदलीवन में विहार कराये जाने के उपरान्त वे सिद्धामृत मार्ग के योगाचार से सम्पन्न हो उठे। उन्होंने कौल ज्ञान से योगमहाज्ञान का समन्वय किया, योग साधना में अंकुल (शिव) और कुल (शक्ति) का समन्वय स्थापित किया।

प्रस्तुत कथाओं के अतिरिक्त भी अनेक जनश्रुतियाँ प्राप्त होती हैं जिससे मत्स्येन्द्रनाथ के जीवन चरित्र पर प्रकाश पड़ता है। ये सभी कथायें उपरोक्त कथाओं से मिलती-जुलती हैं, इसलिए उन पर प्रकाश नहीं डाला जा रहा है।

उपर्युक्त उद्धारणों से स्पष्ट हो जाता है कि मत्स्येन्द्रनाथ पूर्व में शिव के द्वारा दिये गये योगपन्थ के पथिक थे, परन्तु बाद में किसी ऐसे पन्थ में फँस गये थे जिसमें स्त्रियों का साहचर्य प्रधान था और यह आचार ब्रह्मचर्यमय जीवन के विपरीत था। इस मायाजाल से उनका उद्धार उन्हीं के प्रधान शिष्य गोरक्षनाथ ने किया और पुनः वे अपने पुराने मार्ग पर आ गये।

महायोगी मत्स्येन्द्रनाथ को ही कौल ज्ञान का आदि प्रवर्तक माना गया है। उन्हें सकल-कुलशास्त्र का अवतारक कहा जाता है। अनेक ग्रन्थों में प्रमाण मिलते हैं, जिसके अनुसार, कौल ज्ञान एक कान से दूसरे कान तक चलता हुआ दीर्घकाल से चला आ रहा है।[12] कौल ज्ञान निर्णय का चौदहवाँ अध्याय देवी की उक्ति से प्रारम्भ होता है तथा आगे शिव (भैरव) देवी को ऐसी विधि बता रहे हैं, जिसमें मंत्र, प्राणायाम और चक्रध्यान की जरूरत नहीं होती और फिर भी वह परम सिद्धिदायक होती है। कौल ज्ञान निर्णय के सोलहवें अध्याय में सतयुग, द्वापर, त्रेता तथा कलयुग चारों युगों के चारों अवतारों पर प्रकाश डाला गया है। आशय है कि सतयुग (आदि) में कौल ज्ञान, त्रेतायुग में 'महत्कौल', द्वापर में 'सिद्धामृत' और कलिकाल में 'मत्स्योदर कौल' नाम से जाना गया-

भक्तियुक्ता समत्वेन सर्वे श्रृण्वन्तु कौलिकम्।।
महाकौलात् सिद्धकौलं सिद्धकौलात् मसादरम्?
चतुर्युगविभागेन अवतारं चौदितं मया।।

ज्ञानादौ निर्णितिः कौलं द्वितीये महत्संज्ञकम्।
तृतीये सिद्धामृतं नाम कलौ मत्स्योदरं प्रिये।।
ये चास्मिन्निर्गता देवि वर्णमिष्यामि तेऽखिलम्।
एतस्माद् योगिनीकौलात् नाम्ना ज्ञानस्य निर्णितौ।।[13]

अर्थात् भक्तियुक्त होकर सब लोग उस तत्व को समान भाव से सुनें (जिसे भैरव) शिव ने अब तक सिर्फ पार्वती और षड़ानन आदि को ही सुनाया हैं)–महाकौल के बाद सिद्धकौल और सिद्धकौल के बाद मस्त्योदर का अवतार हुआ। इस प्रकार चारों युगों में शिव ने चार अवतार धारण किया। प्रथम युग में उनके द्वारा निर्णीत ज्ञान का नाम 'कौल ज्ञान', द्वितीय में निर्णीत ज्ञान का नाम 'सिद्धकौल', तृतीय में निर्णीत ज्ञान का नाम 'सिद्धामृत' और चतुर्थयुग में अवतरित ज्ञान का नाम 'मत्स्योदर' है। इसमें (मत्स्योदर) विनिर्गत ज्ञान का नाम योगिनी कौल है।

परवर्ती साहित्यों में नाथपंथियों के लिए 'सिद्ध' शब्द का प्रयोग हुआ है तथा नाथपन्थी अपने को सिद्धमार्ग का अनुयायी कहते हैं। द्वापर युग का सिद्धमार्ग उस श्रेणी का नहीं था जिसे बाद में मत्स्येन्द्रनाथ ने अपने कौल ज्ञान के रूप में आख्यायित किया। कथाओं में वर्णन प्राप्त होता है कि मत्स्येन्द्रनाथ अपना असली मत छोड़कर कदली देश (कामरूप, आज का असम एवं इर्द–गिर्द का क्षेत्र) की स्त्रियों की माया में फँस गये थे। 'गोरक्षविजय' में यह स्पष्ट है कि ये स्त्रियाँ योगिनी थीं। 'कौल ज्ञान निर्णय' भी पुष्टि करता है कि यह ज्ञान कामरूप की स्त्रियों के घर–घर में विद्यमान था तथा यहीं पर मत्स्येन्द्रनाथ ने संकलन किया था–

तस्य मध्ये इमं नाथ सारभूतं समुद्धतं।
कामरूपे इदं शास्त्रं योगिनीनां गृहे-गृहे।।[14]

यहाँ पर शिव द्वारा सिद्धामृत मार्ग का उपदेश सुन लेने पर मत्स्येन्द्रनाथ को उपदेश विस्मृता होने के लिए शाप देने की कथा का स्मरण करें तो, इस **निष्कर्ष पर पहुँचा जा सकता है** कि–

मत्स्येन्द्रनाथ पहले सिद्ध मार्ग के अनुयायी थे, बाद में उपदेश विस्मृत हो जाने पर (कदली देश, कामरूप) में जाकर वाममार्गी साधना में प्रवृत्त हुए और वहाँ से कौल ज्ञान का संकलन किया तथा इसके पश्चात् अपने योग्य

शिष्य गोरखनाथ के द्वारा याद दिलाने पर पुनः सिद्ध मार्ग अपना लिए थे।

कुल से अकुल का सम्बन्ध स्थापना ही कौल मार्ग है। कुल का अर्थ शक्ति (पार्वती) और अकुल का अर्थ (शिव) है। 'सौभाग्य भास्कर' में इसका वर्णन करते हुए कहा गया है–

कुलं शक्तिरितिप्रोक्तमकुलं शिव उच्यते।
कुलेऽकुलेस्य सम्बन्धः कौलमित्यभिधीयते।।[15]

अर्थात् कुल और अकुल का समन्वय कर समरस बनाना ही कौल साधना का लक्ष्य है और कुल और अकुल का सामरस्य ही कौल ज्ञान है। शिव की सृष्टि करने की इच्छा का नाम ही शक्ति है। शक्ति से समस्त पदार्थ उत्पन्न हुए हैं। शक्ति शिव की प्रिया हैं। शिव और शक्ति में कोई भेद नहीं है। चन्द्रमा का चन्द्रिका से जो सम्बन्ध है वहीं शिव और शक्ति का सम्बन्ध है। 'गोरक्ष सिद्धान्त संहिता' में इसे उद्धृत किया गया है–

शिवस्याभ्यान्तरे शक्तिः शक्तेरभ्यन्तरे शिवः।
अन्तरं नैव जानीयात् चन्द्रचन्द्रिकयोरिव।।

'सिद्धसिद्धान्त संग्रह' में वर्णन प्राप्त होता है कि–

वर्णगोत्रादिसाहित्यादेक एवाकुलं मतम् ।
अनन्त्वादखण्डत्वादद्वयत्वादनाशनात् ,
निर्धर्मत्वादनंगत्वदकुलं स्यान्निरन्तरम् ।
कुलस्यसामरस्येति सृष्टि हेतुः प्रकाशभूः।
सा चापरंपरा शक्तिराज्ञेशस्यापरं कुलम् ।
प्रपञ्चस्य समस्तस्य जगद्रूपप्रवर्तनात्।।[16]

अर्थात्–शिव अनन्य, अखण्ड, अद्वय, अविनाशक, धर्महीन और निरंग हैं इसीलिए उन्हें अकुल कहा जाता है। चूँकि शक्ति सृष्टि का हेतु है और समस्त जगत् रूपी प्रपंच की प्रवर्तिका है इसलिए उसे कुल (वंश) कहते हैं। इतना ही नहीं शक्ति के बिना शिव कुछ भी करने में असमर्थ हैं।[17] इसी को 'देवी भागवत' में कहा गया है कि–

शिवोऽपिशवतां याति कुण्डलिन्या विवर्जितः।

अर्थात् शक्ति के बिना शिव कुछ भी नहीं कर सकते। इकार शक्ति का वाचक है और शिव में से इकार निकाल देने से वह 'शव' हो जाते हैं।

इसीलिए शक्ति ही उपास्य है। इस शक्ति की उपासना करने वाले शाक्त लोग ही कौल हैं।

'कौल ज्ञान निर्णय' में भी शिव और शक्ति का यह सम्बन्ध प्रतिपादित किया गया है–

न शिवेन विना शक्तिर्न शक्तिरहितः शिवः।
अन्योऽन्यं च प्रवर्तन्ते अग्निधूमौ यथा प्रिये।
न वृक्षरहिता छाया नच्छाया रहितो द्रुमः।।[18]

अर्थात् जिस प्रकार से वृक्ष के बिना छाया नहीं रह सकती, अग्नि के बिना धूप नहीं रह सकती उसी प्रकार शिव और शक्ति की एक के बिना दूसरे की कल्पना नहीं की जा सकती। इसी का ध्यान रखते हुए '**आदि गुरु शंकराचार्य**' ने भी '**सौन्दर्य लहरी**' के मंगलाचरण में ही लिखा है–

शिवः शक्तया युक्तो यदि भवति शक्तः प्रभवितुं।
न चेदेवं देवो न खलु कुशलः स्पन्दितुमपि।।[19]

सौभाग्य भास्कर में कुल का योगपरक अर्थ बताते हुए कहा गया है कि–'कु' अर्थ पृथ्वी है और 'ल' का अर्थ 'लीन' होना। पृथ्वी तत्व मूलाधार चक्र में रहता है, इसलिए मूलाधार चक्र को 'कुल' कहते हैं। इसी मूलाधार से सुषुम्ना नाड़ी मिली हुई है, जिसके भीतर से उठकर कुण्डलिनी सहस्रार चक्र में परमशिव से सामरस्य स्थापित करती है, इसीलिए लक्षणा वृत्ति से सुषुम्ना को भी कुल कहते हैं। तत्त्वसार नामक ग्रन्थ में कुण्डलिनी को शक्तिरूप में बताया गया है। शक्ति ही सृष्टि है, और सृष्टि ही कुण्डलिनी। इसीलिए कुण्डलिनी को भी कुल कुण्डलिनी कहा जाता है।[20]

कौल साधक का प्रमुख कर्त्तव्य जीवशक्ति कुण्डलिनी को जाग्रत करना है। शक्ति ही महाकुण्डलिनी रूप से जगत् में व्याप्त है। मनुष्य के रूप में वही कुण्डलिनी रूप से स्थित है। कुण्डलिनी और प्राणशक्ति को लेकर ही जीव मातृकुक्षि में प्रवेश करता है। सभी जीव साधारणतः तीन अवस्थाओं में रहते हैं; जाग्रत, सुषुप्ति और स्वप्न अर्थात् या तो जीव जागता रहता है, या सोता रहता है, या स्वप्न देखता रहता है। इन तीनों अवस्थाओं में कुण्डलिनी शक्ति निश्चेष्ट रहती है। इन अवस्थाओं में इसके द्वारा शरीरधारण का कार्य होता है। मनुष्य के शरीर में कुण्डलिनी जागरण विषयक कुछ क्रम इस प्रकार है। पीठ में स्थित मेरुदण्ड जहाँ सीधे जाकर वायु और उपस्थ के मध्यभाग में लगता है,

वहाँ एक स्वयंभु लिंग है जो एक त्रिकोणचक्र में अवस्थित है। इसे अग्नि चक्र कहते हैं। इसी त्रिकोण या अग्निचक्र में स्थित स्वयंभू लिंग को साढ़े तीन वलयों या वृत्तों में लपेटकर सर्पिणी की भाँति कुण्डलिनी अवस्थित है। इसके ऊपर चार दलों का एक कमल है जिसे मूलाधार चक्र कहते हैं। उसके ऊपर नाभि के पास स्वाधिष्ठान चक्र है जो छः दलों के कमल के आकार का है। इसके ऊपर मणिपूर चक्र है और उसके ऊपर, हृदय के पास अनाहत चक्र है। ये दोनों चक्र क्रमशः दस और बारह दलों के पद्मों के आकार के हैं। इसके ऊपर कंठ के पास विशुद्धा रूप चक्र है जो सोलह दल के पद्म के आकार का है। इसके ऊपर जाकर भ्रूमध्य में आज्ञा नामक चक्र है, जिसके सिर्फ दो ही दल हैं। ये ही षट्चक्र हैं। इन चक्रों को क्रमशः जाग्रत कुण्डलिनी शक्ति पार करती हुई सर्वोच्च सातवें चक्र (सहस्रार) में परमशिव से मिलती है। इस चक्र में सहस्र दल होने के कारण इसे सहस्रा कहते हैं और परमशिव का निवास होने के कारण कैलाश भी कहते हैं। जैसा कि 'शिवसंहिता' में वर्णित है कि–

अतऊर्ध्वं दिव्यरूपं सहस्रारं सरोरुहम् ।
ब्रह्माण्डव्यस्तदेहस्थं बाह्ये तिष्ठति सर्वदा।
कैलाशो नाम तस्यैव महेशो यत्र तिष्ठति।।[21]

अतः सहस्रार में परमशिव, हृत्पद्म में जीवात्मा और मूलाधार में कुण्डलिनी विराजमान हैं। जीवात्मा परमशिव से चैतन्य और कुण्डलिनी से शक्ति प्राप्त करता है इसीलिए कुण्डलिनी जीवशक्ति है। साधना के द्वारा सोई हुई कुण्डलिनी को जगा कर, मेरुदण्ड की मध्यस्थिता नाड़ी सुषुम्ना के मार्ग से, सहस्रार में स्थित परमशिव तक उत्थापन करना ही कौल साधना का कर्त्तव्य है।[22] वहीं पर शिव का शक्ति से मिलन होता है। शिव-शक्ति का यह सामरस्य ही परम आनन्द है। इसका वर्णन अकुलवीरतन्त्र में भी किया गया है–

समरसानन्दरूपेण एकाकारं चराचरे।
ये च ज्ञातं स्वदेहस्थमकुलवीरंमहाद्भुतम्।।[23]

यह परमानन्द प्राप्त हो जाने के बाद साधक के लिए कुछ भी करना शेष नहीं रह जाता। यही कौल साधना का लक्ष्य है।

तन्त्र शास्त्र के अनुसार कौलाचार में कोई भी नियम नहीं है। इस आचार के साधक साधना की सर्वोच्च अवस्था में उपनीत हो गये होते हैं। 'भावचूड़ामणि' में शिव जी ने कहा है–

कर्दमे चन्दनेऽभिन्नं पुत्रे शत्रौ तथा प्रिये।।
श्मशाने भवने देवि तथा वै काञ्चने तृणे।
न भेदो यस्य लेशोऽपि स कौलः परिकीर्तितः।

अर्थात् कौल, कर्दम और चंदन में, पुत्र और शत्रु में, श्मशान और गृह में तथा स्वर्ण और तृण में लेशमात्र भी भेद बुद्धि नहीं रखते। इसी भाव को स्पष्ट करने के लिए मत्स्येन्द्रनाथ ने अकुलवीर तन्त्र में स्थापित किया है कि जब तक अकुलवीर रूपी अद्वैत ज्ञान नहीं तभी तक बाल बुद्धि के लोग नाना प्रकार की जल्पना करते रहते हैं, यह धर्म है, यह शास्त्र है, यह तप है, यह लोक है, यह मार्ग है, यह दान है, यह कल है, यह ज्ञान है, यह ज्ञेय है, यह शुद्ध है, यह अशुद्ध है, यह साध्य है, यह साधन है, यह तत्त्व है, यह ध्यान है–ये सब बाल बुद्धि के विकल्प हैं।[24] इतना ही नहीं वे कहते हैं कि "अथ किं बहुनोक्तेन सर्वद्वन्द्वविवर्जितः।"[25] अर्थात् योगी मत्स्येन्द्रनाथ का कहना है कि अधिक क्या कहें, वह व्यक्ति समस्त द्वन्द्वों से रहित हो जाता है। वस्तुतः योगी मत्स्येन्द्रनाथ के द्वारा अवतरित कौल शास्त्र का यही चरम लक्ष्य है।

निष्कर्षतः कहा जा सकता है कि मत्स्येन्द्रनाथ नाथपन्थ के प्रथम सिद्ध थे। ये जालन्धरनाथ के समकालीन तथा गोरखनाथ के गुरु थे। शिव के श्राप के कारण बीच में सिद्ध मार्ग को भूलकर त्रियाराज्य में वाममार्गी हो गये थे और अपने शिष्य गोरखनाथ के द्वारा स्मरण कराने पर पुनः सिद्धमार्ग अपना लिए। **डॉ. हजारी प्रसाद द्विवेदी** ने मत व्यक्त किया है कि कौल ज्ञान निर्णय का लिपि काल ग्यारहवीं शताब्दी है। इसलिए इनका समय इसके पूर्व का ही होगा। सुप्रसिद्ध कश्मीरी आचार्य अभिनवगुप्त ने अपने तन्त्रालोक में मच्छंद विभु को नमस्कार किया है, ये मच्छन्द विभु योगी मत्स्येन्द्रनाथ ही हैं। एस. के डे, (संस्कृत जिल्द–1 के अनुसार) अभिनवगुप्त ने ईश्वर प्रत्यभिज्ञा की वृहती वृत्ति सन् 1015 ई. में तथा क्रम स्तोत्र की रचना 991 ई. में की थी। अतः स्पष्ट होता है कि मत्स्येन्द्रनाथ 991 ई. के पूर्व ही रहे होंगे। वज्रयानी सिद्ध कण्हपा ने स्वयं अपने गानों में जालन्धरपाद का नाम लिया है।

तिब्बती परम्परा के अनुसार योगी मत्स्येन्द्रनाथ राजा देवपाल के समकालीन थे। राजा देवपाल 809-49 ई. तक राज्य करते थे। अतएव सिद्ध होता है कि मत्स्येन्द्रनाथ 809 ई. के पूर्व थे। उज्जैन के महाराज विक्रमादित्य ने विक्रम संवत् चलाया। इनके भाई महाराजा भर्तृहरि और बहन मैनावती गुरु गोरखनाथ के शिष्य थे। इन दोनों पर गुरु गोरखनाथ की बड़ी कृपा थी। महाराज भर्तृहरि ने शृंगारशतक, नीतिशतक तथा वैराग्यशतक नामक विश्व प्रसिद्ध ग्रन्थों की रचना की है। गोरखनाथ के गुरु मत्स्येन्द्रनाथ थे। इस उद्धरण से स्पष्ट होता है कि मत्स्येन्द्रनाथ का समय विक्रम संवत् के प्रारम्भ होने के पूर्व का है। योगी मत्स्येन्द्रनाथ के समय का सुनिश्चयन करना अत्यन्त दुष्कर है। मत्स्येन्द्रनाथ कामरूप (आज के असम के चतुर्दिक क्षेत्र) के आस-पास कहीं पैदा हुए होंगे। डॉ. हजारी प्रसाद द्विवेदी ने इस स्थान का नाम चन्द्रगिरि बताया है जो बंगाल के पास समुद्र के किनारे कहीं स्थित था। तिब्बती परम्परा में इसे ब्रह्मपुत्र से घिरे हुए किसी द्वीप पर बताया है। ये कौल ज्ञान के प्रवर्तक हैं। इनकी प्रमुख रचनाओं में कौल ज्ञान निर्णय, अकुलवीरतन्त्र, कुलानन्द और ज्ञानकारिका हैं। इन्होंने योगियों के सर्वश्रेष्ठ मत-सिद्ध मत अनुशीलन के रूप में जगत् में अनेक प्राणियों को महाज्ञान का तत्वोपदेश प्रदान कर मुक्ति हेतु योगामृत ज्ञान की नौका प्रदान की। मत्स्येन्द्रनाथ की समाधि उज्जैन में क्षिप्रा नदी के तट पर है। समाधि-स्थल का आज भी दर्शन किया जा सकता है तथा पर्यटन विभाग ने इसे पर्यटक स्थल भी घोषित किया है परन्तु अभी इन्हें अजर-अमर माना जाता है क्योंकि आस्था वान कुछ लोगों को आज भी इनके दर्शन प्राप्त हो जाते हैं।

सन्दर्भ

1. *नाथ सम्प्रदाय*-डॉ. हजारी प्रसाद द्विवेदी, हिन्दुस्तानी एकेडमी इलाहाबाद, सन् 2012, पृ. 38
2. तिब्बती परम्परा के अनुसार मीननाथ मत्स्येन्द्रनाथ के पिता थे। नेपाल में प्रचलित विश्वास के अनुसार वे मत्स्येन्द्रनाथ के छोटे भाई थे।
3. *तन्त्रालोक टीका*-जयद्रथ, पृ.24
   (श्लोक में शिव ने कहा है कि मीननाथ नामक महासिद्ध मच्छन्द ने कामरूप नामक महापीठ में मुझसे योग पाया था।)

4. *नाथ सम्प्रदाय*-डॉ. हजारी प्रसाद द्विवेदी, हिन्दुस्तानी एकेडमी इलाहाबाद, सन् 2012, पृ. 45
5. *बंगला साहित्य* का इतिहास–सुकुमार सेन, कलकत्ता, सं. 1940
6. *नारद पुराण उत्तर 69/6-25*
7. वही, 69/6,7,13
8. *नाथसिद्धचरितामृत*-रामकाल श्रीवास्तव, गोरखनाथ मन्दिर, गोरखपुर, सं. 2071 वि., पृ. 25-26
9. डॉ. राइट–*हिस्ट्री ऑफ नेपाल* कैम्ब्रिज, सं. 1877, पृ. 140
10. *नाथ सम्प्रदाय*–डॉ. हजारी प्रसाद द्विवेदी, हिन्दुस्तानी एकेडमी इलाहाबाद, पृ. 48
11. *सुधाकरचन्द्रिका*–पदुमावती बिब्लेयिका इन्डिका, न्यू सिरीज न. 1172–जी. ग्रियर्सन और सुधाकर द्विवेदी कलकत्ता, 1907, पृ. 240
12. *कौल ज्ञान निर्णय*–6/9, 14/9 डॉ. प्रबोध चन्द्र बागची, कलकत्ता संस्कृत सिरीज नं. 3, कलकत्ता, 1934
13. वही, 16/46-49
14. वही, 14/10
15. *सौभाग्य भास्कर,* पृ. 53
16. *सिद्धसिद्धान्त संग्रह,* महामहोपाध्याय पं. गोपीनाथ कविराज, सरस्वती भवन टे.–, 13 काशी, 1925 ई.–चतुर्थ उपदेश, श्लोक सं. 10-13
17. वही, 4/26
18. *कौल ज्ञान निर्णय*–डॉ. प्रबोध चन्द्र बागची, कलकत्ता संस्कृत सिरीज नं. 3, कलकत्ता 1934, 17/8-9
19. *सौन्दर्यलहरी*–आदिगुरु शंकराचार्य–1
20. *नाथ सम्प्रदाय*–डॉ. हजारी प्रसाद द्विवेदी, हिन्दुस्तानी एकेडमी इलाहाबाद, सं. 2012, पृ. 64-65
21. *शिवसंहिता,* पाणिनि आफिस, इलाहाबाद 1914–5/151-152
22. *सिद्धसिद्धान्त संग्रह*–महामहोपाध्याय पं. गोपीनाथ कविराज, सरस्वती भवन टे. 13, 5/11
23. *अकुलवीरतन्त्र –बी.–115*
24. *अकुलवीरतन्त्र – ए – 78/87*
25. *चतुराशीतिसिद्धप्रवृत्ति, तन्जूर 86/1,* कॉर्डियर, पृ. 247

महायोगी गुरु गोरक्षनाथ जी

अध्याय-3

महायोगी गोरखनाथ

साम्प्रदायिक परम्परा में दीक्षा प्राप्त करने के उपरान्त का जीवन नया जन्म माना जाता है इसलिए साधुओं, संन्यासियों, योगियों के दीक्षा के पूर्व का वृत्तान्त प्राप्त करना दुरूह कार्य है। ऐसे जीवन के वृत्तान्त का अनुमान मात्र किया जा सकता है। महायोगी गुरु गोरखनाथ के समय का अनुमान बहुश्रुत लोककथाओं एवं साहित्यों के आधार पर किया जा सकता है। नाथ योगियों का मत है कि उनका सम्प्रदाय सृष्टि पूर्व था। सृष्टि के प्रारम्भ में भगवान विष्णु जब क़मल से प्रकट हुए तब उन्होंने पाताल में जाकर गुरु गोरखनाथ से सृष्टि करने में सहायता की याचना की। गोरखनाथ ने दया कर के अपनी धूनी से एक मुट्ठी विभूति दी और कहा कि यदि तुम इसे जल के ऊपर छिड़क दोगे तो तुम सृष्टि करने में समर्थ होगे। विष्णु ने वैसा ही किया।[1] सृष्टि ऐसे प्रारम्भ हुई।

विलियम क्रुक ने ट्राइब्स ऐण्ड कास्ट्स ऑफ दि नार्थ वेस्टर्न प्राविंसेज ऐण्ड अवध[2] तथा ग्रियर्सन ने इनसाइक्लोपीडिया ऑफ रेलिजन एण्ड एथिक्स[3] में लिखा है कि गोरखनाथ सत्ययुग में पंजाब के पेशावर में, त्रेता में गोरखपुर में, द्वापर में द्वारिका के आगे हुरमुख में और कलिकाल में काठियावाड़ की गोरखमढ़ी में प्रादुर्भूत हुए थे। ब्रिग्स ने गोरखनाथ एण्ड दि कनफटा योगीज में लिखा है कि गोरखपुर के तत्कालीन पीठाधीश्वर ने बताया था कि गुरु गोरखनाथ टिला (झेलम-पंजाब) से गोरखपुर आए थे। नासिक के नाथ योगियों का मानना है कि वे सर्वप्रथम नेपाल से पंजाब आए और बाद में नासिक की ओर गये थे। इन उद्धरणों को ध्यान में रखकर ब्रिग्स ने गुरु गोरखनाथ को पंजाब का निवासी बताया।[4] नेपाल राजा की लाइब्रेरी से प्राप्त 'गोरखसहस्रनाम स्तोत्र' में एक श्लोक इस प्रकार है–

अस्ति याभ्यां (?पश्चिमायां) दिशिकश्चिद्देशः बड़व संज्ञकः।
तत्राजाने महाबुद्धिर्ममहामन्त्र प्रसादतः।।[5]

अर्थात् पश्चिम दिशा में कोई बड़व नामक देश है, वहीं महामन्त्र के प्रसाद से महाबुद्धिशाली गोरखनाथ का प्रादुर्भाव हुआ। योगिसम्प्रदायविष्कृति में उन्हें गोदावरी तट के किसी चन्द्रगिरि में उत्पन्न बताया गया है।[6]

डॉ. हजारी प्रसाद द्विवेदी ने माना है कि गोरखनाथ निश्चित रूप से ब्राह्मण जाति में उत्पन्न हुए और ब्राह्मण वातावरण में बड़े हुए। उनके गुरु मत्स्येन्द्रनाथ भी शायद ही कभी बौद्ध साधक रहे हों। मेरे अनुमान का कारण गोरखनाथ साधना का मूल सुर है[7]। इस तथ्य की पुष्टि ब्रिग्स गोरखनाथ एण्ड दि कनफटा योगीज[8] तथा बालकर एडवर्ड का दि इनसाइक्लोपीडिया ऑफ इण्डिया एण्ड ऑफ ईस्टर्न सदर्न एशिया[9] में दिये गये उद्धरण से भी हो जाती है। इनके अनुसार गोरखनाथ जी जायस नामक एक नगर में ब्राह्मणकुल में पैदा हुए थे। मलिक मुहम्मद जायसी ने स्वरचित काव्य ग्रन्थ पद्मावत में स्वीकार किया है कि जायस नगर धर्मस्थान था।

प्रचलित एक लोक-कथानक इस प्रकार है-अयोध्या के निकट सरयू के तट से थोड़ी दूर पर जयश्री अथवा जायस नामक स्थान में अलख जगाते समय एवं भिक्षाटन करते हुए मत्स्येन्द्रनाथ की दृष्टि एक निःसन्तान ब्राह्मणी पर पड़ी। उन्होंने अपनी झोली से विभूति दी और आशीर्वाद दिया कि तुम पुत्रवती होगी। लोकलज्जा के भय से ब्राह्मणी ने विभूति सूखे गोबर के ढेर में (घूर में) छोड़ दिया। ठीक बारह वर्ष के बाद मत्स्येन्द्रनाथ जायस आये। ब्राह्मणी ने उनके पूछने पर सही बात कह दी। वे गोबर के ढेर के पास गये, अभिमन्त्रित विभूति को गोबर पर डाले और पूछे बेटा तुम कहाँ हो? गोबर के ढेर से आवाज आई, गुरु जी मैं यहाँ हूँ। गोबर को ऊपर से हटाकर बच्चे को बाहर निकाला गया। मत्स्येन्द्रनाथ ने कहा कि बच्चा गोबर से निकला है, इसलिए इसका नाम गोरखनाथ रहेगा। वे गोरखनाथ को साथ ले गये तथा योग दीक्षा प्रदान की। यह कथानक इतना प्रसिद्ध हुआ कि इसी को आधार बनाकर योगिसम्प्रदायविष्कृति में भी यह प्रयुक्त किया गया। महाराष्ट्र की परम्परा में भी यही कथानक है परन्तु स्थान गोदावरी तट का चन्द्रगिरि नामक गाँव है। इन कथानकों में स्थान अलग-अलग हैं, परन्तु कथानक एक सा है।

स्पष्टतः गोरखनाथ ब्राह्मण कुल में ही अवतरित हुए। **राहुल सांकृत्यायन** ने गोरखनाथ का मूल स्थान प्रश्नवाचक चिह्न के साथ गोरखपुर माना है।[10] 'गोरखबोध' नामक रचना से स्पष्ट होता है कि गोरखनाथ को मत्स्येन्द्रनाथ चन्द्रगिरि गाँव से अपने साथ लेकर तीर्थाटन के लिए निकल पड़े। **डॉ. हजारी प्रसाद द्विवेदी** ने नेपाल से सम्बन्धित तथ्यों की भी चर्चा की है। वे योगिसम्प्रदायविष्कृति ग्रन्थ के आधार पर कहते हैं कि नेपाल में एक मत्स्येन्द्री जाति थी जिस पर तत्कालीन राजा और राजपुरुष लोग अत्याचार कर रहे थे। यह जाति गोरखनाथ के गुरु मत्स्येन्द्रनाथ की पूजा करती थी। इसी के उद्धार के लिए गोरखनाथ ने नेपाल में 3 वर्ष तक अकाल पैदा किया था। उन्हीं के सहयोग से नेपाल में गोरखा राज्य स्थापित हुआ।[11] यहीं पर गोरखनाथ ने पुतलों के शरीर में जान डलकर सैनिक बना दिया था। **डॉ. एम. एल. कृष्णमूर्ति** ने अपनी खोजों के आधार पर नागरी प्रचारणी सभा की पत्रिका में लिखा कि–खोज से स्पष्ट होता है कि कर्नाटक नाथ सम्प्रदाय के उन्नायक गोरखनाथ की भी जन्मभूमि एवं विहार भूमि थी।[12]

इस प्रकार गोरखनाथ का व्यक्तित्व इतना विशाल था कि वे जहाँ भी गये वहाँ के लोगों ने अपने क्षेत्र को उनकी जन्मभूमि के रूप में प्रस्तुत किया। वे जहाँ भी पैदा हुए हों परन्तु पूरे भारत ही नहीं अपितु सभी हिन्दू राष्ट्रों के लिए वे भगवान शंकर के अवतार के समान हैं। उनके जन्मस्थान के निष्कर्ष पर पहुँचने के लिए अभी शोध की आवश्यकता है। जन्म स्थान की भाँति जन्मकाल भी अभी तक निश्चित नहीं हो पाया है। गोरखनाथ के भक्त उन्हें शिवावतार मानते हैं। हठयोगप्रदीपिका, वर्ण रत्नाकर, कौलावली तन्त्र, महार्णवतन्त्र, श्यामारहस्य, सुधाकर चन्द्रिका, गोरखपुराण, साधन शिखर, सारस्वत कुण्डलिनी महायोग सहित अनेक ग्रन्थों में श्रीगुरु गोरखनाथ को शिव का अवतार माना गया है। हमारे गुरु–तुल्य आर. एन. बनर्जी को लखनऊ में गुरु गोरखनाथ का दर्शन कुछ वर्ष पूर्व हुआ है। उनका कहना है कि कुण्डलिनी जागरण के पश्चात् एक अजीब सा नशा चढ़ा रहता था। सन् 1977 ई. में एक दिन रास्ते में रात्रि हो गयी, साइकिल से घर जा रहे थे, तभी नरही स्थित वन विभाग के आवास में एक शिव जी जैसी विशाल प्रतिमा दिखाई दी। मैं उन्हें शिव जी समझ कर प्रणाम किया, उस समय तक मैं

गोरखनाथ के बारे में नहीं जानता था। परन्तु डॉ. जितेन्द्र चन्द्र भारतीय शास्त्री जी द्वारा लिखित सारस्वत कुण्डलिनी योग की पुस्तक प्राप्त हुई। पुस्तक के आवरण में छपी प्रतिमा के बारे में पूछा तब पता चला कि ये गुरु गोरखनाथ की प्रतिमा है तब मुझे पता चला कि मैंने उस दिन गुरु गोरखनाथ का दर्शन किया था। तब से उनकी साधना में रत रहने लगा।

नारायण कुटी संन्यास आश्रम देवास, म. प्र. के पीठाधीश्वर स्वामी सुरेशानन्द तीर्थ महाराज जी का कहना है कि गुरु गोरखनाथ सहित नाथ पन्थ के योगियों का आना-जाना टेकड़ी पर लगा रहता है। इस तथ्य का वर्णन स्वामी शिवोम तीर्थ महाराज ने साधन शिखर नामक ग्रन्थ में किया है। उनका कहना है कि महायोगी गुरु गोरखनाथ, व्यास, हनुमान आदि के समान अमर हैं और सूक्ष्म शरीर में लोक कल्याण के लिए अनेक स्थलों पर विचरण करते रहते हैं। आज भी नाथ योगियों को दीक्षा के दिन गोरखनाथ अवश्य दर्शन देते हैं, ऐसी लोगों की धारणा है। भर्तृहरि और मैनावती गुरु गोरखनाथ के शिष्य थे। भर्तृहरि ने महाभाष्य पर सबसे प्राचीन टीका लिखी परन्तु अपने बारे में कुछ भी नहीं लिखा है। संस्कृत साहित्य के इतिहास में वाचस्पति गैरोला[13] ने लिखा है कि "प्रबन्ध चिन्तामणि के प्रमाण से भर्तृहरि महाराज शूद्रक के भाई सिद्ध होते हैं।"[14] और महाराज समुद्रगुप्त शूद्रक को किसी विक्रम संवत् का प्रवर्तक मानते हैं।[15] पण्डित भगवददत्त जी ने शूद्रक का स्थितिकाल 500 वि. पूर्व दिया है।[16] मीमांसक जी ने भी भर्तृहरि को 450 वि. पूर्व में रखा है।[16] भर्तृहरि ने महाभाष्यदीपिका, वाक्यपदीय; भट्टिकाव्य, भागवृत्ति, नीतिशतक, श्रृंगारशतक, वैराग्यशतक, मीमांसासूत्रवृत्ति, वेदांतसूत्रवृत्ति, शब्दधातु नामक ग्रन्थों का प्रणयन किया था। भर्तृहरि सन्तोष को परम सुख और वैराग्य को इसका एकमात्र साधन मानते हैं। वैराग्य शतक में सांसारिक विषयों में आसक्त व्यक्ति की स्थिति का वर्णन करते हुए वे लिखते हैं-

धन्यानां गिरिकन्दरेषु वसतां ज्योतिः परं ध्यायता-
मानन्दाश्रुकणान् पिबन्ति शकुना निःसङ्गमङ्केशयाः।
अस्माकं तु मनोरथोपरचितप्रासादवापीतट -
क्रीडाकाननकेलिकौतुकजुषामायुः परं क्षीयते।

अर्थात् वे लोग सचमुच धन्य हैं जो पर्वत की कन्दराओं में निवास करते हुए परम ज्योति का ध्यान करते हैं और जिनकी गोदी में बैठे हुए पक्षी नेत्रों

से बहने वाले आनन्द के आँसुओं के कणों को पिया करते हैं। हमारी आयु तो मनोरथ विहारासक्त होने से दिन-प्रतिदिन क्षीण होती जाती है। सांसारिक पुरुष रात-दिन गृहस्थी की चिन्ता में डूबा हुआ अपना व्यर्थ जीवन बिताया करता है।

भर्तृहरि की दृष्टि में तपस्वी जीवन ही नितान्त श्रेयस्कर है, क्योंकि शान्त मुनि ऐश्वर्यशाली सम्राट के समान सुख का अनुभव करता हुआ आनन्द पाता है-

महीं रम्या शय्या विपुलमुपधानं भुजलता
वितानं चाकाशं व्यजनमनुकूलोऽयमनिलः।।
शरच्चन्द्रो दीपो विरतिवनितासङ्गमुदितः
सुखी शान्तः शेते मुनिरतनुर्भूतिर्भूप इव।।

स्पष्ट ही है कि श्रीगुरु गोरखनाथ का समय भर्तृहरि के पूर्व ही होगा। यदि शूद्रक ही विक्रमादित्य थे तो भर्तृहरि का समय 500 वि. पूर्व के पहले का है।

आदिगुरु शंकराचार्य का काल निर्धारित करते हुए आचार्य बलदेव उपाध्याय ने भर्तृहरि का समय 7वीं शती का, आरम्भ कुमारिल का छठीं शती का मध्य, तथा शंकराचार्य का 7 वीं शती का अन्त माना है।[17] अतएव भर्तृहरि का समय कुमारिल और शंकराचार्य के पूर्व 7 वीं शती माना है। यह सत्यांश निर्धारित करता है कि महायोगी श्रीगुरु गोरखनाथ का समय छठी से 7 वीं शती के लगभग माना जा सकता है।

स्वामी विष्णुतीर्थ जी महाराज ने अपने 'साधन शिखर'[18] नामक ग्रन्थ में भर्तृहरि को उज्जैन के महाराजा विक्रमादित्य का बड़ा भाई बताया है और महाराज विक्रमादित्य ही विक्रम संवत् के प्रारम्भ करने वाले हैं। अतः भर्तृहरि का समय प्रथम विक्रम संवत् के पहले का है इसलिए गोरखनाथ का काल भी विक्रम संवत् के पहले का ही होना चाहिए।

चूँकि महाराज विक्रमादित्य ऐतिहासिक पुरुष हैं। इसीलिए भर्तृहरि के शिष्य होने के आधार पर महायोगी गुरु गोरखनाथ का समय 500 वि. पू. से लेकर प्रथम विक्रम के बीच निर्धारित किया जा सकता है। यदि आचार्य बलदेव उपाध्याय की बात को भी ध्यान में रखा जाय तो इनका समय छठी शती हो सकता है।

स्पष्टतः अनेक विद्वानों के मत के अनुसार श्रीगुरु गोरखनाथ का समय 500 वि. पूर्व से लेकर छठीशती ई. के मध्य माना जा सकता है। यह पुष्टि चीनी यात्री इत्सिंग के अनुसार भी की जा सकती है क्योंकि इत्सिंग ने भर्तृहरि का स्वर्गवास समय 651-52 ई. बताया है। पंथिक मतानुसार महायोगी गुरु गोरखनाथ शिव के अवतार हैं, जिनका आगमन कलयुग में 500 वि. पूर्व हुआ है और ये आज भी सूक्ष्म शरीर से विद्यमान हैं।

महायोगी गुरु गोरखनाथ ने योगमार्ग को एक सुव्यवस्थित रूप दिया है। महायोगी ने अनेक पुस्तकों का प्रणयन संस्कृत भाषा में किया। डॉ. हजारी प्रसाद द्विवेदी ने सूची इस प्रकार दी[19]–

1. अमनस्क (बड़ौदा लाइब्रेरी में एक प्रति), 2. अमरौघशासनम् (कश्मीरी संस्कृत ग्रन्थावली, ग्रन्थ अंक 20; 1918 ई.), 3. अवधूतगीता, 4. गोरक्षकल्प, 5. गोरक्षकौमुदी, 6. गोरक्षगीता, 7. गोरक्षचिकित्सा, 8. गोरक्षपञ्चम, 9. गोरक्षपद्धति, 10. गोरक्षशतक, 11. गोरक्षशास्त्र, 12. गोरक्षसंहिता, 13. चतुरशीत्यासन, 14. ज्ञानप्रकाश शतक, 15. ज्ञानशतक, 16. ज्ञानामृतयोग, 17. नाड़ी ज्ञानप्रदीपिका, 18. महार्थमंजरी, 19. योगचिन्तामणि, 20. योगमार्तण्ड, 21. योगबीज, 22. योगशास्त्र, 23. योगसिद्धासनपद्धति, 24. विवेकमार्तण्ड, 25. श्रीनाथसूत्र, 26. सिद्धसिद्धान्तपद्धति, 27. हठयोग, 28. हठ संहिता।

इन ग्रन्थों के साथ ही हिन्दी में भी अनेक ग्रन्थ पाये जाते हैं[20] –

1.सबदी, 2. पद, 3. शिष्यादरसन, 4. प्राणसंकली, 5. नरवैबोध, 6. आत्मबोध, 7. अभैमात्रा जोग, 8. पंद्रहतिथि, 9. सप्तबार, 10. मछीन्द्र गोरखबोध, 11. रोमावली, 12. ग्यानतिलक, 13. ग्यान चौतीसा, 14. पंचमात्रा, 15. गोरख गणेश गोष्ठी, 16. गोरखदत्त गोष्ठी, 17. महादेव गोरखगुष्टि, 18. सिष्ट पुरान, 19. दयाबोध, 20. जाती भौंरावली (छंदगोरख), 21. नवग्रह, 22. नवरात्र, 23. अष्टपारछया, 24. रहरास, 25. ग्यानमाला, 26. आत्मबोध, 27 व्रत, 28. निरंजनपुराण, 29. गोरखवचन, 30. इन्द्री देवता, 31. मूल गर्भावली, 32. खाणी-बाणी, 33. गोरख सत, 34. अष्ट मुद्रा, 35. चौबीस सिधि।

अब विविध ग्रन्थों तथा प्रचलित अनुश्रुतियों, कथाओं के आधार पर महायोगी श्रीगुरु गोरखनाथ के जीवन के अनछुए पहलुओं पर विमर्श प्रस्तुत किया जा रहा है–

1. गोरखनाथ की उत्पत्ति (स्थान एवं काल) की कथा का वर्णन पूर्व ही किया जा चुका है। श्रीगुरु गोरखनाथ किस प्रकार से सरस्वती नामक ब्राह्मणी के कृत्यों द्वारा गुरु मत्स्येन्द्रनाथ के द्वारा दिये गये विभूति से गोबर के ढेर से पैदा हुए थे।

2. एक अन्य कथा के अनुसार द्वापर युग में श्रीकृष्ण और देवी रुक्मिणी के विवाह में भी गुरु गोरखनाथ ने प्रत्यक्ष दर्शन देकर आशीर्वाद प्रदान किया। ऐसा वर्णन श्रीनाथतीर्थावली (जोधपुराधीश्वर महाराज मानसिंह की संकलित करायी गयी कृति) में भी प्राप्त होता है। पश्चिम देश में श्रेष्ठ प्रभास क्षेत्र है। वहाँ गोरक्षमठिका नाम का परम धाम है। वहीं रुक्मिणी और श्रीकृष्ण जी का विवाह हुआ। रुक्मिणी जी के रूप लावण्य से देवता मोहित हो गये और उनका कंकण बाँधने में असमर्थ हो गये। ऋषियों तथा अन्य लोगों ने वहाँ विराजमान गोरखनाथ जी की स्तुति की और दर्शन की इच्छा प्रकट की। स्तुति से प्रसन्न होकर गोरखनाथ ने उन लोगों को दर्शन दिया। गोरखनाथ की कृपा से कंकण बन्धन सिद्ध हुआ। उसके बाद भगवान कृष्ण और रुक्मिणी ने परम् भक्ति भाव से उनकी स्तुति की। गोरखनाथ जी ने स्तुति से प्रसन्न होकर वर माँगने को कहा। दोनों ने निवेदन किया कि हे नाथ! आप यहीं निवास कीजिए। गोरखनाथ जी ने तथास्तु कहा और वहीं प्रतिष्ठित हो गये।[21]

3. गोरखनाथ जी ने सत्ययुग में झेलम नदी के किनारे गोरख टिला में तपस्या की। त्रेतायुग में इरावती रोहनी के तट पर गोरखपुर में तपस्या की। ऐसा माना जाता है कि गोरखपुर तपःस्थली में रघुवंशी नरेश रघु, अज और राम ने उनका दर्शन कर अपने-आपको कृतार्थ किया। द्वापर युग में जूनागढ़ राज्य में प्रभास पट्टन के समीप गोरखमढ़ी में तप किया। कलि में पेशावर के किले में गोरखहट्टी में तप किये। इन स्थलों पर प्रत्येक वर्ष असंख्य श्रद्धालु उपस्थित होकर अपनी श्रद्धा-भक्ति समर्पित करते हैं।[22]

4. नेपाल में गोरखनाथ जी शिवगोरख के रूप में पूज्य हैं। निःसन्देह उन्होंने अपनी साधना और तपस्या से नेपाल के जनजीवन एवं लोकचित को प्रभावित किया है। नेपाल में मृगस्थली उनके योग साधना की भौम प्रतीक है। नेपाल में बागमती नदी के तट पर स्थित सिद्धांचल पर मृगस्थली में गोरखनाथ जी ने घोर तप किया।

5. दक्ष के यज्ञ के विनाश के बाद सती के प्राणरहित शरीर को लेकर महादेव जी के गमन करते समय देवी पार्वती जी का वामस्कन्ध पर पट (वस्त्र) पुण्यक्षेत्र पाटन में गिरा।[23] यह स्थल भारत और नेपाल की सीमा पर स्थित है। यहाँ पर भी गोरखनाथ ने तप किया और पाटेश्वरी पीठ की स्थापना की। इसका उल्लेख देवीपाटन (बलरामपुर, उ. प्र.) में उपलब्ध 1874 ई. के शिलालेख में किया गया है–

महादेवसमाज्ञाप्तः सतीस्कन्धविभूषिताम् ।
गोरखनाथ योगीन्द्रस्तेन पाटेश्वरीमठम् ।।

6. श्रीगुरु गोरखनाथ का कांगड़ा (हिमाचल प्रदेश) के ज्वाला देवी स्थान से गोरखपुर आने की कथा-नाथ पन्थ शिव के साथ शक्ति की आराधना के लिए भी विख्यात है। महायोगी गोरखनाथ भी माता जी की आराधना में रत रहते हैं। वे हिमाचल प्रदेश में स्थित ज्वाला देवी धाम में तपस्या और योग साधना किये जिसका वर्णन इस प्रकार है–महायोगी श्री गुरु गोरखनाथ एक बार हिमाचल प्रदेश में स्थित कांगड़ा स्थान पर ज्वाला देवी के दर्शन करने पहुँचे। देवी ने उन्हें वहीं ठहरने की प्रेरणा दी, इस पर उन्होंने कहा कि आप के स्थान पर तामसी पदार्थों का भोग लगता है, हमारे लिए यहाँ सात्विक आहार ग्रहण की व्यवस्था नहीं हो सकती है। विशेष आग्रह पर गोरखनाथ ने कहा कि अच्छा आप चूल्हा जलाकर खिचड़ी के लिए पात्र में जल गरम करने हेतु रख दें, मैं भिक्षा माँगकर अन्न स्वयं लाता हूँ। इस पर देवी ने पात्र में जल भर कर आग पर चढ़ा दिया, देवी का चूल्हा आज भी जल रहा है लेकिन जल ठंडा ही रहता है, गोरखनाथ जी उस स्थान पर आज तक नहीं पहुँच सके। वे भ्रमण करते हुए गोरखपुर आ पहुँचे जो उन्हीं के नाम से लोक विश्रुत है। गोरखपुर की आरण्यक हरियाली और प्राकृतिक रमणीयता पर मुग्ध होकर गोरखनाथ जी इस स्थान को अपनी तपःस्थली का रूप प्रदान कर तपस्या में रत हो गये। श्रद्धालु जनता ने उनके खप्पर को खिचड़ी से भरने का प्रयत्न किया, पर वह नहीं भरा जा सका। इसी चमत्कारी घटना की स्मृति में गोरखनाथ-मन्दिर में प्रत्येक वर्ष मकर संक्रान्ति के सुअवसर पर्व पर विशाल खिचड़ी मेला का आयोजन होता है। गोरखपुर में गोरखनाथ मन्दिर में महायोगी गोरखनाथ की भव्य प्रतिमा प्रतिष्ठित है, जिसकी नित्य पूजा की जाती है। महायोगी गुरु गोरखनाथ की तपोभूमि होने के कारण यह

मन्दिर नाथयोगियों, सिद्धों, संत-महात्माओं एवं जनमानस की आराधना का केन्द्र है। श्रीगोरक्षपीठ सिद्ध-योगपीठ के रूप में सुविख्यात है। गोरखनाथ जी की दिव्य तपोभूमि अक्षयसलिला राप्ती रोहनी (इरावती) के संगम तट पर स्थित श्रीगोरखनाथ मन्दिर अपनी गरिमा और महिमा से अलंकृत होकर चिरकाल से त्रयताप से संतप्त प्राणीमात्र को योगामृत प्रदान करता आ रहा है। गोरखनाथ जी ने इस मन्दिर में त्रेतायुग में तपस्या करते हुए अखण्ड ज्योति प्रज्वलित की है जो आज भी मन्दिर के गर्भगृह में यह ज्योति अखण्ड रूप से प्रज्वलित है तथा त्रेतायुग में ही गोरखनाथ जी द्वारा जलाये गये अखण्ड धूना का आज भी दर्शन किया जा सकता है। ऐसी लोकश्रुति है कि भगवान राम के राज्याभिषेक उत्सव में पधारने के लिए गोरखनाथ जी से प्रार्थना की गयी , तप में तल्लीन होने के कारण केवल उनका आशीर्वाद ही प्रेषित किया जा सका। ठीक इसी तरह यह अनुश्रुति श्रीगोरखनाथ जी के व्यक्तित्व से संयुक्त है कि राजा युधिष्ठिर के राजसूय यज्ञ में पधारने के लिए पाण्डववीर भीमसेन गोरखनाथ जी को निमन्त्रण समर्पित करने आये, उस समय महायोगी गोरखनाथ जी गहन समाधि में लीन थे, इसलिए भीमसेन ने कुछ समय तक यहाँ विश्राम किया। कहा जाता है कि उनके शरीर के भार से एक सरोवर बन गया। इस सरोवर का भी दर्शन मन्दिर के प्रांगण में आज भी कर सकते हैं, इसी के बगल में भीमसेन की एक शयनमुद्रा में विश्राम करती विशाल प्रतिमा भी दर्शनीय है।[24]

7. (क) अपने गुरु मत्स्येन्द्रनाथ का परकाया-प्रविष्टि प्रक्रिया से उद्धार करने की कथा-प्रयाग के राजा की मृत्यु हो गयी। उसे श्मशान ले जाया जा रहा था। उसी समय योगी मत्स्येन्द्रनाथ तीर्थयात्रा पर प्रयाग आये हुए थे। मत्स्येन्द्रनाथ मृतराजा के शरीर में प्रवेश कर गये और राजा जीवित हो गया। इस प्रकार राजा के शरीर में प्रवेश करके राज सुखोपभोग किया तथा महल की रानियों के साथ विहार किया। बारह वर्ष पश्चात् महल की रानियों व स्त्रियों को पता चल गया, तब वे उनके पहले शरीर को नष्ट करना चाहा। मृत काया में प्रवेश करते समय मत्स्येन्द्रनाथ ने अपने शरीर की रक्षा की जिम्मेदारी अपने शिष्यों को दी थी। हरिद्वार के योगी सम्मेलन में कृष्णपाद ने गोरखनाथ को सूचना दी कि मत्स्येन्द्रनाथ जी सुखोपभोग में आसक्त हैं, गोरखनाथ जी ने अपने गुरु को समझा-बुझाकर उनका उद्धार

किया तथा मत्स्येन्द्रनाथ रानी परिमला से पुनः मिलने की प्रतिज्ञा किये। रानी ने अग्नि में प्रवेश करके शरीर त्याग दिया और एक राजा के घर जयन्ती नाम से जन्म लिया। मत्स्येन्द्रनाथ उसके पिछले जन्म में ही मिलने की प्रतिज्ञा किये थे इसलिए उनकी तरुणावस्था में उनके साथ कदलीवन में विहार किया। देवताओं और सिद्धों ने उनकी और स्तुति की। यह कथा संतयोगी ज्ञानेश्वर कृत योगिसम्प्रदायविष्कृति में वर्णित है। जोधपुर के महाराज, सिद्धसिद्धान्ततत्वज्ञ मानसिंह के द्वारा संगृहीत नाथचरित्र द्वारा भी श्रीमत्स्येन्द्रनाथ के परकाया प्रवेश की बात की पुष्टि होती है।

(ख) बंगला भाषा के 'गोरखविजय' काव्य के रचनाकार फैजुल्ला ने भी अपने ग्रन्थ में शिव के द्वारा दिये गये ज्ञान का विस्मरण कर कदली देश (आज का असम आदि) में महारानी के साथ भोगविलास में तत्पर होने का योगी मत्स्येन्द्रनाथ की कथा एवं नर्तकी के वेश में गोरखनाथ जी द्वारा उनका उद्धार वर्णित है। कथानुसार महायोगी मत्स्येन्द्रनाथ कामरूप में तप कर रहे थे। उसी समय वहाँ के राजा का प्राणान्त होने पर उसके मृत शरीर में मत्स्येन्द्रनाथ प्रवेश कर गये और महारानी मंगला के साथ विहार करने लगे। सिंहल देश में मंगला और कमला के त्रियाराज्य में पहुँचने पर उन्हें शिवोपदिष्ट ज्ञान का विस्मरण हो गया (ऐसा शिव के शाप के कारण हुआ)। तत्समय महायोगी गुरु गोरखनाथ जी एक बकुल वृक्ष के नीचे ध्यानस्थ थे। उसी समय आकाश मार्ग से सिद्ध कृष्णपाद कहीं जा रहे थे। गोरखनाथ जी ने योगबल से उन्हें नीचे उतार लिया। कृष्णपाद (कानिपा) ने बताया कि आप के गुरु कदली वन में सोलह सौ सेविकाओं द्वारा सेवित महारानी कमला और मंगला के साथ महाज्ञान भूलकर भोग-विलास में लिप्त हैं, उनकी आयु के केवल तीन दिन शेष हैं। गोरखनाथ जी गुरु मत्स्येन्द्रनाथ को त्रियाराज्य से मुक्त करने चल पड़े। गोरखनाथ ने लंग और महालंग नामक दो शिष्यों को लेकर कदलीवन में प्रवेश किया। कदलीवन के एक सरोवर के किनारे बैठी नव रमणी ने गोरखनाथ के दिव्य सौन्दर्य से मुग्ध होकर मत्स्येन्द्रनाथ का पता बता दिया। उसने बताया कि त्रियाराज्य में पुरुष प्रवेश निषिद्ध है, केवल नर्तकी जा सकती है। यह कथा योगिसम्प्रदायविष्कृति तथा सुधाकरचन्द्रिका में भी प्राप्त होती है)। गोरखनाथ बालक का वेश धारण किये। उसी समय नर्तकी कलिंगा अन्तःपुर में नाचने जा रही थी। गोरखनाथ उस नर्तकी के साथ चलना

चाहे तथा स्त्री वेश बनाने और तबला बजाने में अपनी निपुणता का परिचय देकर साथ में चलने के लिए नर्तकी को राजी कर लिया। रात में अन्तःपुर में कलिंगा का नृत्य हुआ और मत्स्येन्द्रनाथ मुग्ध हो गये। गोरखनाथ ने मन्त्र से तबलची के पेट में पीड़ा उत्पन्न कर दी तब नर्तकी ने गोरखनाथ से तबला बजाने को कहा। अवसर देखकर गोरखनाथ ने तबला पर 'जाग मच्छन्दर गोरख आया' की ध्वनि की और गुरु को चैतन्य किया। रानी ने नाना प्रकार से गोरखनाथ को वश में करना चाहा और मत्स्येन्द्रनाथ भी वह सुख छोड़कर दूसरे स्थल पर जाने में पसोपेश में रहे परन्तु अन्ततः श्रीगुरु गोरखनाथ उन्हें क्षणभंगुर विषय-सुख से विरक्त करने में सफल हुए।[25]

नाथ सिद्धचरितामृत[26] में वर्णित है कि अन्तःपुर में प्रवेश के लिए गोरखनाथ ने स्वयं नर्तकी का रूप धारण किया तथा राजद्वार पर जाकर मर्दल ध्वनि करने लगे। मर्दल से शब्द निकले-

छाटै तजौ गुरु छाटे तजौ, तजौ लोभ मोह माया।
आत्मा परचै राखौ गुरुदेव, सुन्दर काया।
कान्ही पाव भेंटीला गुरु, विद्यानग्र सै।
त्राथैं मैं पाइला गुरु, तुम्हारा उपदेसौं।
एतै कछ कथीला गुरु, सर्वे भैंला भौलै।
सर्व रस खोइला गुरु बाँधनी के षोलै।।
नाचत गोरखनाथ धूंधरी चें घातैं।
सवै कमाई षोई गुरु बाधनी चैं राचैं।
रस-कुस बहि गईला, रहि गयी होई।
भणत मछिंद्रनाथ पूता, जोग न होई।।
रस-कुस बहि गईला रहि गईला सारं।
बदंत गोरषनाथ गुरु जोग अपारं।।
आदिनाथ नाती मछिंद्रनाथ पूता।
षटपदी भणींलै गोरष अवधूता।।[27]

अर्थात्-हे गुरुदेव मत्स्येन्द्रनाथ! आप महायोग ज्ञान के स्वामी हैं। आप सिद्धमत, नाथयोग के सद्गुरु हैं। आप लोभ, मोह और माया को पृथक् कर, इनका त्याग कर दीजिए। आप आत्मा के साम्राज्य के अधिपति हैं। आत्मज्ञान-महायोगज्ञान में स्वरूपस्थ हो जाइए, आप आत्मा के योगी हैं,

गुरुपद पर प्रतिष्ठित योगेश्वर हैं। विद्यानगर के योगिराजेन्द्र सम्मान्य कृष्णपाद से मुझे यह उपदेश मिला कि आप ने कामरूप के रमणीराज्य में योगिनीकौलमत की साधना में आसक्त होकर सिद्धामृत ज्ञान का विस्मरण कर दिया है। यह निर्विवाद है कि योगज्ञान से आप विमुख नहीं हो सकते हैं। आपको कामिनियों के सौन्दर्य ने भ्रमित मात्र कर दिया और आप को योगज्ञान के शुद्ध स्वरूप में भ्रम–सा हो गया है। हे गुरुदेव! आप ने माया को क्रोड़ (गोद) में आलिंगित कर अमृतरस नष्ट कर दिया है। आपने माया नर्तकी के कृत्य पर उसकी नूपुर ध्वनि से मूर्च्छित होकर उसके राग में बन्धन स्वीकार कर लिया और इस तरह महायोगज्ञान की साधना की सिद्धि रूपी कमाई खो दी है। आपके शरीर में रस (वीर्य) अधोगामी होकर रमणी आलिंगन से बाहर निकल गया। केवल निस्सार तत्त्व ही शेष हैं। मैं आपका शिष्य कहता हूँ कि योग की साधना की शक्ति आप में अब नहीं रह गयी। वीर्य के अधोगामी हो जाने पर भी आप में आत्मामृत सहस्रार के चन्द्रमंडल से द्रवित अमृतरस सुरक्षित है। यह अपार अगम महायोगतत्त्व है। मैं अवधूत गोरखनाथ योगी, इस षटपदी में सिद्धामृतमार्ग अथवा नाथयोगमत के अमृततत्त्व का प्रतिपादन करता हूँ।

इस प्रकार के संकेत के द्वारा नर्तकी रूप में गोरखनाथ ने अपने गुरु को मर्दल ध्वनि के द्वारा सिद्धामृत मार्ग पर प्रवृत्त किया।

इस घटना पर **विद्यारण्यकृत** 'शंकर दिग्विजय' में भी प्रकाश डाला गया है–

मत्स्येन्द्र नामाहि पुरा महात्मा गोरक्षमादिश्य निजांगगुप्त्ये।
नृपस्य कस्यापि तनुं परासो प्रविश्य तत्पत्तनमाससाद।।
गोरक्ष एषोऽथः गुरोः प्रवृतिं विदाय रक्षन्वहुधास्य देहम।
निशान्तकान्तानटनोपदेष्टा नितान्तमस्याभवदन्तरंगः।।[28]

अर्थात् प्राचीन काल में जिस प्रकार मत्स्येन्द्र नाम के महात्मा योगी ने परकाय–प्रवेश कर अपने शरीर की रक्षा का भार अपने शिष्य गोरखनाथ को सौंपा था, उसी तरह मैं तुम्हें परकाय प्रवेश के पहले अपनी शरीर रक्षा का भार सौंपता हूँ। इस श्लोक से मत्स्येन्द्रनाथ की उक्त कथा की सत्यता सिद्ध होती है। मण्डन मिश्र की पत्नी को पराजित करने के लिए कामशास्त्र सम्बन्धी ज्ञान प्राप्त करने हेतु आदि शंकराचार्य राजा अमरुक के मृत शरीर में प्रवेश कर जाते हैं और अपने शरीर की रक्षा की जिम्मेदारी अपने शिष्यों को दे जाते हैं।

ठीक इसी प्रकार मत्स्येन्द्रनाथ जी ने भी अपने शिष्यों को शरीर रक्षा की जिम्मेदारी देकर मृत राजा के शरीर में प्रवेश किया था।

मिथिलानरेश महाराजा शिवसिंह की आज्ञा से महाकवि विद्यापति द्वारा रचित 'गोरक्ष विजय' नाटक में भी उपर्युक्त कथा का विवरण प्राप्त होता है। इस नाटक में भी गोरखनाथ अत्यन्त सुन्दरी नर्तकी का रूप धारण कर कदलीवन में प्रवेश करते हैं। गोरखनाथ ने देखा चारों दिशाओं में स्त्रियाँ चँवर डुला रही हैं। चार सौ स्त्रियाँ चरणों का प्रसाधन कर रही हैं। गोरखनाथ नर्तकी वेश में गाकर अपने गुरु मत्स्येन्द्रनाथ को जगाने की कोशिश कर रहे हैं। गोरखनाथ के वचनों से राजा मीननाथ (मत्स्येन्द्रनाथ) को धीरे-धीरे आत्मज्ञान का स्मरण होने लगा। **'गोरखविजय'** में गोरखनाथ जी ने कहा कि-

विसरल गुरु मुखं वाच। ताहि परे अवंर कि साच।
विसरल माणिक मोति। तिरिअ-नयन के जोति।।
अबहु न संभव मोहे। रे मीननाथ।
भनइ विद्यापति बोध। एहि ओहि परम विरोध।।

हे गुरुदेव ! आप गुरुमुख की वाणी भूल गये। उस वाणी से परे और कुछ भी महत्त्वपूर्ण नहीं है। स्त्री के नयन ज्योति के सामने ज्ञान के माणिक और मोती भूल गये। हे मीननाथ ! अब मोह सम्भव नहीं है। आप प्रबुद्ध हो जाइए। इसमें (लौकिक प्रेम) और उसमें (आध्यात्मिक ज्ञान) में परम विरोध है।

कदलीवन के विहार से उत्पन्न मत्स्येन्द्रनाथ का मोहजाल छिन्न-भिन्न हो जाता है। वे गोरखनाथ को अपने गले लगाकर उनको अपना प्राण स्वीकार करते हैं-

तत्र्ये मोर गोरख प्रथमक सीषासेवा अएलाहु देह असीष।
सब आ गुरु भगति पए जान। तोहे मोर गोरख प्राण समान।।

(गोरक्षविजय)

गोरखनाथ जी ने अपने गुरुदेव से कहा कि हे गुरुदेव ! कोदण्ड (धनुष) और दण्ड (राजदण्ड) दोनों के बीच करोड़ों सूर्य के समान प्रभापूर्ण राज्य को छोड़कर, है राजेन्द्र ! उस ब्रह्मज्योति का चिन्तन कीजिए-

कोदण्डदण्डयोर्मध्ये सूर्यकोटिसमप्रभम्।
राज्यं विहाय राजेन्द्र! तज्ज्योतिःपरिचिन्त्यताम्।

(गोरक्षविजय)

अतएव 'गोरक्षविजय' के अनुसार योगी मत्स्येन्द्रनाथ को गोरखनाथ द्वारा मुक्ति प्रदान करायी गयी।

8. गोरखनाथ के विषय में नेपाल में भी अनेक उपाख्यान प्राप्त होते हैं। नेपाली बौद्ध कथाओं में श्रीगुरु गोरखनाथ के गुरु मत्स्येन्द्रनाथ को अवलोकितेश्वर माना गया है। नेपाल की एक कथा इस प्रकार है-

(क) योगी मत्स्येन्द्रनाथ नेपाल में एक पर्वत पर रहते थे। गोरखनाथ जी उनके दर्शन के लिए गये। पर्वत पर चढ़ना कठिन जानकर नवनागों को बाँधकर तथा अपने आसन के नीचे 96 करोड़ मेघमालाओं को दबाकर बैठ गये। परिणामतः नेपाल में बारह वर्ष तक वर्षा नहीं हुई और अकाल पड़ गया। सारे नेपाल में हाहाकार मच गया। राजा नरेन्द्रदेव के गुरु बुद्धदत्त ने अकाल का कारण समझ लिया और गोरखनाथ जी के गुरु मत्स्येन्द्रनाथ जी को गोरखनाथ के सामने लाने का निश्चय किया। यथोचित अनुष्ठान द्वारा अवलोकितेश्वर मत्स्येन्द्रनाथ जी श्रीगुरु गोरखनाथ जी के समक्ष मृगस्थली में लाये गये। गोरखनाथ आसन से उठकर गुरु को प्रणाम किये। मेघमालायें छूट गयीं और नेपाल में भारी वर्षा हुई। मत्स्येन्द्रनाथ के आगमन के स्मरण में प्रत्येक वर्ष रथयात्रा-उत्सव मनाया जाता है। श्रीगुरु गोरखनाथ जी के 'मेघमालासतीकृत' रूप के स्तवन में उनके शिव गोरक्षरूप की रमणीय झांकी मिलती है-

चन्द्रार्कदुह्णिाच्युताम्बुजलसल्लोकेशकंसारिभिः
काली भैरव सिन्धुरास्यहनुमत्क्रोडैः परीवारितम् ।
वन्दे तं नवनाथसिद्धमहितं मेघाहिमालासनं,
मालापुस्तकशूलडिण्डिमधरं गोरक्षमृत्युंजयम् ।।

नेपाल के ही एक प्रखण्ड दांग के राजकुमार रतनपरीक्षक को गोरखनाथ ने नाथयोग में दीक्षित किया था। रतनपरीक्षक नाथ सम्प्रदाय में सिद्ध हाजी रतननाथ के नाम से प्रसिद्ध हैं और वे सात सौ साल की आयु का भोग करते हुए पृथ्वी पर विचरण करते रहे।[29]

(ख) नेपाल के राजवंश पर श्रीगुरु गोरखनाथ की कृपा बनी रहती है। नेपाल के इतिहास में यशोवर्मा का नाम स्वर्णाक्षरों में अंकित है। उनके तीन पुत्र थे-नरहरिशाह, नरपतिशाह और द्रव्यशाह। द्रव्यशाह माता की आज्ञा से गोसेवा में नियुक्त थे। एक बार वे दूध गरम कर रहे थे तभी बारह वर्ष के

तरुणयोगी के वेष में गोरखनाथ जी ने आशीर्वाद दिया कि आप के वंश के नरेश सम्पूर्ण नेपाल के शासक होने का गौरव प्राप्त करते रहेंगे। द्रव्यशाह के पुत्र रामशाह को यह बात विदित थी कि हमारे वंश का राज्य श्रीगुरु गोरखनाथ के आशीर्वाद से गो-सेवा के फलस्वरूप प्राप्त हुआ है। वे सदा गो-सेवा में लगे रहते थे। शाहराज वंश के महान शासक पृथ्वी नारायण शाह बाल्य अवस्था में साथियों के साथ खेलते हुए छिपकर एक गुफा में चले गये। गुफा के भीतर प्रवेश करते हुए उन्होंने देखा कि व्याघ्र चर्म पर गले में सर्प धारण किये हुए, कोटि-कोटि कामदेव से भी सुन्दर जटाजूट से शोभित, रुद्राक्ष माला से समलंकृत कर्णकुण्डल पहने हुए महायोगी गोरखनाथ विराजमान हैं। श्रीगुरु गोरखनाथ जी ने कहा कि घर जाकर मेरे लिए दही मांग लाओ। पृथ्वी नारायण शाह माता से दही माँगकर गुफा में ले आये। गोरखनाथ जी ने दही पीकर बालक से कहा कि तुम अंजलि बांधो, उसे पीने का आदेश दिया, बालक ने अनिच्छा प्रकट की, दही अंजली खुल जाने पर उसके पैर पर गिरा। गोरखनाथ जी ने कहा कि यदि यह दही प्रसाद के रूप में तुम खा लेते तो तुम्हारा वंश समस्त भूमण्डल का चक्रवर्ती राजा होता, पर दही की बूंदें तुम्हारे पैर पर पड़ी हैं, इसलिए तुम जिस भूमण्डल को जीतने के लिए युद्ध-यात्रा करोगे, उस पर तुम्हारा अपने आप अधिकार हो जायेगा। कालान्तर में एक महात्मा के रूप में गोरखनाथ ने उन्हें पुनः दर्शन दिया और तलवार प्रदान की। नेपाल पर पृथ्वी नारायण शाह के ही वंश का आधिपत्य था। सभी शाह वंश के नरेशों ने गोरखनाथ जी को अपना इष्टदेव स्वीकार किया है। नेपाल के सिक्कों पर आज भी श्रीगुरु गोरखनाथ जी की चरणपादुकाओं का चिह्न तथा 'श्रीश्रीगोरखनाथ' अंकित रहता है। शाहवंश के राजाओं का राजतिलक गोरखनाथ जी के तपोभूमि मृगस्थली के महन्त द्वारा सम्पन्न होता है। गोरखनाथ जी नेपाल के राष्ट्रगुरु के रूप में परम पूज्य हैं।[30]

9. उज्जैन के महाराजा भर्तृहरि और उनकी बहन मैनावती पर गोरखनाथ जी की विशेष कृपा थी। उज्जैन के विशाल राज्य को त्यागकर और अपनी रानी पिंगला के विश्वासघात से दुःखी होकर भर्तृहरि ने महायोगी गोरखनाथ से दीक्षा लेकर उनके सद्मार्गदर्शन में जीवन सफल किया। राजा भर्तृहरि देशाटन करते हुए देवास (उज्जैन, म. प्र.) नामक स्थान पर चामुण्डा माता की टेकड़ी (पहाड़ी) पर, माता शरण में रहकर तप किया और वहीं पर 'वैराग्य शतक'

नामक ग्रन्थ का प्रणयन किया। भर्तृहरि से महायोगी गोरखनाथ की मिलने की कथा इस प्रकार है– उज्जैन के महाराजा भर्तृहरि एक बार एक मृग का शिकार करके लौट रहे थे। उस समय मृगी करुण विलाप करती हुई उनके पीछे–पीछे चली जा रही थी। उसी समय वहाँ पर गुरु गोरखनाथ प्रकट हो गये और उन्हें इसका ज्ञान कराया। राजा को बड़ा दुःख हुआ और वे मृग को जीवित करने की प्रार्थना करने लगे। महायोगी गुरु गोरखनाथ उस मृग को योगबल से जीवित कर दिये। तभी से भर्तृहरि गुरु गोरखनाथ के शिष्य हो गये। रानी पिंगला के कुकृत्य से भर्तृहरि के मन में वैराग्य पैदा हो गया और वे अपना राजकाज अपने भाई विक्रमादित्य को सौंपकर जंगल में एक लंगोटी धारण करके तप करने लगे। गुरु गोरखनाथ सूक्ष्म शरीर से उनके पास पहुँचकर उनका मार्गदर्शन करते रहते थे।

10. भर्तृहरि की बहन मैनावती के पुत्र गोपीचन्द गौड़ बंगाल के शासक थे। मैनावती पर गोरखनाथ की बड़ी कृपा रहती थी। गोपीचन्द की दीक्षा के अवसर पर गोरखनाथ जी राजमहल में पुण्य रथ पर विराजमान होकर आये थे। गोपीचन्द को सिन्ध में पीर पटाव कहा जाता था। वहाँ वे एक पहाड़ी पर रहते थे। उसपर पहले दयानाथ योगी का अधिकार था। दयानाथ योगी के पास एक टोकरी थी जिससे सवालाख फकीरों के लिए वह आग जलाया करता था। उनके पास एक बैल था जो उनके योगबल से नदी से पानी के थैले को खींचा करता था। उनके पास एक रस्सी और लठ्ठ था। वह किसी को भी उस रस्सी से खींचकर, उस लठ्ठ से पिटवा सकता था। उन दिनों गोरखनाथ जी गिरनार पर तप कर रहे थे। उनके योगबल से वातावरण में शान्ति छा गयी। दयानाथ ने यौगिक शक्ति से इस बात को जान लिया। वह एक फूँक से पहाड़ी पर आग प्रकट कर, उसको छोड़कर, धीणोधर की पहाड़ी पर आ गया। गोपीचन्द ने गोरखनाथ से आग बुझाने की प्रार्थना की। आग का वेग शान्त हो गया। योगी दयानाथ और उनके अनुयायी गोरखनाथ के शिष्य बन गये। गोपीचन्द ने गोरखनाथ की कृपा से सिन्धु की इस पहाड़ी पर निवास किया।[31]

11. पंजाबी प्रेम कथा में रांझा का नाम अमर है। रांझा के योग साधना का प्रतीक झेलम नदी के पवित्र तट पर स्थित गोरख टिल्ला है। रांझा तख्त हजारा के चौधरी के सबसे छोटे लड़के थे। झंग के चौधरी मेहर चोचक की रूपवती कन्या हीर से वह प्यार करता था, पर हीर का विवाह उसके माता

पिता ने दूसरे से कर दिया। रांझा ने निराश होकर योगीश्वर गोरखनाथ की शरण ग्रहण की। उस समय गोरखनाथ झेलम नदी के तट पर स्थित गोरखटिल्ला में तप कर रहे थे। रांझा ने गोरखनाथ जी की चरणों पर पाँच पैसे और सुपाड़ी समर्पित कर योग दीक्षा की याचना की। रांझा ने गोरखनाथ जी से कहा कि मुझे आशीष दीजिए कि मैं हीर का प्रेम प्राप्त करूँ। गोरखनाथ जी ने कहा कि योगी होना आसान कार्य नहीं है। प्रेमास्पद तो एक मात्र परमात्मा है। योगी को शरीर पर राख मलकर शरीर को राख समझना होता है। नारी वर्ग को माँ-बहन के रूप में देखना होता है। आजीवन भिक्षा माँगकर जीवन यापन करना होता है। संसार को अपना समझना होता है। रांझा ने कहा कि मेरा प्रेमास्पद ही परमात्मा है। मैं योगी बनूँगा। गुरु गोरखनाथ जी ने उनके कान फाड़कर उनमें कुंडल पहनाकर नाथयोग की दीक्षा दी और अपना शिष्य स्वीकार कर लिया। गोरखनाथ जी के अनुग्रह से वे नाथ सम्प्रदाय में प्रेम योगी के रूप में प्रसिद्ध हो गये।[32]

12. राजस्थान के मेवाड़ राजवंश में महायोगी गुरु गोरखनाथ के कृपा पात्र रहे हैं। कथा इस प्रकार है– बचपन में नागदा नाम की पहाड़ी की तलहटी में बापा रावल एक ब्राह्मण परिवार की गायें चराया करते थे। नागदा ग्राम के पहाड़ों में ही गोरखनाथ जी तपस्या कर रहे थे। उन्होंने स्फटिक शिवलिंग की प्रतिष्ठा की थी। जिन गायों को बापा चराया करते थे, शाम को उनमें से नित्य एक गाय टोली से निकलकर उस शिवलिंग को अपने दूध से स्वतः अभिषेक करती, दूध बिना किसी के दुहे शिवलिंग पर गिरता था और साथ ही साथ गोरखनाथ जी का कमंडल भी दूध से भर जाता था। एक दिन छिपकर बापा ने यह घटना जान ली। गोरखनाथ जी ने कहा कि तुम प्रातः हमारे आश्रम पर आ जाओ। बापा को आने में थोड़ा विलम्ब हुआ। वह देखता है कि योगेश्वर गोरखनाथ जी सदेह आकाश में गमन कर रहे हैं। गोरखनाथ ने बापा को दुधार खांडा प्रदान कर मेवाड़ राज्य की स्थापना का वरदान दिया। उनके आशीर्वाद से बापा ने मेवाड़ राज्य की स्थापना की और वे इतिहास में बापा रावल के नाम से प्रसिद्ध हैं। गोरखनाथ द्वारा प्रदत्त खांडे की मेवाड़ के महाराजा के दीवान द्वारा विशिष्ट अवसरों पर पूजा की जाती है और नाथ पन्थ के योगी ही मेवाड़ तथा अन्य राजवंशों में कुलगुरुपद पर प्रतिष्ठित होते रहते हैं।

जोधपुर के महाराज मानसिंह नाथ–सम्प्रदाय के बहुत बड़े अनुयायी थे। इन्होंने अपने ग्रन्थ 'श्रीनाथतीर्थावली' में गुरु गोरखनाथ की यौगिक शक्ति, तपस्या और चरणयुगल की उपासना पर प्रकाश डाला। गोरखनाथ ने जम्भनाथ को स्वप्न दिया, जसनाथ को प्रत्यक्ष उपस्थित होकर तथा हरिदास निरंजनी ने गोरखनाथ को गुरु मानकर तपस्या की है।

13. उड़ीसा के निवासी योगी मल्लिकानाथ का पूर्व नाम विवुधेन्द्रमल्ल था। वे क्षत्रिय योद्धा थे। एक बार आखेट के समय श्रीगुरु गोरखनाथ जी का उन्हें दर्शन हुआ। उन्होंने गोरखनाथ जी के चरणों में प्रणाम किया। आशीर्वाद न पाकर उन्होंने गोरखनाथ जी के मस्तक पर खड्ग से प्रहार किया। जटाजूट से टकराकर खड्ग टूट गया। राजा को पश्चाताप हुआ और योग बल से प्रभावित होकर गोरखनाथ जी से दीक्षा ले ली तथा उनके शिष्य बन गये। उन्होंने चक्रार्चन में उत्तरसाधिका के रूप में एक कन्या का वरण कर सिद्धि प्राप्त की थी। उस कन्या का नाम मल्लिका था, इसलिए वे मल्लिकानाथ के नाम से प्रसिद्ध हुए। गोरखनाथ जी ने मल्लिकानाथ को पिण्ड में आत्मा की स्थिरता, जन्म मृत्यु से परे होने की अवस्था, शरीर अमृतपान द्वारा अमरता–देहसिद्धि और मन–पवन की साधना का उपदेश दिया। मल्लिकानाथ यद्यपि तांत्रिक थे पर गोरखनाथ के प्रभाव से वे महान नाथ योगी के रूप में प्रसिद्ध हुए।

14. गोरखनाथ एण्ड दि कनफटा योगीज में ब्रिग्स ने लिखा है कि धर्मराज युधिष्ठिर के महाप्रस्थान के समय हिमाचल के भयानक हिमपात से भीमसेन आगे बढ़ने में असमर्थ और संज्ञाशून्य हो गये। गोरखनाथ जी ने भीम को दर्शन दिया और गंगोत्तरी से भूटान तक विस्तृत भूमिभाग का राजा बना दिया।

15. एक बार देशाटन करते हुए गोरखनाथ और मत्स्येन्द्रनाथ तीर्थयात्रा के लिए गंगा–यमुना के संगम क्षेत्र गये। प्रयाग के सामने गंगा के पूर्वी तट पर प्रतिष्ठानपुर नामक बहुत ही प्राचीन स्थान है। प्रतिष्ठानपुर किसी समय चन्द्रवंशीय राजाओं की राजधानी थी। वर्तमान में प्रतिष्ठानपुर झूँसी के नाम से जानी जाती है। कहा जाता है कि प्रतिष्ठानपुर–झूँसी–गोरखनाथ तथा उनके गुरु मत्स्येन्द्रनाथ आदि नाथों की तपस्थली मानी जाती है। झूँसी के विषय में एक प्रसिद्ध दंतकथा है कि वहाँ एक 'हरवेंग' राजा था, जिसके राज्य में ऐसी अंधेर

गर्दी थी कि टका सेर भाजी और टका सेर खाजा बिकता था। कहते हैं उस राजा से, उस समय के गोरखनाथ तथा उनके गुरु मत्स्येन्द्रनाथ ने, रुष्ट होकर शाप दिया था, शाप से प्रतिष्ठानपुर उलट गयी और यह झुलस गयी, इसी का अपभ्रंश शब्द झूँसी शब्द है। तभी से प्रतिष्ठानपुर को झूँसी कहा जाता है।[33]

16. ब्रिग्स की पुस्तक गोरखनाथ एण्ड दि कनफटा योगीज में गोरखनाथ जी की सिद्धियों की झोली का वर्णन भी प्राप्त होता है। ब्रिग्स का कहना है कि गोरखनाथ अपनी झोली से सेब, अंगूर, पुष्प, फल, रस तथा अनेक दुर्लभ पदार्थ प्रकट कर लोगों को देते थे। उनकी झोली की विभूति से असंख्य स्त्रियों को पुत्र रत्न प्राप्त हुए, गरीब धनी हो गये, असहाय और विपन्न सम्पन्न हो गये। कहते हैं कि गोरखनाथ जी ने अपनी झोली से कीमती साड़ियाँ, बहुमूल्य आभूषण आदि प्रकट कर अपने शिष्य गूँगा का विवाह कराया था। चौरंगीनाथ जी को योगदीक्षा के समय उसी झोली से कुण्डल प्रकट कर उनके कान में पहनाये थे। इसी झोली से चावल और अंगूर निकाल कर गोरखनाथ जी ने चौरंगीनाथ की विमाता लूना को संतान प्राप्ति के लिए खाने को दिया था। इसी झोली की विभूति से उन्होंने एक उजड़े बगीचे को हराभरा कर दिया था। गोरखनाथ से सम्बन्धित अनेक कथायें प्राप्त होती हैं। विस्तार के भय से सभी का वर्णन कर पाना सम्भव नहीं है।

महायोगी श्रीगुरु गोरखनाथ का उपदिष्ट योगमार्ग-

गोरखनाथ जी ने योग को मानवता के कल्याण के लिए लोक सुलभ बनाया है। महायोगी गोरखनाथ ने 'सिद्ध-सिद्धान्त-पद्धति' में हठयोग की परिभाषा की है-

हकारः कीर्तितः सूर्यष्ठकारश्चन्द्र उच्यते।
सूर्याचन्द्रमसोर्योगाद् हठयोगो निगद्यते।।

अर्थात् 'ह' का अर्थ सूर्य बतलाया गया है और 'ठ' का अर्थ चन्द्र। सूर्य और चन्द्र के योग को ही 'हठयोग' कहते हैं। इस परिभाषा का निहितार्थ व्यक्त करते हुए डॉ. हजारी प्रसाद द्विवेदी ने कहा है कि सूर्य से तात्पर्य प्राणवायु का है और चन्द्र से अपान वायु का। इन दोनों का योग अर्थात् प्राणायाम से वायु का निरोध करना ही हठयोग है। अन्य व्याख्या यह है कि सूर्य इड़ा नाड़ी को कहते हैं और चन्द्र पिंगला को।[34] इसलिए इड़ा और पिंगला नाड़ियों को

रोककर सुषुम्ना मार्ग से प्राण वायु के संचारण करने को भी हठयोग कहते हैं।[35] इस व्याख्या को अत्यधिक सुगम करते हुए श्री गोरखनाथ मन्दिर, गोरखपुर के पीठाधीश्वर महंत योगी आदित्यनाथ ने अपने ग्रन्थ 'हठयोग : स्वरूप एवं साधना' में लिखा है कि 'जब हम श्वास लेते हैं तब सामान्य रूप से दोनों स्वर एक साथ कार्य नहीं करते। कभी एक स्वर चलता है तो कभी दूसरा लेकिन इसमें कोई संतुलन नहीं होता है। हठयोग की साधना से दोनों स्वरों (सूर्य और चन्द्र) में संतुलन स्थापित होता है। जब हमारा दायाँ स्वर चलता है अर्थात् सूर्य नाड़ी चलती है, तब हमारे शरीर की प्राण शक्ति क्रियाशील होती है। अधिकांश शारीरिक क्रियायें-विकास, रक्षण एवं संचालन आदि इसी शक्ति द्वारा सम्पन्न होती हैं। श्वसन, पाचन-संस्थान अवयव एवं ग्रन्थि में इसी का सीधा सम्बन्ध होता है। पशु पक्षियों एवं अन्य जीव-जन्तुओं में यह शक्ति अधिक सक्रिय होती है। इस शक्ति के अधिक सक्रिय होने से प्राणिक शक्ति एवं शारीरिक क्षमता तो बढ़ जाती है, परन्तु मानसिक शक्ति उसी अनुपात में कम होने लगती है। इसी प्रकार जब हमारा बायाँ स्वर चलता है अर्थात् चन्द्र नाड़ी चलती है तो चेतना शक्ति क्रियाशील होती है। मानसिक क्रियाकलापों का संचालन इसके माध्यम से होता है। मनुष्य में अन्य प्राणियों की तुलना में इसका विकास सर्वाधिक होता है। इस चन्द्रनाड़ी के अधिक क्रियाशील होने पर शारीरिक क्रियाकलापों के प्रति व्यक्ति की उदासीनता तथा प्राणिक क्षमता भी कम हो जाती है। हठयोग की साधना से दोनों शक्तियों (नाड़ियों) में संतुलन स्थापित होता है, फलस्वरूप तीसरा स्वर (सुषुम्ना) जाग्रत होता है, जिसे सुषुम्ना नाड़ी, सरस्वती नाड़ी आदि कहते हैं। हठयोग में आध्यात्मिक शक्ति सुषुम्ना का जागरण होता है।'[36]

मेरुदण्ड जहाँ सीधे जाकर वायु और उपस्थ के मध्यभाग में संयोजित है वहाँ एक स्वयंभू लिंग है जो एक त्रिकोण चक्र में अवस्थित है। इसे अग्नि चक्र कहते हैं। इसी त्रिकोण या अग्निचक्र में स्थित स्वयंभू लिंग को साढ़े तीन वलयों में लपेटकर सर्पिणी की भाँति कुण्डलिनी अवस्थित है। यह ब्रह्माण्ड में व्याप्त महाकुण्डलिनी रूपी शक्ति का ही व्यष्टि में व्यक्त अल्पविकसित रूप है। यह शक्ति ही है जो ब्रह्मद्वार को रोध करके सोई हुई है-

येन द्वारेण मन्तव्यं ब्रह्मद्वारमनामयम् ।
मुखेनाच्छाद्य तद्द्वारं प्रसुप्ता परमेश्वरी।।[37]

इस कुण्डलिनी को जगाकर शिव से समरस कराना योगी का चरम लक्ष्य है। चाभी से जिस प्रकार ताला हठात् खुल जाता है, उसी प्रकार कुण्डलिनी के ऊर्ध्वगमन से हठात् मोक्षद्वार अनायास ही खुल जाता है–

उद्घाट्येत कपाटं तु यथा कुञ्जिकया हठात्।
कुण्डलिन्या ततो योगी मोक्षद्वारं प्रभेदयेत्।।[38]

हठात् मोक्षद्वार खोलने की विधि प्रस्तुत करने के कारण ही इस योग को हठयोग कहते हैं।[39] यह कुण्डलिनी जब उद्बुद्ध होती है तो प्राण स्थिर हो जाता है और साधक शून्य पथ से निरन्तर इस अनाहत ध्वनि या नाद को सुनने लगता है जो अखण्ड रूप से निखिल ब्रह्माण्ड में निरन्तर ध्वनित हो रहा है। अनुशीलक (हठयोगी) लोगों ने बताया है कि पहले तो शरीर के भीतर समुद्रगर्जन, मेघगर्जन और भेरी झर्झर आदि की सी ध्वनि सुनाई देती है, फिर मर्दल, शंख, घंटा और काइल की सी आवाज सुनाई देती है, और अंत में किंकिणी, वंशी और वीणा की झंकार सुनाई देने लगती है। परन्तु ज्यों-ज्यों साधक का चित्त-स्थिर होता जाता है, त्यों-त्यों इन शब्दों का सुनाई देना बंद होता जाता है, क्योंकि उस समय आत्मा अपने स्वरूप में क्रमशः स्थिर होती जाती है और फिर तो बाह्य विषयों से उसका सरोकार नहीं रह जाता।

अतः हठयोग प्राणवायु का निरोध करके कुण्डलिनी को उद्बुद्ध करता है। उद्बुद्ध कुण्डलिनी क्रमशः षट्चक्रों का भेदन करती हुई सातवें अन्तिम चक्र सहस्रार में शिव से मिलती है। प्राण वायु ही इस शब्द और शक्ति समागम का हेतु है इसलिए हठयोग में प्राण-निरोध का बड़ा महत्त्व है।[40] यहीं जीवात्मा का शिव पद में अभिन्न होना हठयोग का परम लक्ष्य है। यह सब गुरु की कृपा से होती है, वेद पाठ से नहीं, ज्ञान से भी नहीं, वैराग्य से भी नहीं, यह स्वयं गुरु गोरखनाथ ने ही कहा है–

सृष्टिस्तु कुण्डली ख्याता सर्वभावगता हि सा।
बहुधा स्थूलरूपा च लोकानां प्रत्ययात्मिका।
अपरा सर्वगा सूक्ष्मा व्याप्तिव्यापक वर्जिता।
तस्या भेदं न जानाति मोहितः प्रत्ययेन तु।
ततः सूक्ष्मा परासंवित् मध्यशक्तिमहेश्वरी।।[41]

जो भी व्यक्ति इस सहजसमाधि रूप परम विश्राम को पाना चाहता है, वह योग्य गुरु के चरणकमलों की सेवा करके उनकी कृपा प्राप्त करे।

गुरु की कृपा होने से परमपद और शिव के साथ शक्ति की सामरस्य की भी प्राप्ति हो जायेगी। सिद्धसिद्धान्त संग्रह में भी कहा गया है–

अनुबुभूषति यो निजविभ्रमं
स गुरुपादसरोरुहमाश्रयेत् ।
तदनुसंसरणात् परमं पदं
समरसीकरणं च न दूरतः।।[42]

श्रीगोरखनाथ मंदिर, गोरखपुर के पीठाधीश्वर योगी आदित्यनाथ जी का कहना है कि–हठयोग तन को स्वस्थ, मन को स्थिर और आत्मा को परमपद में प्रतिष्ठित करने वाला अमृतत्त्व को प्राप्त करने का अमोघ साधन तथा महाज्ञान है। हठयोग साधना मानवीय जीवन को सहज और नैसर्गिक प्राकृतिक वातावरण के अनुकूल संयोजित करने का शारीरिक, मानसिक तथा आध्यात्मिक प्रयोग है। हठयोग में शरीर शुद्धि के सात साधन बताये गये हैं–

शोधनं दृढ़ता चैव स्थैर्यं धैर्यं च लाघवम् ।
प्रत्यक्षं निर्लिप्तं च घटस्थं सप्त साधनम् ।।

अर्थात् शोधन, दृढ़ता, स्थैर्य, धैर्य, लाघव (अर्थ लिखिए), प्रत्यक्ष और निर्लिप्तता ये सात साधन हैं, जो शरीर में स्थिर बताये गये हैं। इनमें–

षटकर्मणा शोधनं च आसनेन भवेद् दृढ़म् ।
मुद्रया स्थिरया चैव प्रत्याहारेण धीरता।।
प्राणायामाल्लाघवं च ध्यानात्प्रत्यक्षमात्मनि।
समाधिना च निर्लिप्तं मुक्तिरेव न संशयः।।

अर्थात् शरीर के शोधन के लिए षट्कर्म, दृढ़ता के लिए आसनों का अभ्यास, स्थैर्य के लिए मुद्राएँ, धैर्य के लिए प्रत्याहार, लाघव के लिए प्राणायाम, ध्येय के लिए प्रत्यक्ष दर्शनार्थ ध्यान और निर्लिप्तता (आसक्तिहीनता) के लिए समाधि आवश्यक है। इस क्रम में अभ्यास करने पर अवश्य ही मुक्ति प्राप्त होती है। इसमें संशय नहीं है।[43] अतएव हठयोग इहलोक तथा परलोक दोनों के लिए आवश्यक है।

महायोगी श्रीगुरु गोरखनाथ अमर हैं, तभी वे लोगों को सशरीर दर्शन देते रहते हैं। जहाँ वे गुरु-तुल्य लखनऊ (उ. प्र.) निवासी के आर. एन. बनर्जी को सशरीर दर्शन देते हैं वहीं लखनऊ के ही स्व. डॉ. जितेन्द्र चन्द्र भारतीय शास्त्री को साधना के समय आकर उनके मुख से योगविद्या का

सम्पूर्ण वृत्तान्त तथा कुण्डलिनी जागरण के तरीकों को बताकर जनमानस को कैवल्य-मार्ग पर अग्रसर करते हैं। यह सम्पूर्ण वृत्तान्त 'सारस्वत कुण्डलिनी महायोग' नाम से एक पुस्तक में संगृहीत है।

इन सभी साक्ष्यों एवं घटनाओं से यह सिद्ध हो जाता है कि महायोगी गुरु गोरखनाथ अजर और अमर हैं और सप्रेम स्मरण करने पर अपने भक्तों की मदद करते हैं।

सन्दर्भ

1. *गोरखनाथ एण्ड दि कनफटा योगीज*–श्री जार्ज वेस्टन ब्रिग्स, कलकत्ता 1938, पृ. 228
2. *ट्राइब्स एण्ड कास्ट्स ऑफ दि नार्थ वेस्टर्न प्राविंसेज ऐण्ड अवध*– विलियम क्रुक, कलकत्ता, सं. 1869, पृ. 153
3. *इनसाइक्लोपीडिया ऑफ रेलिजन एण्ड एथिक्स*–ग्रियर्सन, पृ. 328
4. *गोरखनाथ एण्ड दि कनफटा योगीज*–जार्ज वेस्टन ब्रिग्स, जैनेन्द्र प्रेस, देलही, 1973, पृ. 229
5. कौल ज्ञान निर्णय, सं. डॉ. प्रबोध चन्द्र बागची, संस्कृत सिरीज नं. 3, कलकत्ता, सं. 1934, पृ. 64
6. *योगिसम्प्रदायविष्कृतिः*–चन्द्रनाथ योगी, अहमदाबाद, सं. 1924, पृ. 23
7. नाथ सम्प्रदाय–डॉ. हजारी प्रसाद द्विवेदी, सं. 2012, हिन्दुस्तानी एकेडमी, इलाहाबाद, पृ. 97
8. *गोरखनाथ एण्ड दि कनफटा योगीज*–ब्रिग्स, जैनेन्द्र प्रेस देलही, 1973, पृ. 211
9. *दि साइक्लोपीडिया ऑफ इण्डिया एण्ड ऑफ ईस्टर्न सदर्न एशिया*– बालसन एडवर्ड, पृ. 1335
10. *हिन्दी काव्य धारा भाग–1* , राहुल सांकृत्यायन, किताब महल, इलाहाबाद संस्करण, 1954, पृ. 156
11. *नाथ सम्प्रदाय*–डॉ. हजारी प्रसाद द्विवेदी, हिन्दुस्तानी एकेडमी, इलाहाबाद, सं. 2012, पृ. 49
12. *नागरी प्रचारिणी पत्रिका,* सं. 2034, वि. वर्ष 82, अंक 1-3, पृ. 47
13. *संस्कृत साहित्य का इतिहास*–वाचस्पति गैरोला, चौखम्भा विद्या भवन वाराणसी, सं. 2003, पृ. 555-565
14. *प्रबन्धचिन्तामणि, मेरुतुंग,* सम्पा. जिन विजय मुनि, संचालक-सिन्धी जैन ग्रन्थमाला, अहमदाबाद, कलकत्ता, वि. 1997, पृ. 121
15. *कृष्णचरित,* कविताकोश राजकविवर्णन–11

16. *भारत का वृहद् इतिहास–2*, मजूमदार, मैकमिलन इंडिया लिमिटेड, नई दिल्ली, 1954 ई., पृ. 291-306
17. *श्री शंकराचार्य*–आचार्य बलदेव उपाध्याय, हिन्दुस्तानी एकेडमी, सं. 2003, पृ. 56
18. *साधन शिखर*–शिवोमतीर्थ, सं. 2003, देवात्म शक्ति सोसायटी (आश्रम) महाराष्ट्र, पृ. 43
19. *नाथ सम्प्रदाय*–डॉ. हजारी प्रसाद द्विवेदी, हिन्दुस्तानी एकडेमी, इलाहाबाद, 2012, पृ. 99-100
20. वही, पृ. 101
21. *श्रीनाथतीर्थावली*–31-38
22. *नाथसिद्धचरितामृत*–रामलाल श्रीवास्तव, गोरखनाथ मन्दिर, गोरखपुर, सं. 2071 वि., पृ. 59
23. पटेन सहितः स्कन्धः पपात यत्र भूतले।
तत्र पाटेश्वरी नाम्ना, ख्यातिमाप्ता महेश्वरी।।
24. *नाथसिद्धचरितामृत*–रामलाल श्रीवास्तव, गोरखनाथ मन्दिर, गोरखपुर, स. 2071 वि., पृ. 60-61
25. सुधाकरचन्द्रिका, कलकत्ता, 1973, पृ. 240
26. नाथसिद्धचरितामृत–रामलाल श्रीवास्तव, गोरखनाथ मन्दिर, गोरखपुर, सं. 2071 वि., पृ. 64
27. *गोरखबानी*-हिन्दी साहित्य सम्मेलन प्रयागराज, 1999 वि.–पद–2/1-6
28. *शंकरदिग्विजय–9/80, 54*
29. *नाथ सिद्धचरितामृत*–रामलाल श्रीवास्तव, गोरखपुर मन्दिर, गोरखपुर, सं. 2071, पृ. 68-69
30. वही, पृ. 70
31. *गोरखनाथ एण्ड दि कनफटायोगीज*–ब्रिग्स, जैनेन्द्र प्रेस, देलही, 1973 ई.
32. *नाथसिद्धचरितामृत*–रामलाल श्रीवास्तव, गोरखपुर मन्दिर, गोरखपुर, सं. 2071, पृ. 74
33. *प्रयाग प्रदीप*–श्री शालिग्राम श्रीवास्तव, हिन्दुस्तानी एकेडमी, इलाहाबाद, संस्करण 2016 ई., पृ. 266
34. हठयोगप्रदीपिका, पाणिनि आफिस, इलाहाबाद, सं. 1915 ई. – 3/15
35. *नाथसम्प्रदाय*–डॉ. हजारी प्रसाद द्विवेदी, हिन्दुस्तानी एकेडमी, इलाहाबाद, 2012 ई., पृ. 123
36. *हठयोग–स्वरूप एवं साधना*–योगी आदित्यनाथ, सं. 2015, प्रका. महंत दिग्विजयनाथ न्यास, गोरखपुर, पृ. 25-26
37. *गोरक्षशतक*, गोरखनाथ मन्दिर, गोरखपुर, सं. 2038–1/48

38. वही, 1/51
39. *नाथ सम्प्रदाय*–डॉ. हजारी प्रसाद द्विवेदी, हिन्दुस्तानी एकेडमी, इलाहाबाद, 2012 ई., पृ. 124
40. वही, पृ. 126
41. सि. सि. सं.म. य. पं. गोपीनाथ कविराज, स. सरस्वती भवन टेक्स्ट 13, काशी, 1925 ई., 4/30-32
42. वही, 5/49
43. *हठयोग स्वरूप एवं साधना*–योगी आदित्यनाथ, महन्त दिग्विजय नाथ न्यास, श्री गोरखनाथ मन्दिर, गोरखपुर, सं. 2015 ई., पृ. 27

योगिराज जालन्धर नाथजी

अध्याय-4

सिद्धयोगी जालन्धरनाथ

सिद्धयोगी जालन्धरनाथ को जालन्धरपाद, जालन्धरनाथ, हाड़ीपा, हाड़ीपाद, हल्लीपाद आदि अनेक नामों से जाना जाता है। पारम्परिक अध्ययन से पता चलता है कि मत्स्येन्द्रनाथ, गोरखनाथ, जालन्धरनाथ तथा कृष्णपाद या कानिफा समकालीन हैं। जालन्धरनाथ मत्स्येन्द्रनाथ के गुरु भाई थे। जालन्धरनाथ तिब्बती परम्परा में मत्स्येन्द्रनाथ के गुरु भी माने जाते हैं। तिब्बती परम्परा के अनुसार नगरभोग देश में ब्राह्मण कुल में इनका जन्म हुआ था। बाद में ये एक उत्कृष्ट पंडित भिक्षु बने किन्तु घंटापाद के शिष्य कूर्मपाद की संगति में आकर ये उनके शिष्य हो गये। मत्स्येन्द्रनाथ कण्हपा और तंतिया इनके शिष्यों में थे। भोटिया ग्रन्थों में इन्हें आदिनाथ भी कहा जाता है।[1] तनजूर (तन्जैन) में जालन्धरनाथ के लिखे हुए सात ग्रन्थों का उल्लेख हैं, जिनमें, राहुल जी के मतानुसार दो मगही भाषा में लिखे गये हैं। इन दोनों ग्रन्थों के नाम हैं–1. विमुक्त मंजरी गीत और 2. हूँकार चित्त विंदुभावना क्रम।[2] लोक में एक अन्य अनुश्रुति प्रसिद्ध है कि ये पंजाब में अधिष्ठित जालन्धरपीठ नामक तांत्रिक स्थान में उत्पन्न हुए थे।[3] एक अन्य परम्परा के अनुसार वे हस्तिनापुर के पुरुवंशी राजा वृहद्रथ के यज्ञाग्नि से उत्पन्न हुए थे, और इसीलिए इनका नाम ज्वालेन्द्रनाथ पड़ा। इस प्रकार जालन्धरनाथ की जन्मभूमि तीन स्थानों पर बतायी जाती है–1. नगरभोग, 2. हस्तिनापुर, 3. जालन्धरपीठ। इनकी जाति के बारे में भी तीन मत प्राप्त होते हैं–1. तिब्बती परम्परा के अनुसार ब्राह्मण थे।, 2. बंगाली परम्परा में हाड़ी या हलखोर माने गये हैं।, 3. योगिसम्प्रदायविष्कृति के अनुसार वे युधिष्ठिर की 23 वीं पीढ़ी में उत्पन्न पुरुवंशीय राजा वृहद्रथ के पुत्र होने के कारण क्षत्रिय थे।[4]

जालन्धरनाथ ने एक 'सिद्धान्त वाक्य' नामक संस्कृत ग्रन्थ भी लिखा था, यह पुस्तक अब उपलब्ध नहीं है पर एक श्लोक से पता चलता है कि जालन्धरनाथ नाथपन्थ के अनुयायी थे, जालन्धर के सिद्धान्त वाक्य में उनकी स्तुति इस प्रकार है–

वन्दे तन्नाथतेजो भुवनतिमिरहं भानुतेजस्करं वा
सत्कर्तृ व्यापकं त्वा पवनगतिकरं व्योमवन्निर्भरं वा
मुद्रानादत्रिशूलैर्विमलरुचिधरं खर्परं भस्ममिश्रं
द्वैतवाऽद्वैतरूपं द्वयत इत परं योगिनं शङ्करं वा।

स्कन्धपुराण के काशीखण्ड में नवनाथों के विन्यास के सिलसिले में जालन्धरनाथ का नाम पाया जाता है–

जालन्धरो वसेन्नित्यमुत्तरापथमाश्रितः।

'गोरखनाथ एण्ड दि कनफटा योगी में ब्रिग्स' ने लिखा है कि – जालंधरिया नामक जो सम्प्रदाय इस समय जीवित है वह जालन्धरपाद का चलाया हुआ है। पहले इसे 'पा' पन्थ कहते थे और नाथ मार्ग से ये लोग स्वतन्त्र और भिन्न थे। जालन्धर या जालन्धरनाथ को मत्स्येन्द्रनाथ और गोरखनाथ से अलग करने के लिए ऐसा समझा गया क्योंकि जालन्धरनाथ औघड़ थे जबकि मत्स्येन्द्रनाथ और गोरखनाथ कनफटा।[5] कान चीर कर मुद्रा धारण करने पर योगी लोग कनफटा कहलाते हैं, परन्तु उसके पूर्व औघड़ कहे जाते हैं, परन्तु सिद्धान्त वाक्य में जालन्धरपाद के उद्धृत श्लोक से पता चलता है कि मुद्रा नाद और त्रिशूल धारण करने वाले नाथ ही इनके उपास्य हैं। आज कल जालंधरिया सम्प्रदाय के लोग गोरखनाथ द्वारा प्रवर्तित पाण्डनाथी शाखा के ही हैं, परन्तु कानिपा सम्प्रदाय वाले, जिन्हें कुछ लोग जालन्धरिया से अभिन्न भी मानते हैं और जो लोग अपने को गोपीचन्द का अनुवर्ती मानते हैं, बारह पंथियों से अलग समझे जाते हैं।[6] सपेला या संपेरे इसी सम्प्रदाय के माने जाते हैं। इन बातों से यह अनुमान होता है कि कापालिक मार्ग का स्वतन्त्र अस्तित्व था जो बाद में गोरखपन्थी साधुओं में अन्तर्निहित हो गया। गोरखनाथी साधुओं को कान में कुंडल (मुद्रा) डालना आवश्यक है। यह गोरखनाथी योगियों का चिह्न है तथा इसका गोरखपन्थ में अनेक आध्यात्मिक उपयोग है। सिद्ध-सिद्धान्त पद्धति में मुद्रा धारण का अनेक वर्णन है–

मुद् मोदे तु रादाने जीवात्मपरमात्मनोः।
उभयोरैक्यसंभूतिर्मुद्रेति परिकीर्तिता।।
मोदन्ते देवसंधाश्च द्रवन्तेऽसुरराशयः।
मुद्रेति कथिता साक्षात् सदाभद्रार्थदायिनी।।

अर्थात् शब्द मुद् (प्रसन्न होना) और रा (आदान, ग्रहण) इन अधातुओं से बना है। ये दोनों जीवात्मा और परमात्मा के प्रतीक हैं, चूँकि इससे देवता लोग प्रसन्न होते हैं और आसुर लोग भाग खड़े होते हैं, इसलिए इसे साक्षात्कल्याणदायिनी मुद्रा माना जाता है। मुद्रा धारण के लिए कान का फाड़ना आवश्यक है और यह कार्य छुरी या छुरिका से ही होता है। इसीलिए क्षुरिकोपनिषद् में छुरी का माहात्म्य वर्णित करते हुए कहा गया है–

क्षुरिकां संप्रवक्ष्यामि धारणं योगसिद्धये।
संप्राप्य न पुनर्जन्म योगयुक्तः प्रजायते।।

अर्थात् जो साधू कान फाड़कर मुद्रा धारण नहीं करते, उनका गोरखनाथ के मार्ग से सम्बन्ध संदेहास्पद ही है। इस आलोचना से स्पष्ट है कि जालन्धरनाथ और कृष्णपाद द्वारा प्रवर्तित मत नाथ सम्प्रदाय के अन्तर्गत तो था, परन्तु वे मत्स्येन्द्रनाथ–गोरखनाथ से भिन्न थे। बाद में चलकर वह गोरखनाथी शाखा में अन्तर्भुक्त हो गया।[7]

'कल्याण शक्ति' अंक में श्री तारानन्द तीर्थ ने एक लेख के द्वारा बताया है कि पौराणिक विश्वास है कि जालन्धरपीठ में सती के शरीर का स्तनभाग पतित हुआ था। यह पीठ त्रिमर्त प्रदेश में है जो आज के पंजाब के एक अंश का पुराना नाम है। विश्वास किया जाता है कि यहाँ मरने से कीट–पशु–पतंग सभी मुक्त हो जाते हैं। कहते हैं कि जालन्धर दैत्य का वध करने के कारण भगवान शिव पापग्रस्त हो गये थे और जब इस पीठ में आकर तारादेवी की उपाराना किये तब जाकर उनका पाप दूर हुआ। यहाँ की अधिष्ठात्री देवी त्रिशक्ति अर्थात् त्रिपुरा काली और तारा हैं, परन्तु स्तनाधिष्ठात्री श्री ब्रजेश्वरी ही मुख्य मानी जाती है। इन्हें विद्याराज्ञी भी कहते हैं। स्तनपीठ में विद्याराज्ञी के चक्र तथा आद्या त्रिपुरा की पिण्डी की स्थापना है।[8] जालन्धर नाम से यह अनुमान लगाया जाता है कि ये जालन्धरपीठ में या तो उत्पन्न हुए थे या सिद्ध हुए थे, इसीलिए हठयोग की पुस्तकों में एक बन्ध का नाम जालन्धर बन्ध पाया जाता है। योगशास्त्रीय पुस्तकों में एक और बंध उड्डियानबंध है।

यह सम्भवतः उड्डियान पीठ के किसी सिद्ध द्वारा प्रवर्तित है। **डॉ. हजारी प्रसाद द्विवेदी** का कहना है कि यह असंभव नहीं कि जालन्धरनाथ का सम्बन्ध उड्डियान और जालन्धर दोनों बंधों से हो। हमारे इस प्रकार अनुमान का कारण यह है कि उड्डियान में सचमुच ही ज्वालेन्द्र नामक राजा का उल्लेख मिलता है जो आगे चलकर बहुत बड़े सिद्ध हुए थे। तारानाथ ने उड्डियान देश के दो भाग बताये हैं, एक का नाम सम्भल है और दूसरे का लंकापुरी। अनेक चीनी और तिब्बती ग्रन्थों में इस लंकापुरी की चर्चा आती है।[9] सम्भलपुरी के राजा इन्द्रभूति थे और लंकापुरी के जालेन्द्र। इन्हीं जालेन्द्र के पुत्र से इन्द्रभूति की बहन की शादी हुई थी। शांवरतन्त्र का सम्बन्ध सम्भलपुरी से बताया गया है। अतः इतना निश्चित है कि–

1. उड्डियान और जालन्धरपीठ आस–पास हैं।
2. उड्डियान में ही कहीं लंकापुरी है जहाँ कोई जालेन्द्र नामक राजा थे। (श्री राहुल सांकृत्यायन ने गंगा–पुरातत्त्वांक के लेख में पृष्ठ 222 पर इन्द्रभूति को लंकापुरी का राजा और पृष्ठ 224 पर उनकी बहन लज्जीकरा को संभल नगर की योगिनी कहा है)
3. हठयोग के ग्रन्थों में उड्डियानबंध और जालन्धरबंध नाम के जो बंध हैं उनका सम्बन्ध इनमें से किसी एक से या अनेक से होना असंभव नहीं है। .... परन्तु यह बात फिर भी जोर देकर के ही कही जा सकती है कि जालन्धरनाथ का सम्बन्ध जालन्धरपीठ से भी था और उड्डियान से भी।[10]

जालन्धरनाथ का जीवन चरित्र इतना दुरूह है कि उनके जन्म स्थान, सिद्धि प्राप्त स्थान का निर्णय करना कठिन हो जाता है। जालन्धरनाथ के जीवन चरित्र सम्बन्धी कुछ वृत्तान्त निम्नवत् हैं–

1. जालन्धरनाथ की एक कथा **श्यामदास रचित** 'मीनचेतन' और **फैजुल्ला रचित बंगला काव्य** 'गोरखविजय' में पायी जाती है। दोनों ग्रन्थों की कथावस्तु लगभग एक जैसी ही है। कथा है कि–आद्य और आद्या ने पहले देवताओं की सृष्टि की। उसके बाद चार सिद्धों की उत्पत्ति हुई। बाद में एक कन्या भी उत्पन्न हुई, नाम रखा गया गौरी। आद्य के आदेश से शिव ने गौरी से विवाह किया और पृथ्वी पर चले आए। चारों सिद्धों ने, जिनका नाम मीननाथ, गोरखनाथ, हाडिफा (जालन्धरनाथ) और कानफा

(कानूपा, कृष्णपाद) थे, वायुमात्र के आहार से योगाभ्यास आरंभ किया। गोरखनाथ मीननाथ के सेवक हुए और कानपा हाडिफा (जालन्धरनाथ) के। आदिनाथ शिव से गौरी ने आग्रह किया कि वे सिद्धों को विवाह करके वंश चलाने का आदेश दें। शिव ने कहा कि सिद्धों में काम विकार नहीं है। तब गौरी ने परीक्षा ली। गौरी ने चारों सिद्धों को भुवनमोहिनी का रूप धारण करके भोजन परोसा। हाडिफा (जालन्धरनाथ) ने ऐसी सुन्दरी के झाडूदार होने में भी कृतार्थ होने की अभिलाषा प्रकट की, फलस्वरूप मैनावती रानी के घर में झाडूदार होने का शाप पाया। हाडिफा (जालन्धरनाथ) के पुत्र गाफूर सिद्ध ने इस सुन्दरी को पाने के लिए हाथ–पैर कटा देने पर भी जीवन सफल माना और बदले में कामार्त सौतेली माँ से अपमान पाने का शाप मिला। संभवतः यही चौरंगीनाथ हैं। बाद में गोरखनाथ के बताने पर, गोपीचन्द के द्वारा मिट्टी में गड़वाये गये अपने गुरु हाडिफा (जालन्धरनाथ) का उद्धार, उनके शिष्य कानपा ने किया।

2. **धर्ममंगल शून्य पुराण में धर्मनिरंजन की कथा के अनुसार**– जगत् की सृष्टि होने के पहले विश्व अव्यक्त था। शून्य से बुदबुद रूप में ब्रह्माण्ड प्रकट हुआ। उसके बाद निरंजन आदिनाथ के रूप में अभिव्यक्त हुए। निरंजन देव के तप के ताप से केतका (मनसा) देवी उत्पन्न हुई। तपोलीन आदिनाथ केतका (मनसा) का स्मरण कर कामप्रवण हो गये। केतका के मुख से ब्रह्मा, ललाट से विष्णु और योनि से शिव उत्पन्न हुए। तीनों की परीक्षा हुई। बल्लुका नदी के तट पर तपरत आदिनाथ का तीनों दर्शन करने गये। परीक्षा के लिए आदिनाथ गलित शव के रूप में नदी में दिखे। ब्रह्मा शव गन्ध से दूर स्थित हो गये। विष्णु ने जल निक्षेप कर उसे और दूर किया, शिव ने दोनों को बुलाकर अपने जंघे पर शव का दाह संस्कार किया। ब्रह्मा अग्नि हुए, किन्तु विष्णु काष्ठ हुए। दह्यमान शव की नाभि से मीननाथ, ललाट अथवा जटा से गोरखनाथ, हाड़ से हाडिफा (जालन्धरनाथ), कान से कानिपा और चरण से चौरंगीनाथ हुए। आदिनाथ के संकेत से शिव ने केतका (मनसा) को पत्नी के रूप में ग्रहण किया। जन्मान्तरित केतका का नाम गौरी था।

3. **तिब्बती परम्परा के अन्तर्गत** जालन्धरनाथ को नगरभोग गाँव के ब्राह्मण कुल में उत्पन्न कहा जाता है। ये बाल्यकाल में जगत् की नश्वर प्रकृति पर विचार किया करते थे, तो उदास हो जाते थे। एक समय की बात

है कि वे श्मशान के एक वृक्ष की छाया में बैठकर जीवन की क्षणभंगुरता पर विचार कर रहे थे। उन्होंने वहाँ एक डाकिनी को यह कहते सुना कि चित्त में शुद्ध विचार रखना चाहिए। उसने उन्हें हेवज्रतन्त्र मार्ग में दीक्षित किया। उसने प्रत्यक्ष साक्षात्कार की विधि बताते हुए कहा कि भावना करो कि तुम सभी इन्द्रियग्राह्य पदार्थों को अपने काव्य, वाक् और चित्त में आकर्षण कर रहे हो। इसी बात की धारणा तुम्हें इड़ा, पिंगला और सुषुम्ना नाड़ियों में करनी चाहिए। इस तरह मस्तक के मुक्त आकाश में खुलने वाली सुषुम्ना नाडी के माध्यम से अपने विचार प्रत्यय को निर्मल करना चाहिए। डाकिनी के निर्देश से जालन्धरनाथ कठोर साधना में तत्पर हो गये। सात वर्ष के पश्चात् उन्हें सिद्धि की प्राप्ति हुई। कहा जाता है कि उनकी गणना अच्छे पण्डित-भिक्षु के रूप में की जाती थी। उन्होंने घण्टापाद के शिष्य कूर्मपाद का शिष्यत्व स्वीकार कर लिया। धीरे-धीरे उनकी साधना आदिनाथ द्वारा उपदिष्ट महायोग ज्ञान से समृद्ध हो उठी। उन्होंने शैव योग साधना में सिद्धि प्राप्त कर गौड़ बंगाल के राजा माणिकचन्द्र की महारानी मैनावती को योग ज्ञान से प्रबुद्ध किया। मैनावती के प्रभाव से माणिकचन्द्र के मन में भी जालन्धरनाथ के महायोग ज्ञान का प्रभाव पड़ने लगा। माणिकचन्द्र को कोई पुत्र नहीं था। रत्नाकर व्रत के अनुष्ठान से माणिकचन्द्र को गौड़ बंगाल के राज्य के उत्तराधिकारी के रूप में गोपीचन्द जैसे पुत्र की प्राप्ति हुई। माणिकचन्द्र को डर हो गया कि कहीं मैनावती तथा जालन्धरनाथ के प्रभाव में आकर उनका पुत्र गोपीचन्द योगी न बन जाय। इसलिए उनके और महारानी मैनावती के बीच मनमुटाव रहने लगा। परिणामस्वरूप जालन्धरनाथ को राजमहल में प्रवेश करने पर रोक लगा दिया और जालन्धरनाथ से प्रभावित रानी मैनावती को देश से निकाल दिया। वह फेरुसा नगर चली गयी। राजा से असन्तुष्ट होकर जालन्धरनाथ ने राजा को श्राप दे दिया कि वह छः माह के अन्दर मर जायेगा। मृत्यु का समय आ जाने पर रानी मैनावती को बुलाया गया, परन्तु जालन्धरनाथ के श्राप से राजा की मृत्यु हो गयी। राजा की मृत्यु के बाद गोपीचन्द ने अपनी माता रानी मैनावती की देख-रेख में राज्य का शासन भार संभाला, परन्तु गोपीचन्द भोगविलास में रत हो गये और पटरानी उदयिनी और पदमिनी के रूपजाल में फँस गये। यह देखकर रानी मैनावती ने गोपीचन्द से कहा कि तुम योग सिद्ध जालन्धरनाथ से योगदीक्षा ग्रहण करो,

यह शरीर नश्वर है, विषय सुख नश्वर है। जालन्धरनाथ ने गोपीचन्द से कहा कि योगी होना आसान कार्य नहीं है। कठिन से कठिन परीक्षा देनी होगी। अपनी राजधानी से आपको मेरे स्नान के लिए घड़े में पानी भर कर लाना होगा। मेरे भोजन के लिए आपको अपनी पटरानियों को माँ कहकर भिक्षा मांगकर लाना होगा। माँ से आज्ञा प्राप्त करने के बाद आप योगी वेश धारण कर सकेंगे। गोपीचन्द सभी परीक्षाओं में खरे उतरे। गोपीचन्द गुरु की परीक्षा में सफल हो गये। माँ मैनावती के पास अनुमति के लिए गये, तब उनकी माता जी ने कहा कि मैंने तुम्हें जालन्धरनाथ के पास अजर-अमर करने के लिए भेजा था। मेरा यह उद्देश्य नहीं था कि गौड़ बंगाल का शासक विशाल राज्य का परित्याग कर गेरुआ वस्त्र धारण कर योगी बन जाय। मैनावती यह कहकर रोने लगीं। सारे रनिवास में हाहाकार मच गया। प्रजा अत्यन्त व्याकुल हो उठी। महायोगी जालन्धरनाथ राजमहल के प्रांगण में प्रवेश करके महारानी से बोले कि राजभोग का सुख अस्थायी और क्षणिक है। आप गोपीचन्द के योगी होने के मार्ग में बाधा न उत्पन्न कीजिए। गेरुआ वेश धारण करने वाले योगीराज गोपीचन्द को सिद्धपाद जालन्धरनाथ ने अक्षर, निरंजन, सच्चिदानन्द स्वरूप अनिर्वचनीय शून्य पद में स्थित परम शिव की उपासना की विधि बतायी, गुरु शिष्य को साथ लेकर भ्रमण के लिए निकल पड़े। मेहर कुल के राजघराने में रमणी के सौन्दर्य और विषयभोग पर विजय प्राप्त करने के लिए झाडू देने का संकल्प करने वाले योगीराज जालन्धरनाथ की योग सिद्धि साकार हो उठी, वे अपने व्रत में सफल हुए। गोपीचन्द गुरु के पीछे-पीछे चल पड़े। भ्रमण करते हुए योगेश्वर जालन्धरनाथ गोपीचन्द को साथ लिए हुए दक्षिण भारत पहुँच गये। दक्षिण भारत के एक नगर में हीरा नामक एक अत्यन्त रूपवती वेश्या रहती थी। गोपीचन्द की कड़ी परीक्षा लेने के लिए जालन्धरनाथ ने उन्हें वेश्या के हाथ बंधक रखकर प्रस्थान किया। वेश्या ने गोपीचन्द को अपने रूपजाल में फँसाने का प्रयत्न किया, परन्तु वे उसके वश में नहीं हुए। उसने गोपीचन्द को एकांत स्थान में रख दिया। जालन्धरनाथ ने भ्रमण से लौटकर वेश्या से गोपीचन्द की मांग की। वेश्या ने कहा कि उसकी मृत्यु हो गयी है। जालन्धरनाथ ने ध्यान की दृष्टि से सारी बात समझ ली। उन्होंने हुंकार भर के गोपीचन्द का बन्धन तोड़ दिया। इस तरह जालन्धरनाथ ने गोपीचन्द की कड़ी परीक्षा ली और सफल शिष्य को पाकर प्रसन्न हुए। चूँकि मैनावती ने केवल

12 वर्ष तक गोपीचन्द को योगीवेश में रहने का आदेश दिया था, इसलिए जालन्धरनाथ ने उनको माँ के हाथ में सुरक्षित सौंप दिया, परन्तु गोपीचन्द को पूर्ण रूप से महायोग प्रदान करने की दृष्टि से उनकी यौगिक शक्ति का हरण कर लिया। गोपीचन्द की रानी उदुना और पुदुना ने समझाया कि आपके गुरु योगसिद्ध नहीं हैं। वे जादूगर हैं। उनसे प्रभावित होकर राजा गोपीचन्द ने जंगल के एक कुएँ में जालन्धरनाथ को डलवाकर उसमें ऊपर से मिट्टी भरवा दी। थोड़ा-सा छिद्र ही दीख पड़ता था। जिस समय जालन्धरनाथ को मिट्टी के नीचे डलवा दिया गया था, उसी समय मत्स्येन्द्रनाथ कदलीवन में महारानी कमला और मंगला के रमणी राज्य में विहार कर रहे थे।

एक समय की बात है गोरखनाथ वकुल वृक्ष के नीचे तप कर रहे थे, तभी जालन्धरनाथ के शिष्य कृष्णपाद वहाँ आये और दोनों ने एक-दूसरे के गुरु का वृत्तान्त वर्णित किया। तत्पश्चात् गोरखनाथ अपने गुरु मत्स्येन्द्रनाथ को तथा कृष्णपाद (कान्हपा) अपने गुरु जालन्धरनाथ को मुक्त कराने चले। गोपीचन्द की रानी उदुना-पुदुना के आदेश से राजमहल में किसी भी योगी का प्रवेश वर्जित था, लेकिन योगबल से कृष्णपाद महाराज गोपीचन्द से भेंट किये और अपनी योजना के तहत गुरु का उद्धार करने चले। गोपीचन्द को साथ लेकर कुएँ पर गये और जालन्धरनाथ के शाप से भस्म होने से उनको बचा लिया। जालन्धरनाथ ने गोपीचन्द को क्षमा कर दिया। राजा का मन राजकार्य और विषयसुख से उचट गया। जालन्धरनाथ ने उन्हें महायोग ज्ञान प्रदान करके अपना शिष्य बना लिया, इस प्रकार से गुरु की कृपा प्राप्त करके गोपीचन्द योगीराज हो गये।

4. कुरुवंश के राजा बृहश्रव ने हस्तिनापुर का राज्य करते समय सोमयज्ञ प्रारम्भ किया। उसी अग्नि कुण्ड से यज्ञ कर रहे ब्राह्मणों को एक बच्चा प्राप्त हुआ। राजा बच्चे को लेकर राजमहल में रानी के पास गये। रानी ने पूछा यह किसका बालक है? राजा ने बताया-यह अग्नि देवता का प्रसाद है। रानी ने बच्चे को गोद में लेकर दूध पिलाया और ईश्वर की कृपा से स्तनों में दूध निकलने लगा। बारहवें दिन नामकरण संस्कार किया गया और बच्चे का नाम जालन्धरनाथ रखा गया। जालन्धरनाथ का सभी संस्कार किया गया तथा इनके विवाह के लिए कन्या ढूँढ़ी जाने लगी। विवाह की बात सुनकर जालन्धरनाथ जंगल में चले गये। जंगल में वे घास पर सोये थे,

उसी समय उनके पास आये हुए अग्निदेव ने अपने बेटे को पहचान लिया और अपने बेटे से पूछा–बेटे यहाँ आने का कारण बताओ? तब जालन्धरनाथ ने कहा तुम कौन हो?, अग्नि ने कहा कि बेटा मैं तुम्हारी माँ हूँ और पूरा वृत्तान्त सुनाया। यह सुन जालन्धरनाथ ने कहा कि मैं चाहता हूँ कि मेरा यश त्रिभुवन में फैले और मैं अमर हो जाऊँ। पुत्र की यह कामना सुनकर अग्निदेव अत्यधिक प्रसन्न हुए और दत्तात्रेय जी के पास ले गये। दत्तात्रेय जालन्धरनाथ को अपने संग लेकर नित्य घूमते हुए भागीरथी तट पर आकर स्नान करते और भिक्षाटन के लिए चले जाते थे। इस प्रकार से जालन्धरनाथ बारह वर्ष तक दत्तात्रेय जी के साथ रहकर सम्पूर्ण शास्त्रों में पारंगत हो गये। सभी विद्याओं में पारंगत होने के बाद दत्तात्रेय ने जालन्धरनाथ से सभी देवताओं की आराधना करवाई, तब सभी देवताओं ने पृथ्वी पर उतरकर जालन्धरनाथ को वरदान दिया। अग्निदेव भी आये और अपने पुत्र को सभी विद्याओं में निपुण देखकर प्रसन्न हुए। पहले जिन देवताओं से मत्स्येन्द्रनाथ को आशीर्वाद प्राप्त हुआ था, उन सभी देवताओं ने जालन्धरनाथ को भी वरदान दिया। तत्पश्चात बारह वर्ष के लिए वे बद्रीनाथ जाकर तपस्या करने लगे। तप के पश्चात् शिव जी ने जालन्धरनाथ से कहा–अब तुम नागपत्र अश्वश्यामा की जगह जाकर यज्ञ करो, वहीं पर तुम्हें देवताओं से सॉबर मंत्र का वरदान मिलेगा। इस प्रकार सॉबर विद्या सिद्ध करके अपने शिष्य कानिफानाथ को बद्रीनाथ में छोड़कर भ्रमण पर निकल पड़े।

जालन्धरनाथ यात्रा करते समय अपने सिर पर घास का गट्ठर रखकर घूमा करते थे। जो उनके सिर से एक दो बालिश्त ऊँचा रहता था। गट्ठर और उनके सिर के बीच में जगह रहती थी और वह सिर को स्पर्श नहीं कर पाता था। जालन्धरनाथ घूमते-घूमते गौड़ बंगाल की हेलापट्टन नगरी आ पहुँचे। उस वक्त वह घास का गट्ठर लोगों के लिए कुतूहल का विषय था। लोग उनके दर्शन के लिए आने लगे। वे भिक्षा माँग कर उदर पूर्ति करते। वहाँ पर युवा राजा गोपीचन्द राज्य करता था, जिसकी माता मैनावती चतुर और सदाचारी नारी थी। एक दिन उसने अपने महल के चौबारे से देखा कि जालन्धरनाथ के सिर पर गट्ठर अधर में लटका है। मैनावती को आश्चर्य हुआ। उसे समझते देर न लगी कि यह कोई सिद्ध सन्त है। इन्हें अपना गुरु बनाकर जीवन सफल करना चाहिए। यह सोचकर रानी जालन्धरनाथ के स्थान का पता लगाकर

अर्द्धरात्रि में उनके पास गयी। उस समय जालन्धरनाथ समाधि लगाये बैठे थे। काफी समय बाद जब उनकी समाधि टूटी तब अपने सामने दो नारियों को बैठा पाया। जालन्धरनाथ ने पूछा माताओ आप कौन हो और आधी रात को मेरी धूनी पर किस उद्देश्य से आई हैं। मैनावती दोनों हाथ जोड़कर बोली योगीराज मैं यहाँ के राजा गोपीचन्द की माता हूँ। मेरा नाम मैनावती है और मेरे साथ मेरी दासी है। योगीराज आप मुझे ज्ञानामृत पिलाकर मेरी अज्ञानता दूर करें। जालन्धरनाथ ने कहा कि इस समय तुम जाओ समय आने पर तुम्हें दीक्षा दूँगा। उस दिन मैनावती वापस आ गयी, परन्तु पुनः दूसरे-तीसरे दिन वे योगी महाराज की कुटिया पर रात्रि में जाती और धर्म चर्चा सुनकर लौट आती। इस बीच जालन्धरनाथ ने रानी मैनावती की अनेक प्रकार से परीक्षा लीया। सन्तुष्ट होकर जालन्धरनाथ ने मैनावती को धर्म उपदेश देकर अपनी शिष्या बना लिया। रानी मैनावती ने गुरु के चरणों में अपना मस्तक नवा दिया। जालन्धरनाथ ने विद्या मन्त्रों का उच्चारण कर रानी मैनावती को अमरता का वरदान दे दिया।

एक दिन राजा गोपीचन्द स्नान के पहले धूप में तेल मालिश करा रहे थे, तब रानी मैनावती का ध्यान बेटे की तरफ गया। वे सोचने लगीं कि उनके पति त्रिलोचन चन्द्र का शरीर भी इसी तरह का था और वे काल के गाल में समाकर चन्दन चिता की भेंट चढ़ गये। उसी प्रकार मेरे बेटे की काया भी एक दिन चन्दन के भेंट चढ़ जायेगी और रोने लगी। माता को रोता देखकर राजा गोपीचन्द ने माता के पास जाकर रोने का कारण पूछा। राजा के साथ पटरानी लोमावती भी गयी थी। मैनावती ने बताया कि जिस प्रकार एक दिन तुम्हारे पिताजी की मृत्यु हो गयी थी, उसी तरह तुम्हारी भी मृत्यु हो जायेगी। यही सोच कर रो रही हूँ। राजा गोपीचन्द ने कहा माता रोने से कोई लाभ नहीं है, जो मृत्यु लोक में आया है, उसे जाना ही पड़ेगा। रानी मैनावती ने गोपीचन्द से कहा कि अमर तत्त्व प्रदान करने वाले योगी जालन्धरनाथ हमारी नगरी में पधारे हैं। तुम भक्ति भाव से उनकी शरण में जाकर उनके शिष्य बन जाओ तथा अमर तत्त्व प्राप्त करो। तब गोपीचन्द ने कहा माँ मैं बारह वर्ष के बाद गुरु शरण में जाऊँगा। मैनावती बोली बेटा एक पल का भी भरोसा नहीं है, तुम बारह वर्ष की बात करते हो। गोपीचन्द ने अपनी माँ को उत्तर दिया कि माँ मैं आपकी आज्ञा का पालन करूँगा, लेकिन पहले योगी जालन्धरनाथ के

बारे में जानकर ही मैं उनकी शरण में जाऊँगा। यह कहकर राजा स्नान के लिए चले गये। पटरानी लोमावती यह सब सुन रही थी। उसने अपनी सभी सौतों को बुलाया और पूरा वृत्तान्त बताया और कहा यदि हमारे पति संन्यासी हो जायेंगे, तब मेरे साथ मेरी कन्याओं का भी भाग्य फूट जायेगा। इसलिए कोई ऐसा उपाय करना चाहिए कि मेरे स्वामी योगी न बनें। अगले दिन जब राजा गोपीचन्द सोकर उठे और पटरानी लोमावती के अन्तःपुर में पधारे तो पटरानी राजा को देखकर रोने लगी। रोने का कारण पूछने पर उन्होंने बताया कि मैं सत्य बोलने का साहस नहीं कर पा रही हूँ। यह सुनकर आपको क्रोध आ जायेगा। महाराज के आश्वासन देने पर उसने बताया कि काफी दिनों से जासूसी करने पर यह पता चला है कि यह जो योगी है, उससे राजमाता का नाजायज सम्बन्ध है, राजमाता हम लोगों के सो जाने पर नित्य जालन्धरनाथ की कुटिया पर पहुँच जाती हैं। इन दोनों ने मिलकर षड्यन्त्र रचा है कि राजा को दीक्षा के बहाने राज-पाट छुड़वाकर दूर भगा दें और हम दोनों मिलकर राज्य सुख का आनन्द लूटें। चाहे तो मेरी बात की जाँच करवा सकते हैं। अपनी पटरानी की बात सुनकर राजा को पूर्ण विश्वास हो गया कि राजमाता योगी के जाल में फँस गयी हैं। राजा गोपीचन्द ने अपने मन्त्री को एकांत में बुलाकर आदेश दिया कि योगी जालन्धरनाथ को गड्ढा खोद कर उसमें डालकर ऊपर से मिट्टी डाल दो, यह बात किसी को पता न चले। राजा गोपीचन्द की आज्ञा पाकर मन्त्री ने जालन्धरनाथ की कुटिया के पास कुएँ की तरह गहरा गड्ढा खुदवाकर, समाधि अवस्था में ही योगी जालन्धरनाथ की रखवा दिया और कूड़े कचरे तथा घोड़ों की लीद से उसको पटवा दिया। योगी जालन्धरनाथ को अपने ऊपर के घास के गट्ठकर के कारण मिट्टी आदि का भार पता ही नहीं चला और वे सॉबर मन्त्रों की सिद्धि हेतु लगे रहे। इधर गोरखनाथ से अपने गुरु की दुर्दशा सुनकर कानिफानाथ को बहुत दुःख हुआ और वे अपने शिष्यों के साथ हैलापट्टन के राजा गोपीचन्द की राजधानी को गये। राजा गोपीचन्द ने कानिफानाथ का बहुत स्वागत किया और उन्हें राजदरबार में ले आये। किसी योगी का राजदरबार में आया सुनकर रानी मैनावती भी दरबार में आ गयी। रानी मैनावती ने योगी कानिफानाथ से पूछा कि हे योगीराज बारह वर्ष पूर्व एक योगी जालन्धरनाथ यहाँ आये थे, परन्तु उनका पता नहीं चला वे कहाँ चले गये। उन्होंने हमें दीक्षा देकर अमरत्व भी प्रदान किया था।

तब वे बोले माता वे हमारे भी गुरु हैं, वे अभी भी आपकी राज्य के सीमा में ही हैं। आपके बेटे ने ही उन्हें कहीं छुपाया है। अपना भेद खुल जाने पर गोपीचन्द लज्जित हुए और कानिफानाथ के कदमों में गिर पड़े और क्षमा याचना करने लगे। इसके पश्चात् कानिफानाथ ने अपनी युक्ति के द्वारा गोपीचन्द को जालन्धरनाथ के कोप से बचाया तथा जालन्धरनाथ को गड्ढे से बाहर निकाला। काफी समय गट्ठे में रहने के कारण उनके शरीर में मिट्टी जम गयी थी और बड़े-बड़े घाव बन गये थे। तब जालन्धरनाथ ने शाक्रास्त्र का जप करके मिट्टी तथा घाव से मुक्ति पाई। इसके बाद गोपीचन्द जालन्धरनाथ के पैरों पर गिर पड़े। जालन्धरनाथ ने उन्हें अमरत्व का वरदान दिया। तब राजा गोपीचन्द दोनों हाथ जोड़कर बोले–महाराज! मुझे आप अपने जैसा ज्ञानी होने का वरदान दें। यह सुनकर जालन्धरनाथ ने राजा गोपीचन्द की पीठ थपथपाकर राजा के वस्त्र उतरवा कर लंगोटी बँधवाई। फिर कानफाड़ कर मुद्रा पहनाई और चोली, चिमटा, कुबड़ी, फावड़ी दे नाथ पन्थ में दीक्षित कर लिया। झोली पकड़ा कर सिंघी नाद बजवाया। जालन्धरनाथ ने गोपीचन्द को आज्ञा दी कि तुम पहले राजमहल में सिंघीनाद बजाकर और अपनी पटरानियों को माता कहकर भिक्षा माँगो तथा सबसे भिक्षा प्राप्त करके तप करने निकल जाओ और भरथरी के साथ रहो। गोपीचन्द ऐसा ही तप करने लगे। गुरु जालन्धरनाथ ने गोपीचन्द को बद्रीनाथ जाकर तप करने का आदेश दिया। गोपीचन्द रास्ते में भिक्षाटन करते हुए बद्रीनाथ जा रहे थे। रास्ते में गोपीचन्द को प्यास लगी, प्यास बुझाने के लिए गोपीचन्द गौड़ बंगाल की निरमा नगरी के कुएँ पर गये और दासी से पानी मागा। वहाँ गोपीचन्द के बहनोई राजा हुकुमचन्द्र तथा बहन चम्पावती राज करते थे। अपने साले को भिक्षा माँगता देख राजा ने अपनी रानी को बहुत बुरा-भला कहा। राजा हुकुमचन्द्र, माँ और बहन ने मिलकर गोपीचन्द का अनेक प्रकार से अपमान किया। अपने भाई का अपमान चम्पावती नहीं सह सकीं और छत से कूद कर आत्महत्या कर ली। चम्पावती को जलाने के लिए चिता बनाई गयी परन्तु गोपीचन्द कहने लगे कि मैं अपने गुरु को बुलाकर इसे जिन्दा करवा दूँगा। कोई भी गोपीचन्द की बात नहीं माना। इस पर गोपीचन्द अपनी बहन का हाथ लेकर गुरु के पास जाने लगे। इधर चम्पावती की चिता जला दी गयी। गोपीचन्द ने देखा कि गुरु तेजी से उसी के पास आ रहे हैं। तब उसने सारी कथा अपने गुरु को बतायी।

जालन्धरनाथ ने संजीवनी विद्या की सहायता से चम्पावती को जीवित कर दिया। इस प्रकार जीवित होकर चम्पावती ने जालन्धरनाथ और अपने भाई गोपीचन्द को राजा हुकुमचन्द्र के साथ बैठाकर भोजन कराया। इससे प्रसन्न होकर जालन्धरनाथ ने हुकुमचन्द्र और उनकी पत्नी चम्पावती को नाथ पन्थी बनाया और आशीर्वाद दिया। तत्पश्चात गोपीचन्द बद्रिकाश्रम और जालन्धरनाथ हैलापट्टन चले गये।

जालन्धरनाथ के जीवन पर आधारित अनेक कथाएँ प्राप्त होती हैं। परन्तु जालन्धरनाथ की रचना और वचनों से यह परिलक्षित होता है कि वे शैव कापालिक मत की ओर आकृष्ट थे तथा बौद्ध धर्म के वज्रयान की विचारधारा की भी उनकी योगपरक जीवन पद्धति पर छाप थी। **जालन्धरनाथ ने सरहपाद के हेवज्र साधन सम्बन्धी ग्रन्थ शुद्धिवज्रप्रदीप पर टीका लिखी है।** जालन्धरपाद का एक अपभ्रंश पद राहुल सांकृत्यायन को नेपाल में प्राप्त हुआ था जिससे यह बात स्पष्ट हो जाती है कि जालन्धरपाद बौद्धों के अनिर्वचनीय शून्य को नकारते हुए सरहपाद के महासुख नामक 'सतं आनंद' को ही चरम प्राप्तव्य मानते हैं। सरहपाद आनन्द को चार प्रकार का मानते थे, प्रथमानन्द, परमानन्द, विरमानन्द और सहजानन्द। सहजानन्द को श्रेष्ठ मानते हैं। सहजानन्द ही सुखराज तथा महासुख है, इसे किसी अन्य शब्द से नहीं समझाया जा सकता, इसमें इन्द्रियबोध लुप्त हो जाता है, आत्मभाव विलुप्त होकर केवल रूप में अवस्थित रहता है। सरहपाद ने इसी भाव को बताने के लिए कहा है–

इन्द्रिअ जत्थ विलअ गउणद्धि उ अप्प सहावा।
सो हले सहजन तनु फुड़ पुच्छहि गुरु पावा।।

बौद्धों का मानना है कि भगवान बुद्ध देव ने इस शब्द का कभी प्रयोग नहीं किया, परन्तु सरहपाद का कहना है कि यद्यपि भगवान बुद्ध सर्वज्ञ थे तथापि महासुखराज के विषय में मौन रहने का कारण था कि यह वाणी से परे था। इसी को सरहपाद ने लिखा है कि–

जयति सुखराज एव कारणरहितःसक्षेदितो जगताम् ।
यस्य च निगदनसमये वचनदरिद्रो बभूव सर्वज्ञः।।[11]

अर्थात् जय हो इस कारण रहित सुखराज की जो जगत् के नाशवान चपल पदार्थों में एकमात्र स्थिर वस्तु है और वचन दरिद्र हो जाना पड़ा था। इसलिए यह सुखराज ही सार है, यही शून्यावस्था है, क्योंकि इसका न आदि है, न अन्त है न मध्य है, इसमें अपने-पराये का ज्ञान नहीं रहता तथा यह जन्म, मोक्ष और निर्वाण भी नहीं है।[12]

राहुल सांकृत्यायन ने माना है कि नेपाल के बौद्धों में प्रचलित चर्या गीति नामक पुस्तक के पद सरहपाद के मत का समर्थन करते हैं, जिसे जालन्धरनाथ ने भी अनुभूत किया था। वह इस प्रकार है-

आनन्द परमानन्द विरमा, चतुरानन्द जे संभवा।
परमा विरमा माझे न छादिरे महासुख सुगत संप्रदप्रापिता।।[13]

यह महासुख शैव तांत्रिकों के सहजानन्द के बहुत नजदीक है इसलिए इस तथ्य में आश्चर्य नहीं है कि जालन्धरनाथ को परवर्ती साहित्य में शैव सिद्ध मान लिया गया है।[14] जालन्धरनाथ की योग साधना प्रक्रिया का प्राण तत्व महासुख का सहज अनुभव है। वे सहजानन्द की अवस्था में अनुभूति पर बड़ा बल दिये हैं। इनके अनुसार सहज अवस्था को प्राप्त करना ही योगसिद्धि को प्राप्त करना है तथा घोर अन्धकार को जिस प्रकार से चन्द्रकान्तमणि दूर कर अपने निर्मल प्रकाश से सहज उद्भासित होता है, उसी प्रकार सहजावस्था में महासुख समस्त पापों का नाश कर स्वतः अभिव्यक्त होता है। यह गुरु की कृपा से ही प्राप्त होता है। इसी का समर्थन करता हुआ सरहपाद का वचन है-

घोरेन्धारे चादमणि जिमि उज्जोअ करेइ।
परम महासुख एख कणे, दुरिअ असेष हरेइ।।[15]

जालन्धरनाथ के प्रमुख शिष्यों में कृष्णपाद, गोपीचन्द, मैनावती तथा तांतिया हैं। कृष्णपाद (कान्हपा) को वाममार्गी शैव कापालिक मत के आचार्य के रूप में मान्यता है। यह मार्ग नाथपन्थ में पूर्ण रूप से समाहित नहीं हो पाया है। जालन्धरनाथ द्वारा प्रवर्तित सम्प्रदाय जिसे जालंधरिपा तथा पापन्थ कहा जाता है, यह नाथ पन्थ के एक विशिष्ट पन्थ के रूप में मान्य है।

जालन्धरनाथ ने उपदेश दिया कि मनुष्य पहले जन्म में जो कर्म करता है, उन्हीं के फलस्वरूप उन्हें जीवन मिलता है, इस जन्म में वह जो कुछ कर्म करता है, उन्हीं के अनुरूप उसे अगला जन्म मिलता है।

इसलिए मनुष्य शरीर धारण करने का सबसे बड़ा हेतु यह है कि यथा शक्ति पुण्यकर्म किया जाय।[16] इसके लिए निरन्तर अजपा का जप करना चाहिए, सहज तप में तत्पर रहना चाहिए। यही अद्भुत महायोग-ज्ञान है जिससे पाप का नाश होकर पुण्य की प्राप्ति होती है, साधना तप करने के लिए अल्प संयमित आहार के सेवन से काम नहीं सताता, प्राणायाम का अभ्यास करने से भूख नहीं लगती, सिद्ध आसन के अभ्यास से माया भाग जाती है और नाद का अनुसंधान करने से शरीर निर्बल नहीं होता, जिह्वा, मन और पवन को अपने वश में कर योग की साधना करनी चाहिए। उपदेशामृत का सार तत्व है कि सत्य सिद्धामृत मार्ग से ही जीवात्मा संसार-सागर से पार उतर जाता है। योगी अमरकाय हो जाता है, वह जन्म और मृत्यु से प्रभावित नहीं होता। वह शून्यस्थ परम शिव का साक्षात्कार कर शिव पद अथवा कैवल्य प्राप्त कर लेता है।[17]

निष्कर्षतः जालन्धरनाथ का स्थान नाथ पन्थ में महत्त्वपूर्ण है। ये मत्स्येन्द्रनाथ के गुरु भाई तथा कृष्णपाद के गुरु हैं। ये कापालिक मत के प्रवर्तक माने जाते हैं। भोटिया ग्रन्थ में इनको आदिनाथ भी कहा गया है। ये उड़ीसा में साधना करते हुए कच्छपा से बौद्ध तन्त्रों की दीक्षा लिए। पूर्वी बंगाल में हाड़ीपा का रूप ग्रहण किया। हठयोग क्रिया के लिए आज भी जालन्धर बंध प्रसिद्ध है। तिब्बती ग्रन्थों में इनकी विशेष ख्याति है। जालन्धरनाथ सिद्धयोगी सिद्धामृत मार्ग एवं योगमार्ग के परम उपदेशक गुरु हैं, जिन्होंने अनेकानेक जीवात्माओं को कैवल्य प्राप्त करने का मार्ग सुझाया।

सन्दर्भ

1. *गंगा पुरातत्त्वांक* में श्री राहुल सांकृत्यायन के लेख, पृ. 252
2. वही, पृ. 253
3. *नाथ सम्प्रदाय*-डॉ. हजारी प्रसाद द्विवेदी, हिन्दुस्तानी एकेडमी, इलाहाबाद, 2012 ई. पृ. 77
4. वही।
5. *गोरखनाथ एण्ड दि कनफटा योगी*-ब्रिग्स, कलकत्ता, 1938 पृ. 67
6. वही, पृ. 69
7. *नाथ सम्प्रदाय*-डॉ. हजारी प्रसाद द्विवेदी, हिन्दुस्तानी एकेडमी, इलाहाबाद, 2012 ई. पृ. 8

8. *कल्याण शक्ति अंक,* पृ. 675
9. *स्टडीज इन दि तन्त्र*–पार्ट–1, डॉ. प्रबोध चन्द्र शास्त्री, कलकत्ता, 1939
10. *नाथ सम्प्रदाय*–डॉ. हजारी प्रसाद द्विवेदी, हिन्दुस्तानी एकेडमी, इलाहाबाद, पृ. 78–79
11. नहपाद की टीका में सरहपाद का वचन, पृ. 63
12. *जर्नल ऑफ दि डिपार्टमेंट ऑफ लेटर्स, 28 वाँ जिल्द,* कलकत्ता वि. वि. 1934, सरहपाद, पृ. 13
13. *गंगा पुरातत्त्वांक*–राहुल सांकृत्यायन के लेख, पृ. 253
14. *नाथ सम्प्रदाय*–डॉ. हजारी प्रसाद द्विवेदी, हिन्दुस्तानी एकेडमी, इलाहाबाद पृ. 90
15. नाथसिद्धचरितामृत–रामलाल श्रीवास्तव, गोरखपुर मन्दिर, 2071 वि., पृ. 118
16. *नाथ सिद्धों की बानियाँ*–सबदी, नागरी प्रचारणी सभा काशी, वि. सं. 2035, पृ. 363-64
17. वही, 357 एवं 360

योगी कृष्णपाद
कान्हपा नाथ जी

अध्याय-5

योगीराज कृष्णपाद

कृष्णपाद सिद्धयोगी जालन्धरनाथ के शिष्य थे। इन्हें कण्हपा, कान्हपा, कानपा, कानफा, कृष्णवज्र, कर्णपा, कृष्णाचार्य, कर्णरिपा, काणेरीनाथ आदि नामों से भी जाना जाता है। राहुल सांकृत्यायन ने तिब्बती परम्परा के आधार पर इन्हें कर्णाटदेशीय ब्राह्मण माना है। शरीर का रंग काला होने के कारण इन्हें 'कृष्णपाद' कहा गया है। महाराज देवपाल (809-849 ई.) के समय में यह एक पंडित भिक्षु थे और बहुत दिनों तक सोमपुरी बिहार[1] में रहा करते थे। 'चौरासी सिद्धों का वृत्तान्त' नामक ग्रन्थ में इनका विशिष्ट वर्णन किया गया है। इस ग्रन्थ के अनुसार इनका नाम आचार्य कृष्णाचार्यपाद और जन्मस्थान सोमपुरी है।[2] चौरासी सिद्धों में कवित्व और विद्या दोनों दृष्टियों से ये सबसे श्रेष्ठ थे, इनके सात शिष्य चौरासी सिद्धों में गिने जाते हैं, जिनमें नखला और मेखला नाम की दो योगिनियाँ भी हैं।[3] डॉ. भट्टाचार्य ने इन्हें जुलाहा जाति में उत्पन्न और उडिया भाषी लिखा है।[4] जालन्धरपाद से शिष्यत्व ग्रहण करने के पश्चात् इन्हें हेवज्र के देवमंडल का दर्शन हुआ। चर्यापदों में इन्होंने अपने को कापालिक कहा है। ये कापालिक और अघोरी सम्प्रदाय से जुड़े रहे हैं, परन्तु नाथ पन्थ में इनका विशेष महत्त्व नहीं है।

महामहोपाध्याय पं. हरप्रसाद शास्त्री ने कृष्णपाद की 57 पुस्तकों तथा 12 संकीर्तन के पद प्राप्त होने की बात स्वीकारी है।[5] राहुल सांकृत्यायन के अनुसार कृष्णपाद के तनजूर (तन्जौर) में दर्शन पर छः और तन्त्र पर चौहत्तर ग्रन्थ मिलते हैं।[6] दर्शन ग्रन्थों में कृष्णपाद ने शान्ति देवी के बोधिचर्यावतार पर बोधिचर्यावतारदुखबोधपद निर्णय नामक टीका लिखी थी। भाषा के आधार पर इनको श्रीविनयतोष जी भट्टाचार्य उडियाभाषी[7], हरप्रसाद शास्त्री बंगलाभाषी[8]

और राहुल सांकृत्यायन मगही[9] (बिहारी) भाषी कहते हैं। राहुल जी ने कान्हपादगीतिका, महाढुण्ढनमूल, वसन्ततिलक, असंबद्ध दृष्टि, वज्रगीति और दोहाकोष, बोद्धमान में दोहाकोष संस्कृत टीका सहित छापा है, जिसमें बत्तीस दोहे हैं।[10] इनकी रचनायें सती काणेरी और काणोरीपाव शीर्षक से संकलित हैं।[11]

नाथ पन्थ के अन्य सिद्धों की भाँति ही कृष्णपाद के जीवन के सम्बन्ध में अनेक कथायें प्रचलित हैं जो निम्नवत हैं–

1. बंगला कवि **फैजुल्ला रचित** 'गोरखविजय' और **श्यामदास रचित** 'मीनचेतन' दोनों के कथानक में साम्यता है। कथानुसार आद्य और आद्या ने पहले देवताओं की सृष्टि की इसके बाद चार सिद्धों की उत्पत्ति हुई। आदिनाथ के दह्यमान शव, जिसे शिव ने अपने जंघे पर जलाया था, के नाभि से मीननाथ, जटा से गोरखनाथ, हाड़ से हाडिपा तथा कान से कानिपा (कृष्णपाद) पैदा हुए–

कर्णहइते जन्मिल कानफा जुगाई।
अति खरकत हइल सिधाई।। (गोरखविजय)

इस ग्रन्थ में आगे वर्णित है कि गौरी ने चारों नाथों की परीक्षा लेने के लिए विश्वमोहिनी रूप धारण किया। कान्हपा (कृष्णपाद) विश्वमोहिनी के रूप से आकृष्ट होकर उसे पाने का निश्चय किया। देवी ने उन्हें डाहुका पंछी होने का शाप दिया।

2. **संतयोगी ज्ञानेश्वर कृत** 'योगिसम्प्रदायविष्कृति' ग्रन्थ में उन्हें श्रीमद्भागवत् में वर्णित प्रबुद्धनारायण के रूप में नवनाथों में से एक परिगणित किया गया है। उन्होंने प्रबुद्धनारायण योगेश्वर के रूप में राजा यदु को उपदेश दिया था, कि संसारी मनुष्य माया के पार किस तरह जा सकते हैं और कहा कि भागवत धर्म का आश्रय कर मनुष्य माया के बन्धन से मुक्त हो जाता है। कृष्णपाद के रूप में प्रकट होकर नाथ योग का रहस्य समझाया।

3. एक कथा के अनुसार हाथी के कान से कृष्णपाद पैदा हुए। एक दन्त कथा के अनुसार ब्रह्माजी को अपनी पुत्री सरस्वती की सुन्दरता देखकर कामविह्वल होकर वीर्यपात हो गया, वह वीर्य हिमालय के वन में स्थित एक हाथी के कान पर पड़ा। इससे प्रबुद्धनारायण का अवतार हुआ।

जालन्धरनाथ इस बालक को हाथी के पास से अग्नि देव और शिव के पास लाए। शिव जी ने बालक को आशीर्वाद दिया और जालन्धरनाथ ने बालक के कान में गुरु मन्त्र देकर अपना शिष्य बना कर बद्रीनाथ में दत्तात्रेय जी के पास ले गये। हाथी के कान से पैदा होने के कारण बालक का नाम कानिफानाथ रखा। बद्रीनाथ में कानिफानाथ सारी विद्यायें सीखकर पारंगत हो गये। सभी देवताओं को कानिफानाथ ने वस्त्र भेंट करके चरणों में प्रणाम किया। तब सब देवताओं ने कानिफानाथ को आशीर्वाद देते हुए वचन दिया कि हम लोग सदैव आप के साथ रहेंगे। जालन्धरनाथ और कानिफानाथ ने मिलकर बीस लाख श्लोकों का ग्रन्थ तैयार किया। इस रचना से शिव बहुत प्रसन्न हुए। जालन्धरनाथ कानिफानाथ को तप करने हेतु निर्देशित कर यात्रा पर चले गये।

कुछ दिनों बाद कानिफानाथ की यात्रा के दौरान गोरखनाथ से भेंट हुई, तब दोनों ने एक-दूसरे के गुरु का हाल बताया। गोरखनाथ ने कहा कि तुम्हारे गुरु जालन्धरनाथ को गोपीचन्द ने गड्ढे के नीचे दबा रखा है, और कानिफानाथ ने बताया कि मत्स्येन्द्रनाथ त्रियाराज्य में योग विद्या भूलकर कामवासना में फँसे हैं। दोनों अपने-अपने शिष्यों के साथ हाथी पर चढ़कर गोपीचन्द के राज्य में आये। कानिफानाथ योगी की आने की सूचना सुनते ही गोपीचन्द अपने दरबारियों के साथ जाकर उनको आदर सहित राजमहल में ले आये। महारानी मैनावती, जो जालन्धरनाथ की शिष्या थीं, को पता चलते ही वे भी दरबार में आ गईं, चरणरज लेकर प्रणाम किया। मैनावती ने कहा कि योगीराज आज से बारह वर्ष पूर्व एक योगी जालन्धरनाथ यहाँ आये थे। उन्होंने मेरी परीक्षा लेकर शिष्य बनाया था, परन्तु जब से गये हैं तब से उनके दर्शन नसीब नहीं हुए। रानी मैनावती की बात सुनकर कानिफानाथ बोले- माता! हम दोनों के गुरु जालन्धरनाथ हैं। वह अब भी आपके राज्य की सीमा में हैं। मैं उन्हीं को ढूँढ़ता हुआ आपकी नगरी तक आया हूँ। राजा गोपीचन्द पास ही में बैठे थे। कानिफानाथ की बात सुनकर उनका मुख पीला पड़ गया। रानी ने कहा कि यह तो आश्चर्य है कि गुरु जी इसी नगरी में हैं और किसी को उनका पता नहीं है। कानिफानाथ बोले! माता जी आप के बेटे ने ही उनको छिपा रखा है।

फिर गोपीचन्द की तरफ देखकर बोले, राजन अब तो बता दो कि उनको कहाँ छुपा रखा है? राजा गोपीचन्द की चोरी पकड़ी जाने पर बिना कुछ उत्तर दिये अपना सिर झुका लिए। रानी मैनावती आखों में आँसू भरकर बोलीं बेटा! शीघ्र बता, मेरे गुरु को कहाँ छिपा रखा है? मजबूर होकर गोपीचन्द ने सारा वृत्तान्त बताया और गिड़गिड़ा कर कानिफानाथ के कदमों में गिर गये और क्षमा याचना करते हुए बोले–मुझसे बहुत बड़ा अपराध हो गया है। मेरे अपराध को क्षमा करके मुझ पर दया करो। रानी मैनावती ने भी क्षमा करने के लिए प्रार्थना की। तब कानिफानाथ ने राजा गोपीचन्द के पाँच पुतले बनाये जो कि ताँबा, पीतल, सोना, चाँदी व लोहे के थे। पाँचों पुतलों को उसी स्थान पर रखवा दिया जहाँ जालन्धरनाथ कैद थे। फिर शुभ मुहूर्त देखकर कानिफानाथ गोपीचन्द को उस स्थान पर लेकर पहुँच गये। कानिफानाथ ने पहला सोने का पुतला गोपीचन्द से रखवाया और उसके हाथ में कुदाल देकर गड्ढा खुदवाना प्रारम्भ कर दिया और कहा कि–नाम पूँछने पर तुरन्त गोपीचन्द कहकर बाहर भाग आना। चिरंजीवी मन्त्र की भस्मी गोपीचन्द के मस्तक पर मल दी। तब राजा ने गड्ढा खोदना शुरू किया। गड्ढे के अन्दर से आवाज आई–इस गड्ढे को खोदने वाला अपना नाम बताये। इसके उत्तर में राजा ने कहा–मैं गोपीचन्द हूँ महाराज! इतना कहकर राजा तीव्र गति से बाहर भाग आया। राजा का नाम सुनते ही जालन्धरनाथ योगी ने क्रोधित होकर कहा गोपीचन्द भस्म हो जा। मुँह से यह शब्द निकलते ही सोने का पुतला भस्म हो गया। इसी तरह चारों पुतले योगी के श्राप से भस्म हो गये।

राजा ने पाँचवीं बार गड्ढा खोदना प्रारम्भ किया। पाँचवी बार गोपीचन्द का नाम सुनकर जालन्धरनाथ सोचने लगे कि–मेरे क्रोध से ब्रह्माण्ड जल कर भस्म हो जाता है पर यह राजा गोपीचन्द अब तक भस्म क्यों नहीं हुआ? बड़े आश्चर्य की बात है। छठी बार गड्ढा खोदने पर गड्ढा खाली हो गया। जालन्धरनाथ ऊपर निगाह करके अभी देख भी नहीं पाये थे कि कानिफानाथ आगे बढ़कर बोले कि गुरु जी की जय हो। यहाँ आपका शिष्य कानिफानाथ आ पहुँचा है। जालन्धरनाथ ने कानिफानाथ को आशीर्वाद देकर अपने आपको बाहर निकालने की आज्ञा दी। काफी समय तक गड्ढे में रहने के कारण उनके शरीर पर मिट्टी जम गयी थी और बड़े–बड़े घाव बन गये थे।

तब जालन्धरनाथ ने शाक्रास्त्र मन्त्र का जप करके घाव ठीक कर लिया। कानिफानाथ गड्ढे में कूदकर अपने गुरु से गले मिले और उन्हें बाहर निकाला, जालन्धरनाथ से राजा गोपीचन्द को जीवन दान देने की प्रार्थना की, तब तक गोपीचन्द ने योगी के कदमों में अपना मस्तक टेक दिया था। जालन्धरनाथ ने गोपीचन्द को आशीर्वाद देकर माफ कर दिया। रानी मैनावती ने गोपीचन्द से कहा बेटा जो माँगना हो गुरुदेव से माँग ले। तब राजा गोपीचन्द दोनों हाथ जोड़कर बोले–महाराज! मैं वह पदार्थ नहीं बनना चाहता जो अग्नि लगने से नष्ट हो जाए। मुझे आप अपने जैसा ज्ञानी होने का वरदान दें। यह सुनकर जालन्धरनाथ ने राजा को लंगोट बंधवा कर कानफाड़ मुद्रा पहनवाई और नाथ पन्थ का वैरागी बनाकर भिक्षाटन करते हुए बद्रीनाथ जाने का आदेश दिया। कानिफानाथ ने एक तरफ अपने गुरु को गड्ढे से निकाला, दूसरी तरफ गोपीचन्द को अपने गुरु के श्राप से बचाकर उनका कृपा पात्र बनाया।

इस प्रकार कानिफानाथ (कृष्णपाद) की अनेक कथायें प्राप्त होती हैं। **गोपीचन्द कृत** 'गोपीचन्देरगीत' में वर्णन प्राप्त होता है कि कृष्णपाद की योग शक्ति के प्रभाव से महल में संगीत बंद हो गये। हाथी–घोड़े ने खाना पीना छोड़ दिया। बच्चों ने दूध पीना बन्द कर दिया। राज कार्य रुक गये। गोपीचन्द समझ गये कि यह सब बालयोगी के कारण हो रहा है। कृष्णपाद अपने शिष्यों संग बालवेश धारण करके राजा गोपीचन्द के राजमहल के गेट पर बैठ गये थे। गोपीचन्द की रानी उदुना–पुदुना के आदेश से राजमहल में योगी का प्रवेश वर्जित था।

कृष्णपाद उच्चकोटि के ध्यान योगी थे। उन्होंने अपने गुरु जालन्धरनाथ से हेवज्र सिद्धान्त का ज्ञान प्राप्त किया था, ध्यान में बारह वर्ष तक स्थित रहने के बाद अलौकिक यौगिक शक्तियाँ प्राप्त कीं, पर विद्वत्ता के सम्बन्ध में उनकी अहम्मन्यता और अभिमान ने साधना की प्रगति में थोड़ा–बहुत अवरोध उपस्थित किया था। उनकी साधना की सिद्धिरक्षिका एक डाकिनी ने उन्हें शीर्षच्छेदन की पद्धति बतायी थी। महासिद्ध कृष्णपाद ने शिला पर स्वपादचिह्नाकन, वायु संतरण आदि की शक्तियाँ प्राप्त कीं। कृष्णपाद ने अपनी प्रारम्भिक साधना में मन पर विजय प्राप्त करने पर विशेष बल दिया। नाथ सिद्धों की बानियाँ में उनका कथन इस प्रकार है–

समंदा की लहरियां पारजु पाइला।
मनवा लहरियो पार न आवै रैलो।।[12]

अर्थात् समुद्र की लहरियाँ पार की जा सकती हैं, पर मन की लहरों, चित्त की चंचल वृत्तियों का पार पाना कठिन है। कृष्णपाद नाथ योगी थे, शिवप्रदत्त महायोग ज्ञान की प्राप्ति समानरूप से मत्स्येन्द्रनाथ और जालन्धरनाथ को हुई थी।[13] महासिद्ध योगिराज कृष्णपाद का साक्षात्कार महायोगी गोरखनाथ से हुआ था। ऐसी एक कथा है कि महायोगी गोरखनाथ एक वकुल वृक्ष के नीचे ध्यानस्थ थे। आकाश मार्ग से योगीराज कृष्णपाद कहीं जा रहे थे, गोरखनाथ जी ने सिद्धि के बल से खड़ाऊँ आकाश में फेंककर, उन्हीं पर पैर रखकर कृष्णपाद को धरती पर आने का आमन्त्रण दिया। कृष्णपाद ने बकुल वृक्ष के नीचे आकर गोरखनाथ जी से कहा कि आप के गुरु कदली वन में सोलह सौ सेविकाओं के द्वारा सेवित महारानी कमला और मंगला के साथ विहार में मग्न हैं। यह सुनकर गोरखनाथ ने कृष्णपाद से कहा कि आपके गुरु जालन्धरनाथ को गौड़ बंगाल के शासक ने कुएँ में डलवा कर मिट्टी से ढँकवा दिया है, गोरखनाथ ने मत्स्येन्द्रनाथ से बताया था कि कृष्णपाद ने ही उनकी स्थिति की जानकारी प्रदान की थी-

कान्हीं पाव भेटीला गुरु विद्यानग्र सै।
ताथै मैं पाइला गुरु तुम्हारा उपदेशें।[14]

गोरखनाथ और कृष्णपाद के इस साक्षात्कार से प्रभावित होकर अनेक योगी उनके शिष्य हो गये।

कृष्णपाद ने स्वयं को कापालिक कहा है। कृष्णपाद मानते थे कि इस शरीर में ही चरम प्राप्तय की प्राप्ति होती है। शरीर का जो मेरुदण्ड है वही कंकाल दण्ड कहा जाता है, मेरु पर्वत भी इसे कहते हैं क्योंकि जो सम्पुटतन्त्र में कहा गया है कि पैरों के तलवे में भैरवरूप धनुषाकार वायु का स्थान है, कटिदेश में त्रिकोण उद्धरण हैं, जिसके तीन दलों पर वर्तुलाकार वरुण का वास है और हृदय में पृथ्वी है, जो चतुरस्र भाव से सब ओर व्याप्त है। इसी प्रकार कंकाल दण्ड के रूप में गिरिराज सुमेरु स्थित है-

स्थितः पदतले वायुभैरवोधनुराकृतिः।
स्थितोऽस्ति कटिदेशे तु त्रिकोणोद्धरणन्तथा।।

वर्तुलाकाररूपो हि वरुणस्त्रिदले स्थितः।
हृदये पृथ्वी चैव चतुरस्त्रा समन्ततः।
कंकालदण्डरूपो हि सुमेरुगिरिराट तथा।।

इसी गिरिराज के कन्दर कुहर में नैरात्म धातु जगत् उत्पन्न होता है। इसी गिरिकुहर में स्थित पद्म में यदि बोधिचित्त पतित होता है तो कालाग्नि का प्रवेश होता है और सिद्धि में बाधा पड़ती है–

वर गिरि कन्दर कुहिर जगु तहि सअल चित्तत्थइ।
विमल सलिल सोसजाइकालाग्गि पइट्ठइ।।[15]

सिद्धि में बाधा इसलिए पड़ती है क्योंकि–

पतिते बोधिचित्ते तु सर्वसिद्धि निधानके।
मूर्छिते स्कंधविज्ञाने कुतः सिद्धिरनिन्दिता।।

अर्थात् यदि सर्वसिद्धि का निधान बोधिचित्त (शुक्र, नाथ पंथियों का बिंदु) नीचे की ओर पतित हो और स्कंध विज्ञान मूर्च्छित हो जाय तो उत्तम सिद्धि कहाँ से प्राप्त की जा सकती है? **डॉ. हजारी प्रसाद द्विवेदी** ने इसकी व्याख्या करते हुए लिखा है कि समस्त बौद्ध वज्रयानी और सहजयानी साधक मानते हैं कि सत्य दो प्रकार के होते हैं–पहला, लोक-संवृत्ति सत्य (लौकिक सत्य) और दूसरा, पारमार्थिक सत्य (वास्तविक सत्य)। लोक में बोधिचित्त का अर्थ स्थूल शारीरिक शुक्र है जबकि पारमार्थिक सत्य में वह ज्ञातरूप चित्त है। इसी प्रकार पद्म और वज्र के सांवृतिक अर्थ स्त्री और पुरुष के ज्ञानेन्द्रिय हैं परन्तु पारमार्थिक अर्थ आध्यात्मिक हैं।[16] कृष्णाचार्यपाद के एक पद की टीका में टीकाकार ने लिखा है कि जो लोग गुरु सम्प्रदाय के अन्दर नहीं हैं वे लोग सांवृतिक (व्यावहारिक) अर्थ लेकर शरीर रूप कमल के मूलभूत बोधिचित्त को शुक्र समझते हैं **गुरुसम्प्रदायविहीनस्य सैव डोम्बिनी अपरिशुद्धाऽवधूतिका सरोवरं कायपुष्करं तन्मूल तदेव बोधिचित्तं संवृत्वा शुक्ररूपं मारयामि।**[17]

डॉ. हजारी प्रसाद द्विवेदी ने **भदन्त शान्तिभिक्षु** के लेख से उद्धृत किया है कि–जो साधक साधनामार्ग में अग्रसर होने की इच्छा रखता है उसके लिए चित्त को वश में करना परम आवश्यक है। इस चित्त में यदि कामनाओं

के उपयोग न करने के कारण क्षोभ हुआ तो साधना मिट्टी में मिल जायेगी।[18] यही सोचकर अनङ्गवज्र ने कहा था कि इस प्रकार प्रवृत्त होना चाहिए जिससे चित्त क्षुभित न हो। यदि चित्तरत्न संक्षुब्ध हो गया तो कभी सिद्धि नहीं मिल सकती–

तथा तथा प्रवर्तेत यथा न क्षुभ्यते मनः।
संक्षुब्धे चित्तरत्नेतु सिद्धिर्नैव कदाचन।।

यदि इस तरह का विक्षोभ उत्पन्न होता है तो उसका दमन किस प्रकार किया जाय? इसके उत्तर में वे लिखते हैं–वासनायें दबाने से मरती नहीं अपितु और भी अन्तस्तल में जाकर छिप जाती हैं। अवसर पाते ही वे उद्बुद्ध हो जाती हैं और साधक को दबोच लेती हैं। इसीलिए इसको दबाना ठीक नहीं। उचित रास्ता यह है कि समस्त कामनाओं का उपभोग किया जाय तभी शीघ्र चित्त का संक्षोभ दूर होगा और सच्ची सिद्धि प्राप्त होगी–

दुष्करैर्नियमैस्तीव्रैः सेव्यमानो न सिद्धयति।
सर्वकामोपभोगैस्तु सेवयंश्चशु सिद्धयति।।

यही कारण है कि कामोपभोग का साधना क्षेत्र में प्रवेश हुआ। इस साधना की पृष्ठभूमि में शून्यवाद था। शून्यता और समस्त अभावों और अभावों से मुक्ति निःस्वभावता ही साधक का चरम लक्ष्य है। कामनाओं के उपभोग के लिए स्त्री की आवश्यकता है, इसलिए वज्रयान में पाँच बुद्धों और अनेक बोधिसत्त्वों की शक्ति कल्पना की गयी है। सिद्धिप्राप्ति के लिए गुरु की आवश्यकता है, इसलिए जो बुद्ध सिद्ध हो गये हैं उनके भी गुरु हैं। यह गुरु शून्यता ही है। जैसे गुड़ का धर्म माधुर्य है, और अग्नि का धर्म उष्णता है; उसी प्रकार समस्त धर्मों का धर्म–समस्त स्वभावों का स्वभाव शून्यता है–

गुड़े मधुरतः चाग्रे रुष्णत्वं प्रकृतिर्यथा।
शून्यता सर्व धर्माणां तथा प्रकृतिरिष्यते।।

शून्यता का मूर्त रूप ही वज्रसत्य है। वज्रसत्य, वज्रधर, वज्रपाणि, तथागत इसी शून्य का नाम है। यही वज्रधर समस्त बुद्धों के गुरु हैं।[19] **भदन्त शान्ति भिक्षु** के लेख के साथ दिया गया कोष्ठक इस प्रकार है–

इस सारणी एवं बौद्ध के इन उद्धरणों के अध्ययन से ऐसा प्रतीत होता है कि यह साधना **नाथ सम्प्रदाय की साधना का या तो पूर्व रूप है, या उससे अत्यधिक संबद्ध है।**

पंच स्कन्ध	पंच तथागत माध्यानी बुद्ध	रंग	वर्ण	चिह्न	पाँच कुल	शक्तियाँ	शक्तियों के दूसरे नाम	तत्त्व	रंग (तत्त्वों के)	चिह्न
रूप	वैरोचक	शुक्ल	क वर्ग	शुक्ल चक्र	मोह	मोह-रति	लोचना	पृथ्वी	शुक्ल	चक्र
वेदना	रत्न-संभव	पीत	ट वर्ग	रत्न	ईर्ष्या	ईर्ष्या-रति	तारा	वायु	श्याम	नील कमल
संज्ञा	अमिताभ	रक्त	त वर्ग	पद्म	राग	राग-रति	पाण्डर वासिनी	तेज	रक्त	पद्म
संस्कार	अमोघ सिद्धि	श्याम	प वर्ग	वज्र	वज्र	वज्र-रति	-	-	-	-
विज्ञान	अक्षोभ्य	कृष्ण	च वर्ग	कृष्ण वज्र	द्वेष	द्वेष-रति	मामकी	जल	कृष्ण	कृष्ण वज्र
शून्यता	वज्र-सत्त्व	शुक्ल	अन्तःस्थ	वज्र-घंटा	-	-	प्रज्ञा-पारमिता	-	-	-

डॉ. हजारी प्रसाद द्विवेदी ने लिखा है कि मानव शरीर का प्रधान आधार उसकी रीढ़ या मेरुदण्ड है। इसीलिए मेरुदण्ड के भीतर तीन नाड़ियों से होता हुआ प्राणवायु संचरित होता है। बाईं नासिका से ललना और दाहिनी नासिका से रसना नामक प्राणवायु को वहन करने वाली नाड़ियाँ चलती हैं। नाथ पंथियों के अनुसार यही इड़ा-पिंगला नाड़ियाँ हैं, जिनमें पहली, प्रज्ञा चन्द्र हैं और दूसरी, उपाय सूर्य। प्रज्ञा और उपाय नाथ पंथियों की इच्छा और क्रिया शक्ति की समशील है। मध्यवर्त्ती नाड़ी अवधूती है, जो नाथ पंथियों की सुषुम्ना की समशीला है। इस नाड़ी से जब प्राणवायु ऊर्ध्वगति को प्राप्त होता है तो ग्राह्य और ग्राहक का ज्ञान नहीं रहता इसीलिए अवधूती नाड़ी को ग्राह्यग्राहकवर्जिता कहा जाता है। इसी को हेवज्र में **सरोरुहपाद** ने कहा है–

ललना प्रज्ञा स्वभावेन रसनोपायसंस्थिता।
अवधूती मध्यदेशेतु ग्राह्यग्राहकवर्जिता।।

मेरुगिरि के शिखर पर महासुख का आवास है, जहाँ एक चौंसठ दलों का कमल है। यह कमल चार मृणालों पर स्थित है, प्रत्येक मृणाल के चार क्रम हैं और प्रत्येक क्रम के चार-चार दल हैं-इस प्रकार यह (4×4×4) चौंसठ दलों का कमल (पद्म) है जहाँ वज्रधर (योगी) इस पद्म का आनन्द उसी प्रकार लेता है जिस प्रकार भ्रमर प्रफुल्ल कुसुम का।[20] इन चार मृणालों के दलों को शून्य, अतिशून्य, महाशून्य उसी का नाम दिया गया है जो सर्वशून्य का आवास है, उसी का नाम उष्णीषकमल है। यहीं डाकिनी जालात्मक जालन्धर मिह नामक महामेरुगिरि का शिखर है, यहीं महासुख का आवास है। इसी गिरि शिखर पर पहुँचने पर योगी स्वयं वज्रधर कहा जाता है, यहीं वह सहजानन्द रूप महासुख को अनुभव करता है-

एहु सो गिरिवर कहिठन भरि एहुसो महासुख पाव।
एत्थुरे निसग्ग सहज खगुन इह महासुख जाव।।

ऊपर जो चार प्रकार के आनन्द बताये गये हैं, उनमें प्रथम आनन्द कायात्मक है अर्थात् शारीरिक आनन्द है, दूसरे और तीसरे, वाचात्मक और मानसात्मक हैं, अन्तिम आनन्द ज्ञानात्मक है, और इसीलिए सहजानन्द कहा गया है। इसी आनन्द में महासुख की अनुभूति होती है।[21] डॉ. हजारी प्रसाद द्विवेदी आगे बताते हैं कि आधुनिक नाथ पंथियों के षट्चक्रों में जो पाँचवाँ विशुद्धचक्र है, वह सोलह दलों का माना गया है। इसमें स्फटिक चूर्ण की कर्णिका में वर्तुलाकार आकाशमण्डल है जिसमें निष्कलंक पूर्ण चन्द्रमा है। इसी के पार्श्व में शाकिनी सहित सदाशिव हैं। यह जालन्धरपीठ कहलाता है। छठा आज्ञा चक्र है। इसके दो दल हैं और कर्णिका में डाकिनी-सहित शिव हैं। इसी को उड्डियान भी कहते हैं।[22] सिद्धयोगी कृष्णपाद ने डाकिनी-युगलात्मक जालन्धरपीठ की बात कही है। इन दिनों तांत्रिकों और नाथ पंथियों के विश्वासानुसार डाकिनी से अध्युषित चक्र मूलाधार है जो बिल्कुल प्रथम चक्र है। इसका वर्णन षटचक्र निरूपण में करते हुए कहा गया है-

वसेदत्र देवीय डाकिन्यभिख्या लसद्बाहुवेदोज्ज्वलः रक्तनेत्रा।
समानोदितानेक सूर्यप्रकाशा प्रकाशं वहन्ती सदाशुद्धबुद्धेः।।[23]

इस प्रकार परवर्त्ती विश्वास कृष्णाचार्यपाद के सिद्धान्तों को विकसित

किया हुआ जान पड़ता है। उन दिनों बौद्ध साधक भी शिव को उपास्य मानते थे, इसका प्रमाण भी पुराने ग्रन्थों से मिल जाता है। उदाहरणार्थ मालती माधव की बौद्ध साधिका सौदामिनी आकाशपथ से विचरण करती है, जब उस स्थान पर आती है, जहाँ मधुमती और सिंधु नदी के संगम पर भगवान भवानीपति का 'अपौरुषेयप्रतिष्ठ' विग्रह सुवर्ण बिंदु है, तो भक्तिपूर्वक शिव को प्रणाम करती है–

अयं च मधुमती सिंधुसंभेदपावनो भगवान भवानीपतिर-
पौरुषेयप्रतिष्ठः सुवर्णविंदुरित्याख्यायते (प्रणम्य)
जयदेव भुवनभावन जय भगवन्नखिलवरद-निगमनिधे।
जय रुचिरचंद्रशेखर जय मदनन्तक जयादिगुरो।।[24]

परमसुख के लिए कृष्णपाद ने कापालिक मत को बताते हुए लिखा है–

नगरे वाहिर डोम्बि तोहारि कुडिआ
छोड़ छोइ जाइ सो ब्राह्म नाड़िया।।
आली डोम्बि तोए संग भसांग
निघ्घिन कान्ह कापालि जोइ लाँग।।
एक सो पदमा चौषट्ठी पांखुड़ी।
तहि चढ़ि नाचअ डोम्बिबापुड़ी।।[25]

अर्थात् अवधूती नाड़ी डोम्बिनी या डोमिन है और चंचल चित्त ही ब्राह्मण है। डोमिन से छू जाने के भय से यह अभागा ब्राह्मण भागा-भागा फिरता है। विषयों का जंजाल मानो एक नगर है और अवधूती रूपी डोमिन इस नगर से बाहर रहती है। जब कृष्णपाद ने गाया है कि हे डोमिन तुम्हारी कुटिया नगर से बाहर है, छुआछूत से ब्राह्मण भागा फिरता है तो उनका तात्पर्य उसी अवधूती वृत्ति से है। वे कहते हैं कि डोमिन तुम चाहे नगर के बाहर ही रहो पर निर्घृण कापालिक कान्ह (कानपा) तुम्हें छोड़ेगा नहीं, वह तुम्हारे साथ ही संग करेगा। जब वे कहते हैं कि चौंसठ पंखुड़ियों के दल पर डोमिन नाच रही है तो उनका मतलब उसी महा मेरुगिरि के जालन्धर नामक शिखर पर स्थित उष्णीषकमल से है। इसी प्रकार जब वह कहते हैं कि मन्त्र-तन्त्र करना बेकार है, केवल अपनी घरनी को लेकर मौज करो–

एक्क न किज्जइ मंत न तंत अअ घरणी लेइ केलि करन्त।
णिअ घर घरिणी जवण मज्जइ ताव कि पञ्चवण्ण विहरिज्जइ।।[26]

यहाँ अपनी घरनी को लेकर मौज करने का मतलब इसी अवधूती के साथ विहार करने का होता है।

एक बार प्राण वायु का निरोध करके यदि योगी इस मेरुशिखर पर वास कर सका तो निस्तरंग सरोवर की भाँति उसकी वृत्तियों के रुद्ध हो जाने से वह सहजस्वरूप को प्राप्त होता है। सहजरूप अर्थात् पाप और पुण्य-विराग और राग दोनों से रहित, दोनों के अतीत। श्रीमद् आदि बुद्ध ने कहा है–

विरागान्नपरं पापं न पुण्यं सुखतः परम् ।
अतोऽक्षर सुखे चित्तं निवेश्यं तु सदा नृप।।

अर्थात् विराग से बढ़कर पाप नहीं है, और राग से बढ़कर पुण्य नहीं है। इसीलिए कृष्णपाद ने परमतत्त्व का साक्षात्कार करके यह सत्य वचन कहा है –

नितरंग सम सहजरुअ सअल करुष विरहिते।
पाप पुण्य रहिए, कुच्छनाहि फलु कान्हु कहिये।।[27]

इस प्रकार कृष्णपाद का कहना है कि प्राणवायु का निरोध कर यदि योगी इस मेरुशिखर पर वास करता है तो उसकी वृत्तियाँ रुद्ध हो जाती हैं, वह शान्त होकर अपने स्वरूप को प्राप्त हो जाता है। वह पाप, पुण्य, विराग और रागादि द्वन्द्वों से रहित होकर परमतत्त्व का साक्षात्कार कर लेता है। कृष्णपाद की यह साधना नाथ मार्गियों की साधना से बहुत कुछ मिलती-जुलती है तथा कृष्णपाद ने भावाभावविनिर्मुक्तावस्था को अपनी साधना का चरम लक्ष्य स्वीकार किया है।

'चर्यागीतिकोश' में अवधूती नाड़ी के साथ कृष्णपाद के परिणय का बड़ा रमणीय वर्णन किया गया है। इस परिणय साधना की सिद्धि के लिए वे अस्थिमाला धारण करते हैं। अनाहत डमरू वीरनाद में निनादित होता है और वे कापालिक योगी कान्हापाद आचार में प्रविष्ट होते हैं। वे घण्टा, नूपुर, कुण्डल, छार या भस्म और मोतियों का हार धारण करते हैं। अवधूती (डोमिन) वृत्ति से उनका विवाह होता है। प्रयाण के समय मर्दल कांस्यताल आदि बज उठते हैं। जय-जय की दुंदुभि बजती है। विवाह के उपरान्त उनका रमण आरम्भ होता है और वे उसमें आत्मविभोर हो जाते हैं। इस रूपक के द्वारा यह परिलक्षित कराया गया है कि कापालिक मत में दीक्षित कृष्णपाद ने

सुषुम्ना नाड़ी में अपने प्राणों का संगम कर मेरु गिरि पर महासुख की साधना की। कृष्णपाद को दस महाविद्याओं में सम्मानित छिन्नमस्ता का भी उपासक कहा गया है। उनकी शिष्या मेखला की तो तिब्बत में छिन्नमस्ता के ही रूप में पूजा होती है।[28]

कृष्णपाद का कापालिक मत जगत् में प्रसिद्ध है। कृष्णपाद के सहस्त्रों शिष्य हैं। कहा जाता है कि गोपीचन्द के राज्य में अपने गुरु को छुड़ाने के लिए कृष्णपाद सोलह हजार शिष्यों के साथ हाथी, घोड़ा से गये थे। इनकी एक शिष्या मेखला को वज्रयान सम्प्रदाय में बहुत सम्मान प्राप्त है। कृष्णपाद के दोहा कोश पर मेखला नाम की संस्कृत टीका उपलब्ध है। शायद यह टीका मेखला के द्वारा स्वयं रचित हो। कृष्णपाद की दूसरी शिष्या कनखल है। कृष्णपाद के शिष्य अचिति के बारे में एक कथा प्रचलित है, एक बार लकड़ी काटकर अचिति ने उसे एक नाग से बाँधा था। वे इतना मस्त रहते थे कि उन्हें पता ही नहीं चला कि यह रस्सी है या सर्प। श्रावस्ती के ब्राह्मण और चित्रकार आदलि (आदें) भी कृष्णपाद के शिष्य थे।

चौरासी सिद्धों में विशिष्ट स्थान रखने वाले सिद्धयोगी कृष्णपाद (काण्हपा) जालन्धरपाद के शिष्य हैं। इनका जन्म स्थान सोमपुरी, उड़ीसा, बंगाल, कर्नाटक में कोई स्थान हो सकता है। इनके शिष्यों में धर्मपा, महीपा, वीणापा, भंदेपा आदि एवं कनखला और मेखला शिष्यायें हैं। इनकी अपभ्रंश की रचनाओं तथा आश्चर्यचर्याचय ग्रन्थ के आधार पर इनका कापालिक होना प्रमाणित होता है। इनकी साधना तांत्रिक बौद्ध साधना और नाथ योगियों की साधना रही है। भिक्षु बनकर नालंदा बिहार गये तथा अपने साधना काल में वज्रयानी सिद्ध नागार्जुन को गुरु बनाया, जो सरहपाद के शिष्य थे। राहुल सांकृत्यायन ने इनका समय 9वीं सदी बताया है जिसका आधार दिया गया है कि ये महाराज देवपाल के समय बौद्ध भिक्षु की तरह थे, और सोमपुरी- बिहार में रहा करते थे। जो भी हो इनका वर्णन नाथ सम्प्रदाय के सिद्धों में परिगणित है और नवनाथों में इनकी गणना की जाती है।

सन्दर्भ

1. सोमपुरी बिहार (पहाड़पुर, जिला–राजशाही, बंगाल)
2. *गोरखनाथ और नाथ सिद्ध*–डॉ. अनुज प्रताप सिंह, गोरखनाथ मन्दिर, गोरखपुर, सं. 2019, पृ. 131
3. *गंगा पुरातत्त्वांक*–राहुल सांकृत्यायन का लेख, पृ. 254
4. *साधनमाला*–गायकवाडज ओरिएण्टल सीरीज नं. 26 और 41 बड़ौदा, द्वितीय भाग, प्रस्तावना, पृ. 53
5. *नाथ सम्प्रदाय*–डॉ. हजारी प्रसाद द्विवेदी, हिन्दुस्तानी एकेडमी, इलाहाबाद, 2012 ई., पृ. 80
6. *गंगा पुरातत्त्वांक*–राहुल सांकृत्यायन, पृ. 254
7. *साधनमाला*–गायकवाड ओरिएण्टल सीरीज, पृ. 43
8. *बौद्ध गान दोहा* (बंगला में मुद्रित), पं. हरप्रसाद शास्त्री, सम्पा., कलकत्ता, 1323 बंगाब्द।
9. *गंगा पुरातत्त्वांक*–राहुल सांकृत्यायन, पृ. 254-55
10. *नाथ सम्प्रदाय*–डॉ. हजारी प्रसाद द्विवेदी, हिन्दुस्तानी एकेडमी, इलाहाबाद, 2012 ई., पृ. 80
11. *गोरखनाथ और नाथ सिद्ध*–डॉ. अनुज प्रताप सिंह, गोरखनाथ मन्दिर, गोरखपुर, सं. 2019, पृ. 131
12. *नाथ सिद्धों की बानियाँ*–नागरी प्रचारणी वाराणसी–58
13. *नाथ सिद्ध चरितामृत*–रामलाल श्रीवास्तव, पृ. 194-95
14. *गोरखवानी पद*–2/1
15. *बौद्ध गान दोहा*–स्व. पं. हरप्रसाद शास्त्री सम्पादित, कलकत्ता, 1323 बंगाब्द, दोहा 14, पृ. 127
16. *नाथ सम्प्रदाय*–डॉ. हजारी प्रसाद द्विवेदी, हिन्दुस्तानी एकेडमी, इलाहाबाद, पृ. 91
17. *बौद्ध गान दोहा, सम्पा.*–पं. हरप्रसाद शास्त्री, कलकत्ता, सं. 1323 बंगाब्द, पृ. 21
18. *विश्वभारती पत्रिका (हिन्दी)*, शान्ति निकेतन बंगाल, खंड–4, अंक–1 में भदन्त शान्ति भिक्षु के लेख।
19. *नाथ सम्प्रदाय*–डॉ. हजारी प्रसाद द्विवेदी, हिन्दुस्तानी एकेडमी, इलाहाबाद, 2012 ई., पृ. 91
20. *बौद्ध गान दोहा*–सम्पा. पं. हरप्रसाद शास्त्री, दोहा 5–6, पृ. 124
21. *नाथ सम्प्रदाय*–डॉ. हजारी प्रसाद द्विवेदी, हिन्दुस्तानी एकेडमी, इलाहाबाद, 2012 ई., पृ. 93
22. *गोरखपद्धति*–पं. महावीर प्रसाद शर्मा, बम्बई सं. 1990 वि., पृ. 15

23. *षट्चक्रनिरूपण–7*
24. मालती माधव–9/4
25. *पद–10 चर्यापद–10,* पृ. 19
26. *बौद्धगान दोहा*–पं. हरप्रसाद शास्त्री, 1323 बंगाब्द, दोहा 28, पृ. 131
27. *नाथ सम्प्रदाय*–डॉ. हजारी प्रसाद द्विवेदी, हिन्दुस्तानी एकेडमी, इलाहाबाद, 2012 ई., पृ. 94-95
28. *नाथ सिद्धचरितामृत*–रामलाल श्रीवास्तव, गोरखनाथ मन्दिर, गोरखपुर, वि. सं. 2035, पृ. 203

योगी भर्तृहरि नाथ जी

अध्याय-6

उज्जैन के महाराजा भर्तृहरि
(योगी विचारनाथ)

आज से दो हजार वर्ष पहले विक्रम की प्रथम शताब्दी से पहले उज्जैन के महाराजा भर्तृहरि थे, जिन्होंने 'नीतिशतक', 'शृंगारशतक', 'वैराग्यशतक' तथा 'वाक्पदीयम्' नामक विश्वप्रसिद्ध ग्रन्थों की रचना की है। वह बहुश्रुत विद्वान तथा नीतिनिपुण राजा थे। विक्रमादित्य उनके छोटे भाई थे। महाराजा भर्तृहरि राजकाज में कुछ विलासी हो गये थे। अपना अधिकांश समय रानी पिंगला के साथ ही व्यतीत करते थे। रंगारंग महफिल जमी रहती, चौसर के पांसे फेंके जाते, कविगण अपनी काव्यकला का प्रदर्शन करते रहते। एक घटना से राजा को ज्ञात हुआ कि अपनी रानी पिंगला जिसको वह प्राणों से भी अधिक प्रिय मानते हैं, जिसके प्रेमपाश में बंधकर वे राज्य के उत्तरदायित्व से भी विमुख हो गये हैं, वही रानी किसी पर-पुरुष के प्रेम में रमी है। उनके मन को इससे बड़ा आघात लगा और जगत् के प्रति मन में वैराग्य जाग्रत हो गया। उन्हें तथ्यगत अनुभव हो गया कि जगत् में किसी का कोई नहीं। सबका अपना स्वार्थ है। उन्हें इस बात का ज्ञान हो गया कि विषय भोग में रोगी हो जाने का भय है। यदि शरीर में आसक्ति हो तो मृत्यु का भय है। शास्त्रीय पाण्डित्य में वाद-विवाद हो जाने पर पराजय का भय है। केवल वैराग्य ही एक ऐसा पदार्थ है जो सर्वभय विहीन है, फिर क्यों न वैराग्य का आश्रय लिया जाए।[1] इसलिए राजकाज अपने छोटे भाई विक्रमादित्य को सौंपकर महायोगी गुरु श्री गोरखनाथ से नाथ सम्प्रदाय की दीक्षा लेकर, संन्यासी हो गये।

जैन साहित्यों में भतृहरि के पिता का नाम गन्धर्वसेन उद्धृत है। कथानुसार गन्धर्वसेन का विवाह ताम्रसेन की कन्या महेन्द्रलेखा से हुआ था,

जिससे विक्रमादित्य पैदा हुए थे। भर्तृहरि की उत्पत्ति मालिनी नामक दासी से बतायी गयी है। जैन साहित्य 'प्रबन्धचिन्तामणि' तथा 'विक्रमचरित' में उल्लेख है कि भानु विजय मुनि के 'विक्रमप्रबन्धरास' के अनुसार कंचनपुर के राजा हेमरस तथा रानी हेममाला की पुत्री के पुत्र थे गन्धर्व सेन। वे बड़े सुन्दर थे, उन्हें देखकर स्त्रियाँ मतवाली हो जाती थीं। राजा ने उन्हें निर्वासित कर दिया। गन्धर्वसेन ने वन में निवास कर योगसिद्धि प्राप्त की। वे हेमवर्धन नगर में पहुँचे। वहाँ के राजा रत्नसेन और रत्नावली ने अपनी पुत्री का विवाह गन्धर्वसेन से कर दिया। गन्धर्वसेन की पहली रानी का नाम रूपसुन्दर था। उससे भर्तृहरि पैदा हुए। पद्मावती के गर्भवती होने पर रत्नसेन को ज्योतिषियों ने बताया कि तुम्हारा उत्तराधिकारी पद्मावती का पुत्र होगा। राजा ने उसको बुलवाया और होने वाले पुत्र को मारना चाहा। पद्मावती की परिचारिका चंद्रा मालिन ने आश्वासन दिया कि मैं तुम्हारे पुत्र को पहले से ही ले जाऊंगी और उसका पालन-पोषण करूंगी। वह उसे उज्जैन ले गयी। अब तक भर्तृहरि वहाँ के राजा थे। पद्मावती का पुत्र विक्रम, जो भर्तृहरि का सौतेला भाई था, कालान्तर में उज्जैन का राजा हुआ।[2]

भर्तृहरि के जीवन चरित से सम्बन्धित एक और कथानक प्रचलित है। एक समय सूर्य और उर्वशी की दृष्टि एक हुई और सूर्य का काम वासना से विह्वल होने के कारण वीर्यपात हो गया। वायु ने उसके दो भाग कर दिये। प्रथम भाग, लोमश ऋषि के आश्रम आकर घड़े में गिरकर अगस्त ऋषि का निर्माण हुआ और दूसरा भाग, कौलिक मुनि के आश्रम में आकर गिरा। जब वे भिक्षा पात्र लिए दरवाजा बंद कर रहे थे। तब मुनि को पता चला यह सूर्य का वीर्य है। तब उन्हें ज्ञात हुआ कि कुछ समय पश्चात् धृमीन नारायण इस पात्र में संचार करेंगे। यह जान कर मुनि ने इस पात्र को मन्दराचल की गुफा में संभाल कर रख दिया। काफी समय बीतने के बाद धृमीन नारायण का इस पात्र में संचार हुआ। और गर्भ बढ़ते-बढ़ते नौ महीने का हो गया। तब सूर्य के समान तेजस्वी बालक उसमें से निकला और बिलख-बिलख कर रोने लगा। उसी समय वहाँ की एक हिरणी के गर्भ से दो बच्चे पैदा हुए, उस हिरणी ने जब देखा तो तीसरा बच्चा भी दिखा। हिरणी उस बच्चे को चाटते हुए अपना दूध पिलाने लगी। कुछ दिन बाद वह बच्चा घुटनों के बल चलने लगा। हिरणी तीनों बच्चों को एक साथ छोड़कर नित्य घास चरने जाया करती थी।

एक दिन चारों माँ-बेटे चरते हुए आम रास्ते पर आ निकले। उस रास्ते से एक भाट और उसकी पत्नी गुजर रहे थे। भाट का नाम जयसिंह और पत्नी का नाम रेणुका बाई था। उन दोनों ने जब जंगल में तेजस्वी बालक को देखा तब सोचने लगे कि इस बालक के माँ-बाप ने इसे जंगल में क्यों अकेला छोड़ दिया है। जयसिंह ने बालक को पकड़कर बोला कि-मैं तुम्हें तुम्हारे माता-पिता के पास पहुँचा दूँगा, तुम मुझे अपने घर का पता बताओ, परन्तु बालक रोता रहा, गूंगा समझ कर जयसिंह बच्चे को अपने घर ले आये। धीरे-धीरे बच्चा मनुष्यों की तरह खाना-पीना, हँसना, बोलना, चलना-फिरना सब सीख गया।

जयसिंह और उनकी पत्नी रेणुकाबाई बच्चे को लेकर घूमते-घूमते काशी जा पहुँचे। वहाँ पहुँच कर गंगा में स्नान करके, विश्वनाथ जी के दर्शन करने गये। शिवमूर्ति में से आवाज आई-आओ भर्तृहरी! अब अवतार लेकर प्रकट हो गये। बड़ा अच्छा किया। यह सुनकर जयसिंह समझ गये कि यह बालक कोई अवतारी है और बेटे का नाम भर्तृहरी रख दिया और काशी में ही रहकर अपनी दिनचर्या पूरी करने लगे। धीरे-धीरे भर्तृहरी अट्ठारह वर्ष के हो गये तब जयसिंह पत्नी के साथ भर्तृहरी को लेकर घर लौटने लगे। लेकिन रास्ते में डाकुओं ने जयसिंह को मार कर सारा धन लूट लिया। जयसिंह के वियोग में उनकी पत्नी रेणुका ने भी प्राण त्याग दिये। तब भर्तृहरी दोनों का दाह संस्कार करके आगे बढ़े ही थे कि उसे रास्ते में कुछ बंजारे मिल गये, बंजारों ने भर्तृहरी से पूछा कि भर्तृहरी दुःखी क्यों हो? तब भर्थरी ने रोते हुए अपना वृत्तान्त सुनाया। यह सुनकर बंजारों ने भर्तृहरी को दिलासा देते हुए समझाया कि अब रोने से कुछ नहीं होगा। तुम हमारे साथ रहो कुछ काम कर दिया करना और हम तुम्हारे भोजन-कपड़े की व्यवस्था कर देंगे। भर्थरी राजी होकर बंजारों के साथ रहने लगे।

कुछ दिनों बाद भर्तृहरी अवन्ती नगरी के निकट एक गाँव में बंजारों के साथ ठहरे। वहाँ अपना सामान ठीक से रखकर बंजारे आग तापने लगे। तभी वहाँ सियार जोर-जोर से चिल्लाने लगा। भर्थरी हिरणी के साथ जंगल में रहते-रहते जंगली जानवरों की काफी भाषा सीख गये थे! सियारों की बात समझ कर भर्तृहरी ने बंजारों से बताया कि सियारों का कहना है कि चोर हमें लूटने वाले हैं। भर्थरी की यह बात सुनकर बंजारे अपने अस्त्र-शस्त्र निकालकर अपनी हिफाजत कर लिए और चोरों को जख्मी करके भगा दिये।

सुबह पुनः सियार चिल्लाने लगे तब पुनः बंजारों ने भर्थरी से पूछा कि अब ये सियार क्या कह रहे हैं? तब भर्थरी ने कहा–"शिवजी का एक बरदानी राक्षस उत्तर दिशा से दक्षिण दिशा की ओर शीघ्र ही आ रहा है। उसके पास चार अनमोल रत्न हैं जो उसे मारेगा उसे ही वे चारों रत्न प्राप्त होंगे, जो उसके रक्त से नगर के फाटक पर और अपने मस्तक पर तिलक लगायेगा, वही उज्जैनी का सार्वभौम राजा होगा। भर्तृहरी की इस बात को विक्रमादित्य छुपकर सुन रहे थे। विक्रमादित्य ने राक्षस को मारकर उसके खून से अपने वस्त्र भिगोकर मस्तक पर तिलक लगाया। राक्षस का वध होते ही उसे मुक्ति मिल गयी और वह गंधर्व रूप धारण कर के स्वर्ग चला गया। विक्रमादित्य को राक्षस की मुट्ठी में से चार अनमोल रत्नों की प्राप्ति हुई। इसके बाद विक्रमादित्य ने राक्षस का रक्त नगर के फाटक पर लगाया और बंजारों की तरफ चले गये। युक्ति के द्वारा विक्रम भर्तृहरी को अपने घर ले गये। घर पहुँच कर विक्रम ने अपनी माता सत्यवती को सारी घटना बतायी, जिसे सुनकर सत्यवती बहुत प्रसन्न हुई। विक्रम ने अपनी माँ से कहा कि भर्तृहरी का पालन मेरे भाई जैसा होना चाहिए। तत्पश्चात विक्रम और भर्तृहरि दोनों भाई की तरह रहने लगे।

अवन्तिा नगरी में विदर्भराज नाम का राजा राज्य करता था। उसकी पुत्री का नाम मदनलेखा था, जो अपूर्व सुन्दरी थी और अपने माता-पिता की अकेली सन्तान थी, राजा को बेटी की विवाह की चिन्ता हुई, तब प्रधान के सुझाव पर राजा ने बेटी को हाथी पर बैठाकर पूरे नगर में घुमाने का निर्णय लिया और कहा कि मेरी बेटी जिसे वरमाला पहना देगी उसी के साथ पुत्री का विवाह कर दिया जायेगा। सहेलियों से मंत्रणा करके राजकुमारी ने विक्रम के गले में वरमाला डाल दी। राजकुमारी मदनलेखा का विवाह विक्रम के साथ कर दिया गया। विदर्भराज ने अपने दामाद विक्रम को अवन्ति का राज्य सौंप दिया। विक्रम ने अपने भाई भर्थरी को अपना युवराज बनाया, सुभमती प्रधान ने अपनी पुत्री पिंगला का विवाह धूमधाम से भर्थरी के साथ कर दिया। इसके बाद भर्थरी ने लगभग बारह विवाह किये परन्तु इनकी पटरानी पिंगला ही थी। कुछ समय पश्चात् विक्रम भर्तृहरि को अपना राज्य सौंप कर ईश्वर के भजन में लग गये। भर्तृहरि राज्य संभालने के बाद विलासिता में रहने लगे। कालान्तर में भर्तृहरि ने शिकार खेलते हुए एक हरिण का वध कर दिया। हरिणियाँ उनके पीछे लग गयीं। कहा जाता है कि वह हरिण गोरखनाथ का शिष्य था।

हरिण का वध होते ही श्री गोरखनाथ जी तोरणमाला पर्वत से नीचे उतरे और भर्तृहरि से कहा कि तुमने मेरे शिष्य का वध क्यों किया? तब भर्तृहरि को अपने अपराध का आभास हुआ और वे श्री गोरखनाथ से उसे जीवित करने को कहने लगे। श्री गोरखनाथ ने थोड़ी-सी धूनी का चूर्ण उस मृत हरिण पर छिड़क दिया। उनके आशीर्वाद और योगशक्ति से उसमें प्राण का संचार हो गया। भर्तृहरि ने श्री गोरखनाथ जी से शिष्य होने की इच्छा प्रकट की। श्री गोरखनाथ जी की प्रेरणा से भर्तृहरि ने रानी पिंगला से कहा कि तुम्हारे पातिव्रत का विश्वास होने पर ही मैं शिष्य बन सकता हूँ। पिंगला ने कहा कि जिसके पति की मृत्यु होने पर पत्नी की मृत्यु हो जाये यही पातिव्रत है। तब भर्तृहरि ने परीक्षा ली। शिकार में गये और खून से कपड़ा रंग कर महल में भिजवा दिया। रानी को विश्वास हो गया कि सिंह ने राजा के शरीर को अपना ग्रास बना लिया है, रानी ने अपने प्राणों का त्याग कर दिया। भर्तृहरि के लिए अपनी पटरानी का वियोग असह्य हो गया। वे रात-दिन श्मशान में निवास कर पिंगला का स्मरण करने लगे। महायोगी गोरखनाथ ने योगमाया प्रकट की और अपनी मिट्टी की डिबिया पटक कर रोने लगे, भर्तृहरि ने समझाया कि मिट्टी का पात्र बनवा दूँ। श्री गोरखनाथ ने कहा कि तुम ऐसा नहीं कर सकते, पर मैं तुम्हारी स्त्री को जीवित अवस्था में तुम्हारे सामने प्रकट कर सकता हूँ। गुरु गोरखनाथ ने अनेक पिंगलायें प्रकट कीं, भर्तृहरि ने कहा कि जिस योगविद्या से अनेक पिंगलायें प्रकट हो सकती हैं, उसे ही ग्रहण करना श्रेयस्कर है। ऐसा विचार कर भर्तृहरि ने श्री गोरखनाथ से दीक्षा ले ली। योगदीक्षा लेकर भर्तृहरि तपस्वी का जीवन बिताने लगे और राज्य का परित्याग कर दिया।

ऐसा प्रतीत होता है कि यह कथा पिंगला को व्यभिचारिणी सिद्ध करने से बचाने के लिए गढ़ी गयी है।

भर्तृहरि के जीवन की अनेकानेक कथाओं में एक तथ्य की साम्यता है कि राजा भर्तृहरि पिंगला को प्राणों से भी ज्यादा प्यार करते थे। राज्य पर शत्रुओं का भय उत्पन्न होने पर भी अपनी विलासप्रियता से क्षणमात्र के लिए भी विमुख न हो सके। पिंगला के कहने पर भर्तृहरि ने विक्रम को राज्य से बाहर निकाल दिया। भर्तृहरि के इतना विलासी होने पर भी 'अमर फल' की परिघटना ने उनका जीवन ही बदल दिया। जो व्यक्ति आकण्ठ भोग-विलास में डूबा था वह एक क्षण में ही वैरागी हो गया।

अमरफल की घटना निम्नवत है-एक योगी को घोर तपस्या के फलस्वरूप एक फल प्राप्त हुआ, यह कोई साधारण फल नहीं था, एक ऐसा फल था जिसको खा लेने से व्यक्ति अमर हो जायेगा कभी भी नहीं मरेगा और व्यक्ति के यौवन का भी क्षय नहीं होगा, वह सदैव जवान रहेगा। उस योगी ने सोचा कि मैं अमर होकर क्या करूंगा, इसे महाराज भर्तृहरि को दे देता हूँ वे इसे खाकर अमर हो जायेंगे, इससे प्रजा का पालन अच्छे से होगा तथा राज्य भी सुरक्षित रहेगा। यह सोचकर योगी ने वह फल राजा भर्तृहरि को दे दिया। योगी के जाने के बाद राजा भर्तृहरि ने सोचा पिंगला तो मेरे लिए प्राणों से भी प्यारी है यह फल खाकर उसका यौवन बना रहेगा। इसलिए यह फल राजा भर्तृहरि ने अपनी रानी पिंगला को दे दिया। इधर पिंगला फल पाने के बाद सोचने लगी कि अश्वशाला का अध्यक्ष उसे बहुत प्यार करता है और उसकी कामपिपासा को शान्त करता है, इसलिए यदि यह फल उसे दे देगी तो वह सदैव जवान बना रहेगा। रानी ने वह फल अश्वशाला के अध्यक्ष को दे दिया। इधर अश्वशाला का अध्यक्ष एक वेश्या में आसक्त था। उसने उस वेश्या को अमरफल दे दिया। वेश्या ने विचार किया कि मेरा शरीर विषय सुख में आबद्ध है। दूसरे की कामवासना शान्त करने में मैं आज तक सहायक बनी रही, मेरे अमरफल खा लेने से असंख्य लोग पतित होंगे। इसलिए मैं यह फल प्रजापालक राजा भर्तृहरि को दे देती हूँ। अमरफल खाने के अधिकारी एकमात्र वही हैं। वैश्या ने राजमहल में जाकर वह फल महाराज को दे दिया। राजा भर्तृहरि उस फल को पहचान गये और उन्हें महारानी पिंगला पर बहुत क्रोध आया। वस्तुस्थिति को जानने के लिए उन्होंने अश्वशाला के अध्यक्ष एवं रानी पिंगला को दरबार में बुलाया। स्थिति स्पष्ट हो जाने पर उन्हें राज प्रासाद के वैभव त्रिशूल समान लगने लगे। शरीर में भयानक वेदना होने लगी। उनके मन में वैराग्य पैदा हो गया। उन्हें लगने लगा कि संसार में कोई भी किसी का नहीं है और अपना राज्य अपने भाई विक्रमादित्य को देकर खुद गुरु श्री गोरखनाथ से दीक्षा लेकर तपस्या करने चले गये। पहले वे पूरे भारत भर में घूमते रहे लेकिन कुछ समय बाद घूमते-घूमते देवास पहुँचे।

साधनास्थली देवास

देवास का सम्पूर्ण वृत्तान्त नारायण कुटी संन्यास आश्रम देवास के पीठाधीश्वर स्वामी सुरेशानन्द तीर्थ महाराज के आशीर्वचन तथा उनके परम गुरु **स्वामी शिवोम तीर्थ महाराज** द्वारा रचित ग्रन्थ, 'साधन-शिखर' पर आधारित है।

महायोगी गुरु श्रीगोरखनाथ से योग दीक्षा प्राप्त करके भर्तृहरि ने सम्पूर्ण भारत का भ्रमण किया। प्राय: इनका निवास स्थान वन-स्थलियों के एकान्त वातावरण में ही हुआ करता था। फिर घूमते हुए यहाँ आ पहुँचे, जहाँ आज देवास नगर बसा है। देवास की 'माता जी की टेकड़ी' (पहाड़ी) उस समय घने जंगलों में स्थित थी, जिसमें भाँति-भाँति के हिंसक पशु विहार करते थे, लोग डर कर उधर नहीं जाते थे। एक दिन भर्तृहरि घूमते-भटकते चामुण्डा माता जी की टेकड़ी के पास तक आ पहुँचे। उस समय टेकड़ी के ऊपर जाने का कोई मार्ग नहीं था। चारों तरफ घने जंगल विद्यमान थे। भर्तृहरि को टेकड़ी के नीचे पानी का एक झरना दिखाई दिया। उन्होंने प्यास बुझाई तथा एक वृक्ष के नीचे बैठ गये। तभी भर्तृहरि की नजर एक वृक्ष के नीचे खड़े एक बड़े मोटे बंदर पर पड़ी जो उन्हीं की ओर देख रहा था। पता नहीं कौन से आकर्षण से खिंचे भर्तृहरि भी उस बंदर की ओर देखने लगे। काफी देर तक दोनों मंत्रमुग्ध बने, एक-दूसरे की ओर देखते रहे। जब बंदर वहाँ से चला तो न जाने किस शक्ति ने भर्तृहरि को भी उस बंदर के पीछे-पीछे जाने पर विवश कर दिया। ऊपर जाने का कोई मार्ग तो था नहीं। बंदर तो वृक्षों की शाखाओं पर छलांगें लगाता हुआ ऊपर चला गया किन्तु भर्तृहरि को ऊपर जाने में काफी कठिनाई आ रही थी। बंदर थोड़ा चढ़कर ठहर जाता तथा भर्तृहरि की प्रतीक्षा करता। भर्तृहरि वृक्षों को पकड़-पकड़ कर किसी तरह से चढ़ते गये। चोटी पर पहुँचकर बन्दर भर्तृहरि को एक गुफा में ले गया जहाँ शिला पर चामुण्डा माता की एक प्रतिमा उभरी थी। भर्तृहरि को वहीं छोड़कर बन्दर अदृश्य हो गया। टेकड़ी (पहाड़ी) की चोटी पर पहुँचकर भर्तृहरि को अपार शान्ति का अनुभव हुआ। उन्हें शक्ति की सूक्ष्म तरंगें शरीर में प्रवेश करती-सी लग रही थीं। मन में अलौकिक आनन्द की प्रतीति होने लगी। अन्तरानुभूतियाँ आरंभ हो गईं। जैसे कि कोई बालक माता की गोद में आकर आनन्द की अनुभूति करता है, वैसे ही आनन्द की अनुभूति भर्तृहरि को हुई।

शाम हो गयी थी। टेकड़ी एकदम सूनसान लग रही थी। हवा के कारण वृक्षों के पत्ते हिलने के अतिरिक्त कोई आवाज नहीं आ रही थी। बीच-बीच में जंगली जानवरों की आवाजें ही वातावरण में गूंज रही थीं। भतृहरि को भूख लग रही थी, परन्तु उनका मन वहाँ से जाने को नहीं हो रहा था। दूर-दूर तक कोई गाँव नहीं दिख रहा था। उन्होंने रात भूखे-प्यासे माता की गुफा में व्यतीत की। सारी रात ध्यान में ही बैठे रहे। उस दिन उनका साधना में ऐसा मन तल्लीन हुआ कि भूख-प्यास की ओर ध्यान ही नहीं गया। प्रातःकाल भर्तृहरि गुफा से बाहर निकले। थोड़ी ही दूरी पर उन्हें पानी का एक चश्मा दिखाई दे गया। नित्यकर्म से निवृत्त होकर उन्होंने स्नान किया। देखा तो वृक्षों पर भाँति-भाँति के फल लटक रहे थे। उन्होंने क्षुधा शान्त की। साधकों को तीन चीजों की आवश्यकता होती है-जंगल या एकांत, जल और आहार। भर्तृहरि को यह तीनों सामग्री प्रचुर मात्रा में उपलब्ध हो गयी थी, अतः यह स्थान उनके मनोनुकूल हो गया। वह पुनः गुफा में लौट कर साधना में बैठने का प्रयत्न कर ही रहे थे कि उधर से एक महात्मा प्रकट हो गये तथा बोले, "तुम कौन हो तथा यहाँ क्या कर रहे हो?" भर्तृहरि ने प्रणाम करने के पश्चात् पहले अपना परिचय दिया फिर कहा, मुझे नहीं पता कि मैं यहाँ कैसे आ गया। यहाँ बहुत अच्छा लग रहा है। मन होता है कि यहीं रहकर ध्यान-भजन करूं। उन महात्मा ने कहा कि मैं रात को भी यहाँ आया था। उस समय तुम ध्यान में थे। मैंने ध्यान में विघ्न डालना उचित नहीं समझा, अतः माता जी के दर्शन कर वापस चला गया। तुम्हारा यहाँ ध्यान-भजन करने का विचार बड़ा शुभ है। पानी की भगवान ने व्यवस्था कर रखी है। वृक्षों पर जंगली फल लदे हैं। हिंसक पशु नीचे ही रहते हैं, टेकड़ी पर नहीं आते, इसलिए तुम्हें डरने की आवश्यकता नहीं। यहाँ केवल साँप तथा बन्दरों का ही आना-जाना है। साँपों से यदि तुम नहीं डरोगे तो वह तुम्हें कुछ भी नहीं कहेंगे। सबसे बढ़कर माता जी की चेतन उपस्थिति यहाँ उपलब्ध है। महात्मा की यह बातें सुनकर भर्तृहरि ने कहा कि मैं आप का बहुत आभारी हूँ कि आपने दर्शन दिये तथा मेरा उत्साह बढ़ाया। क्या मैं आपका परिचय जान सकता हूँ। उन महात्मा जी ने कहा कि मैं सामने की पहाड़ी पर अदृश्य रूप में निवास करते हुए साधना करता हूँ। यहाँ माता जी के दर्शन करने आता रहता हूँ। तब भर्तृहरि ने पूछा क्या आपकी तरह के और भी महात्मा हैं? महात्मा ने कहा हाँ हैं,

कुछ तो ऐसे हैं जो न जाने कब से समाधि में बैठे हैं। इतना कहकर वे महात्मा अदृश्य हो गये।

आगे का वृत्तान्त बताते हुए स्वामी विष्णुतीर्थ महाराज[3] ने कहा कि भर्तृहरि माता जी की गुफा में ही रहने लगे। रात को अधिकांश समय साधनारत रहते, नींद आती तो सिरहाने एक पत्थर रखकर सो जाते। उनके पास सामान के नाम पर शरीर पर एकमात्र कौपीन (लंगोटी) ही थी। उन्हें माता जी का सान्निध्य तथा अदृश्य महापुरुषों का दर्शन प्राप्त हो रहा था। भर्तृहरि के आस-पास छोटे-बड़े, कई रंगों के सांप घूमा करते थे, किन्तु वे उनसे कभी भी भयभीत नहीं हुए। उन्हें सांपों में भी माता जी के ही दर्शन होते थे। बंदरों के साथ तो उनकी मित्रता हो गयी थी। पहले दिन भर्तृहरि को जो मोटा बंदर मिला था, वह रात को भी उनके साथ ही रहने लगा था। उसे भर्तृहरि माता जी के लिए, उसी रूप में देखते थे जैसे राम जी के लिए हनुमान जी थे। एक दिन भर्तृहरि साधना कर रहे थे। अन्तर्नाद पर उनकी एकाग्रता बनी थी। अपने तन की उस समय उनको कोई सुध नहीं थी कि एक मोटा सांप आकर उनके गले से लिपट गया। जब उनका ध्यान भंग हुआ तो उन्होंने सांप को गले से लिपटा देखा। भर्तृहरि प्रसन्न होकर भावावेश में नाचने लगे तथा चिल्लाने लगे, माँ ने मुझे गले लगा लिया, माँ ने मुझे गले लगा लिया। उस समय वे एकमात्र छोटे बालक की तरह हो गये थे। सांप गले में लिपटा था और वे नाच रहे थे।

एक दिन एक महापुरुष प्रकट हुए, तब भर्तृहरि ने निवदेन किया कि,[4] "महाराज मैं गंदगी में धंसा हुआ जीव हूँ। संसार के अवगुण मुझमें हैं। ईश्वर से जैसी लौ लगनी चाहिए उसका मुझमें अभाव है। क्या मैं भी कभी आप के जैसा बन पाऊँगा?" तब उन महापुरुष ने कहा-"भर्तृहरि चिन्ता मत करो। इतने ऊँचे साधक होकर भी तुम्हें अपने दोषों का अभास तथा दुःख है, यह एक साधक के लिए बड़ा शुभ लक्षण है। तुम अवश्य ही एक दिन भगवान के प्रिय भक्त, योगी तथा ज्ञानी बनोगे। भगवती की अन्तर्जागृति के रूप में तुम्हें कृपा प्राप्त है ही। भगवती के चरण पकड़े रहो। वही नाव है, वही खेवनहार है। चिन्ता के स्थान पर भगवती के समर्पण में मन लगाओ। तुम्हारा वैराग्य परिपक्व हो चुका है, आगे का मार्ग सरल है।" महापुरुष की बात सुनकर भर्तृहरि ने कहा अभी तो ऐसा लगता है कि मन में सब कालिमा भरी है। प्रकाश की एक किरण भी नहीं है। तब महापुरुष ने कहा कि जिस प्रकार से

बादल की एक टुकड़ी आकर सूर्य को ढक लेती है, उसी प्रकार तुम्हारे प्रारब्ध ने तुम्हारी वास्तविक स्थिति को ढक रखा है। थोड़ा धैर्य रखो सब उजाला हो जायेगा। इतना कह कर महापुरुष अदृश्य हो गये।

स्वामी विष्णुतीर्थ महाराज ने एक शिष्य का समाधान करते हुए कहा कि–भर्तृहरि के वैराग्य को **कारण वैराग्य** कहना उचित नहीं है। वे पूर्व जन्मों से ही पूर्ण वैराग्यवान थे जिसे उनके चित्त के दबे संस्कारों ने उदय होकर ढक लिया था। पिंगला की घटना ने उनके अन्तर के सुसुप्त वैराग्य को जगा दिया था। इसीलिए वैराग्य के जाग्रत होते ही उपरामता की सीढ़ियाँ तीव्रता से चढ़ते गये।

नाथ सम्प्रदाय केवल शक्ति ही नहीं, शिव सहित शक्ति का उपासक-पन्थ है अर्थात् उनकी शक्ति शिव की शक्ति है। शक्ति जो भी रूप धारण करती है अथवा क्रिया करती है; शिव उसके आधार रूप में सदैव विद्यमान रहते हैं। शिव रूपी आधार में कोई भी स्पंदन या आंदोलन नहीं होता, यह सब उसकी शक्ति में होता है। शक्ति ही कभी अधोक्रम में कभी ऊर्ध्वक्रम में गतिशील होती है। इस बात का अनुभव आध्यात्मिक महापुरुषों ने ध्यान की अवस्था में प्राप्त किया है। भर्तृहरि उत्कृष्ट साधक थे। शिव-शक्ति पर उनकी अगाध श्रद्धा थी। अतः उन्होंने अपने-आप को भगवती के प्रति पूर्णतया समर्पित कर दिया। अनुपमेय क्रियाशीलता का अनुभव करते हुए दिव्य भावावेश में लीन रहने लगे।

एक बार कुछ श्रद्धालुओं ने माता जी की गुफा तक आने का संकल्प किया, किसी तरह से माता जी की गुफा तक पहुँच गये। वहाँ एक व्यक्ति को देखकर लोग हैरान रह गये। उन्होंने भर्तृहरि से पूछा–आप कौन हैं? भर्तृहरि ने जवाब दिया मैं यहीं रहता हूँ। यह सुनकर सभी गाँव वाले अवाक रह गये। इस घोर वन में अकेले। वे बोले–आप कब से यहाँ रह रहे हैं। भर्तृहरि ने कहा–कुछ महीने से। लोगों ने पूछा–आपको यहाँ डर नहीं लगता! भर्तृहरि ने कहा–अकेला कहाँ हूँ? भगवती जो साथ हैं, डर उसे लगता है जिसका लक्ष्य हिंसक पशुओं से भरे इस जंगल की ओर है, मुझे कैसा भय? लोगों ने पूछा–आप कहाँ से आये हैं? तब भर्तृहरि को अपना परिचय देना पड़ा। जब गाँव वालों को यह पता चला कि यह उनके पूर्व महाराज तथा उज्जैन के वर्तमान महाराजा विक्रमादित्य के बड़े भाई हैं तो वह दंग रह गये,

भर्तृहरि के पाँव पर गिर गये। वे बोले—क्षमा करें महाराज आपके शरीर पर मात्र कौपीन और आपके बढ़े हुए बालों के कारण आपको पहचानने में भूल हो गयी। आपका वैराग्य तथा त्याग धन्य है। चामुण्डा माता जी के प्रति आपकी श्रद्धा धन्य है। हम तो आपकी प्रजा हैं। तब भर्तृहरि ने कहा—कौन राजा? और कौन प्रजा? यह सब संसार की कल्पनाएं हैं। संसार का एक ही राजा है, वह है ईश्वर, हम सब उसी की प्रजा हैं। किन्तु उस एक राजा को भूल कर संसार अन्य तथाकथित राजाओं की चापलूसी करता फिरता है। यदि जीव संसार के राजा की शरण ग्रहण करे तो उसका बेड़ा पार हो जाय। हम तो साधारण जन हैं, नासमझ हैं—जनमानस ने मंतव्य व्यक्त किया। ज्ञान की बातों को क्या जानें? आप हमें आज्ञा करें कि आपकी क्या सेवा करें? कुछ अन्न आपको पहुँचा दिया करें। यह सुनकर भर्तृहरि ने कहा—यदि आप वास्तव में ही मेरी सेवा करना चाहते हैं तो भगवान का भजन करो। इससे बड़ी कोई सेवा नहीं। मैं यहाँ बड़े आनन्द में हूँ। पेट भरने के लिए जंगली फल उपलब्ध हैं, जल है, सोने के लिए धरती है। और क्या चाहिए? अब आप लोग जाइए, दिन का उजाला रहते घरों के लिए वापस पहुँच जाना चाहिए।

लोगों के चले जाने पर भर्तृहरि माता जी के गुफा की तरफ तेजी से भागे और माता जी की सामने बैठकर कहा, "माँ इन लोगों में हमें तुम्हारा ही रूप दिखाई दे रहा है, जहाँ देखो तुम्हारा ही विस्तार दिखाई दे रहा है।" भर्तृहरि कुछ देर वहीं बैठे रहे इसके बाद तेजी से उठकर बाहर आये। उनकी दृष्टि चारों ओर फैले वृक्षों पर पड़ी। दूर-दूर तक जहाँ तक दृष्टि जाती थी, वृक्ष ही वृक्ष थे। कुछ छोटे बालकों के समान कुछ युवाओं की तरह तने हुए, तो कुछ वृद्धों की तरह थोड़े झुके हुए। भर्तृहरि सोचने लगे, "मनुष्यों की भाँति वृक्षों में भी कितना परिवर्तन होता रहता है। यह फलते हैं, फूलते हैं, फिर मुरझा जाते हैं। प्रत्येक वृक्ष मरने से पहले अपने जैसे अनेक वृक्ष पैदा कर जाता है। इनका आवागमन क्रम भी मनुष्यों के समान गतिशील बना रहता है। यह सब शक्ति की ही लीला है, क्योंकि शक्ति के संयोग के बिना कोई परिवर्तन, कोई परिणाम अथवा कोई क्रिया सम्भव नहीं है। वह सोचने लगे कि अन्दर के ढांचे के संचालन में मेरा कोई हाथ नहीं; जबकि बाहर के सभी कार्य मैं आन्तरिक ढांचे के अनुसार करता हूँ। अर्थ यह है कि वाहक के सभी कार्य भी आन्तरिक शक्ति ही करती है। वे अब तक कैसी भ्रान्ति में पड़े थे।

कुछ नहीं करने वाला होकर भी, सर्वकर्ता होने के मिथ्या अभिमान में भटकता फिर रहे थे।

प्रायः ऐसा देखा गया है कि अधिकांश लोग सकाम भावनाएँ लेकर ही भगवती के दरबार में आते हैं। इसके विपरीत यहाँ रहते हुए भर्तृहरि ने 'वैराग्यशतक' लिखा जो कि पूर्णतया वासनाओं से हटने की प्रेरणा देता है। जैसी भक्त की भावना होती है उसी के अनुरूप उसकी भक्ति का स्वरूप प्रकट होता है और वैसा ही उसको फल प्राप्त होता है।

भर्तृहरि के टेकड़ी पर साधना करने की बात फैलते-फैलते महाराजा विक्रमादित्य तक पहुँच गयी। माता जी के सामने जो दीप स्तंभ है, उसे महाराजा विक्रमादित्य ने ही बनवाया था।

एक दिन भर्तृहरि माता जी की गुफा के बाहर एक पत्थर पर अपना सिर रखे, कौपीन लपेटे लेटे थे। आज उनके मन में पूर्व स्मृतियों का तूफान उठ रहा था। उन्हें अपनी तीसरी पत्नी पिंगला की याद आ रही थी। उनके कुकर्मों को याद कर, वह दुख का अनुभव कर रहे थे। वह सोच रहे थे, "मैंने अपने भाई विक्रमादित्य की बात नहीं मानी और पिंगला पर विश्वास बनाये रखा। अपने भाई को ही देशनिकाला दे दिया। हे पिंगला! मैं नित्य तेरा ही चिन्तन किया करता था किन्तु तू मुझसे विरक्त रह कर किसी पर-पुरुष की कामना करती रही। तेरा प्रियतम वह अन्य पुरुष भी अन्य किसी स्त्री के प्रेम-पाश में जकड़ा था, हमारे लिए कोई अन्य स्त्री प्राण न्योछावर करने के लिए तत्पर थी। अतः अन्य पर-पुरुष के प्रेम में जकड़ी अपनी स्त्री को धिक्कार है, उस अन्य पुरुष को जिसे वह चाहती थी, धिक्कार है। उस अन्य स्त्री को जो मुझे चाहती थी धिक्कार है तथा उस कामदेव को, जिसका यह प्रपंच है, धिक्कार है।"

भर्तृहरि के विचार-प्रवाह ने पलटा खाया। पिंगला के प्रति कृतज्ञता का भाव प्रकट हो गया। हे पिंगला! इस समय मैं जो आनन्दमय जीवन व्यतीत कर रहा हूँ उसका कारण तू ही है अन्यथा मैं तो विषय-वासना में पूरी तरह डूब रहा था। तेरा विश्वासघात मुझ पर कृपा की वर्षा की भाँति बरसा और मैं बन्धन तोड़ सका। हे पिंगला! तू मेरे लिए अभिशाप नहीं, वरदान बनकर मेरे जीवन में प्रकट हुई। तुम्हारी जय हो।

भर्तृहरि के मन में विचारों का ज्वार-भाटा उठ रहा था। वैसे तो मन में भवित्त-शक्ति की कृपा तथा क्रियाशीलता से बहुत कुछ कुसंस्कार हट चुके थे

किन्तु जो शेष बचे थे, वे उपद्रव कर रहे थे। भर्तृहरि जन्म-जन्मान्तर के योगी थे। कई प्रकार के उतार-चढ़ाव सहन करते आ रहे थे। अबकी बार प्रारब्धवश पिंगला के फेरे में आ गये थे। अब पश्चात्ताप की तीव्र ज्वाला में उनके पिंगला-सम्बन्धी संस्कार क्षीण होते जा रहे थे। वह इन्हीं विचारों में डूबे थे कि एक महापुरुष प्रकट हो गये। महापुरुष ने कहा-भर्तृहरि मनुष्य को सबसे अधिक परेशान पूर्व स्मृतियां ही करती हैं, रुलाती और नचाती हैं। तुम भी कोई इसके अपवाद नहीं हो, चिन्ता मत करो।

पूर्व स्मृतियों की यह तुम्हारी अन्तिम खेप है। इससे आगे तुम्हारा मार्ग समतल है सरपट भागते जाओगे। तुम कई जन्मों से साधन-पथ पर आरूढ़ हो। कई बार गिरे हो, कई बार उठे हो। पिंगला का तुम्हारा प्रथम अनुभव नहीं है। पिंगला भी कई जन्मों की योगिनी है। अध्यात्म की कठिन चढ़ाई चढ़ते हुए कौन नहीं फिसला, तुम भी, पिंगला भी। इसलिए पिंगला के प्रति घृणा और क्रोध को त्याग दो, अन्यथा इसके संस्कार भविष्य में तुम्हें परेशान कर सकते हैं।

महाराज! उस समय मैं राजा था। राज्य की सारी सत्ता मेरे हाथों में केन्द्रित थी। यदि चाहता तो पिंगला की खाल खिंचवा देता, अस्तबल के जिस दारोगा को वह चाहती थी, उसे सूली पर चढ़वा देता। किन्तु व्यक्तिगत रूप में मुझे उन पर क्रोध नहीं आया। पूर्व जन्म के किसी शुभ संस्कार ने विवेक को जाग्रत कर संसार की यथार्थता मेरे समक्ष प्रकट कर दी। जब संसार का अस्तित्व ही अभिमान, स्वार्थ एवं विषय-लोलुपता पर टिका है तो उस से सुख की आशा करना मूर्खता है। फिर भी यदि आपने मुझे सचेत किया है तो मेरे मन में अवश्य ही कहीं-न-कहीं पिंगला के लिए द्वेष का भाव छिपा होगा। भविष्य में मैं सावधान रहूँगा।

इतना कह कर महापुरुष अदृश्य हो गये किन्तु इससे भर्तृहरि का मन काफी हल्का हो गया। पिंगला के लिए क्रोध के स्थान पर दया का भाव उदय हो आया। उन्हें समझ आ गयी कि तप क्या है? जो संस्कारों-वासनाओं को तपा कर भस्म कर दे, वही तप है। मां की क्रियाशीलता का स्थिर द्रष्टा रह कर अवलोकन करते रहना ही तप है। मां की क्रियाशीलता ही अन्तरायों को तपाती है। वह इतना विचार कर ही रहे थे कि पुनः एक अन्य महापुरुष प्रकट हो गये। भर्तृहरि ने महापुरुष को प्रणाम किया।

महापुरुष–भर्तृहरि! कैसे हो? क्या साधनों में मन लगा है?

भर्तृहरि–जब आप जैसे महापुरुषों का आशीर्वाद प्राप्त है तो साधना में मन लगेगा ही। भगवान शंकर तथा भगवती अम्बा की महान कृपा है।

महापुरुष– भगवती की इस टेकड़ी को साधन–शिखर समझो। जिसका आश्रय लेकर हमारे जैसे अनेकानेक साधक, इसके आस–पास साधना में तल्लीन हैं। हम सब अदृश्य अवस्था में रहते हैं तथा माता जी के दर्शन करने यहाँ आते रहते हैं। तुमने केवल उन्हें ही देखा है जो तुम्हारे सामने प्रकट होते हैं। कई साधक अदृश्य अवस्था में ही, बिना प्रकट हुए दर्शन कर के चले जाते हैं, जिनका तुम्हें पता भी नहीं चल पाता। चामुण्डा माता सर्वव्यापक हैं किन्तु यहाँ उनकी शक्ति प्रत्यक्ष अनुभव होती है तथा साधकों पर कृपा करती हैं। जो सकाम उपासक उनसे जगत् की कामना करते हैं, उन्हें टुकड़ा डाल देती हैं किन्तु उन की कृपा का वास्तविक आनन्द तथा लाभ वही साधक उठा पाते हैं जो अपने आपको माता के चरणों में समर्पित कर देते हैं। माता अपने भक्तों को साधन का अवसर प्रदान करने के लिए ही सृष्टि की रचना करती हैं। तुम सौभाग्यशाली हो, जो यहाँ माता जी का आश्रय लिए पड़े हो।

भर्तृहरि–किन्तु इस साधन–शिखर पर कोई साधक तो दिखाई देता नहीं। जैसा भी साधारण साधक हूँ, एक मैं ही यहाँ हूँ।

महापुरुष–हम लोग आस–पास जितने भी साधक फैले हैं, वे सब इसी साधन–शिखर का आश्रय लेकर ही यहाँ हैं। सबका केन्द्र–बिन्दु यही टेकड़ी है। यदि टेकड़ी पर रह कर ही साधना करने की बात करो तो यहाँ भी अदृश्य रूप में कुछ साधक समाधिरत हैं जो तुम्हें दिखाई नहीं देते। अब तुम यहाँ आ गये हो, तो एक प्रकट साधक भी यहाँ उपस्थित हो गया है।

इतनी वार्ता करके महापुरुष तो अदृश्य हो गये किन्तु भर्तृहरि को उनकी बात से महान आश्चर्य हुआ। अब तक अपने आपको टेकड़ी अकेला साधक ही समझता आया था। उनकी दृष्टि इधर–उधर सब जगह साधकों को ढूंढ़ने लगी, किन्तु भौतिक नेत्रों से उन्हें देख पाना कहाँ संभव था? परन्तु उनकी उपस्थिति का आभास अवश्य होने लगा।

महापुरुष के अदृश्य हो जाने के कुछ देर बाद भर्तृहरि ध्यान में बैठने का प्रयत्न करने लगे किन्तु उस समय तो उनमें पूर्व स्मृतियों का प्रवाह उमड़ रहा था। उन्हें वह समय याद आने लगा जब वे पिंगला पर उनके भाई द्वारा

दुश्चरित्रता के आक्षेप पर, अपने भाई विक्रमादित्य पर क्रुद्ध हो गये थे। उस बात को स्मरण कर उन्हें अपने-आप पर क्रोध आ रहा था। उनमें अनित्य तथा मिथ्या जगत् के प्रति वैराग्य का भाव बढ़ने लगा था। वह वृक्षों के फल खाकर ही प्रसन्न थे। यदि कभी फल न मिलें तो वे वृक्षों के पत्ते खाकर ही निर्वाह कर लेते थे। एक भूतपूर्व महाराजा अब योगीराज बनने के लिए तीव्र गति से अग्रसर हो रहा था। उनका शरीर कृश होता जा रहा था किन्तु मानसिक बल दिनोदिन वृद्धि पर था, साधना का क्रम निरन्तर चल रहा था।

भर्तृहरि में पश्चात्ताप के भाव बार-बार उदय हो उठते थे, "हम विषय-भोग के लिए जीवन भर भागते फिरे, उन्हे प्राप्त करने के लिए हमने क्या-क्या न किया, किन्तु फिर भी हम भोग न सके, विषयों ने ही हमें भोग कर समाप्त कर दिया। हमने कई बार तपस्या करने का प्रयास किया किन्तु नहीं कर पाए। हम दुखों की भीषण अग्नि में जीवन भर तपते रहे। हम समझते रहे कि काल व्यतीत हो रहा है किन्तु काल का क्रम अखण्ड गति से चलता रहा, मेरा जीवन ही व्यतीत होता गया। मैंने तृष्णापूर्ति का अनथक प्रयास किया किन्तु फिर भी तृष्णा समाप्त नहीं हुई, हम समाप्त हो गये। यह कैसा विचित्र खेल है कि मनुष्य साधना के लिए जगत् में आता है, पर विषयों में उलझ कर रह जाता है। अमृत त्याग विषपान की ओर आकर्षित हो जाता है।"

"यदि कभी किसी ने हमारे साथ अन्याय या अत्याचार किया तो हमने उसे कभी मन से क्षमा नहीं किया। किसी असमर्थता, विवशता या अन्य किसी अपरिहार्य कारण से क्षमा अवश्य कर दिया। हमने गृहस्थ जीवन का त्याग किया किन्तु इसलिए नहीं कि हमारा मन सन्तुष्ट था अपितु अपनी बुद्धि की दरिद्रता के कारण। हमने शीत तथा गरमी के कष्टों को तो सहन किया किन्तु तपस्या के कष्ट सहन करने से सदैव कतराते रहे। ध्यान तो हमने अवश्य किया किन्तु धन का ही। कर्म तो हमने भी सब वही किये जो मुनियों ने किये थे किन्तु वैसा फल प्राप्त न हो सका।"

"प्रतिदिन सूर्य के उदय तथा अस्त होने के साथ ही जीव की आयु भी कम होती जाती है। सांसारिक प्रपंचों, व्यर्थ के कार्यों, अनावश्यक वाद-विवादों, अभिमान तथा मोह के प्रदर्शनों और विषयों के भोग में ही सारा जीवन व्यतीत हो जाता है। जन्म, बुढ़ापे तथा मृत्यु को जगत् में सर्वत्र ताण्डव करते देख कर भी मन भयभीत नहीं होता। अतः ऐसा ज्ञात होता है कि सारा

संसार ही अज्ञान–प्रमादमय मदिरा का पान कर, उन्मत्त हाथी के समान मस्त हो गया है।"

नाथ सम्प्रदाय में बड़े त्यागी, तपस्वी महापुरुष हुए हैं। शक्तिपात का सबसे अधिक विकास भी इसी सम्प्रदाय में हुआ और सबसे अधिक सिद्धपुरुष भी इसी पन्थ में हुए। भर्तृहरि वैराग्य से पूर्णतया अभिभूत थे, एकान्त सेवी थे, शक्तिपात से सम्पन्न थे, साधन में निरन्तर रत थे। टेकड़ी पर उन्हें भगवती की कृपा तथा चेतनता का सान्निध्य तथा आशीर्वाद प्राप्त हो गये। बड़ीशीघ्रता पूर्वक अध्यात्म की सीढ़ियाँ चढ़ते चले गये एवं चैतन्य के आकाश में सूर्य बन कर चमके। उनकी चरण धूल को वर्षा का जल धोकर बहा ले जा सकता है किन्तु उनके द्वारा प्रसारित सूक्ष्म तरंगें आज भी इस टेकड़ी तथा इसके आस–पास के वातावरण को प्रभावित करती हैं। संभव है कि संसारी मनुष्य उन तरंगों के प्रभाव को ग्रहण करने में असमर्थ हो, किन्तु जो थोड़ा भी सात्विक–वृत्ति मनुष्य है और जिसकी अध्यात्म में कुछ लगन है, वह इन तरंगों के प्रभाव से अपने आपको अछूता नहीं रख सकता। तरंगें वर्षों तक अपना अस्तित्व बनाए रखती हैं।

भर्तृहरि ऐसे आध्यात्मिक वीर पुरुष थे जो हर समय घोड़े पर सवार, तलवार उठाए, हर समय अंतर–असुरों के संहार के लिए तत्पर थे। वह ऐसी स्फटिक मणि के समान थे जिसकी प्रसारित आध्यात्मिक रश्मियों को आज भी समेटा नहीं जा सकता है। वह ऐसे अलौकिक महापुरुष हैं जिनका संसार में आगमन नीति एवं साधना की मर्यादाएं स्थापित करने के लिए होता है। उन्होंने अपने–आप को अधिकाधिक अप्रकट करते हुए जो कार्य किया वह संसार में सदैव प्रकट है। उनके द्वारा किया गया आचरण और साधन, उनके हृदय का मातेश्वरी के प्रति समर्पण, उनका तप एवं त्याग, उनके द्वारा रचित साहित्य आज भी अनेकानेक साधकों के लिए अनुकरणीय आदर्श है।

भर्तृहरि पाण्डित्य से परिपूर्ण थे। विधि–विधान सहित शुद्ध किन्तु भाव–प्रधान जप करते थे। फिर वह जप करने वाले थे भी कहाँ? उनका जप भी भगवती का क्रियारूप ही था। कई बार क्रियाओं के आवेश में जप भूल जाते थे। वह भगवती के चरणों के सच्चे तथा अनन्य प्रेमी थे। उन्हें जप में गिनती का रखना न अभीष्ट था और न ही रख पाते थे। गिनती व्यापार में होती है। सच्चे साधक का जप तो श्वास–प्रश्वास में चलता है।

तिब्बत वृत्तान्त

एक दिन भर्तृहरि गुफा के बाहर बैठे थे। वातावरण में थोड़ी ठण्डक थी, धूप अच्छी लग रही थी, सहसा एक महापुरुष प्रकट हो गये। भर्तृहरि ने पहले कभी उन्हें नहीं देखा था। गौर वर्ण, केवल कौपीन धारण किये हुए, हाथ में कमण्डलु, मुख पर अलौकिक तेज। देखने में युवा लगते थे किन्तु सिर के बाल तथा दाढ़ी सफेद थी। भर्तृहरि ने प्रणाम किया, तो आशीर्वाद देकर वे एक पाषाण-शिला पर बैठ गये।

भर्तृहरि-क्या आप यहाँ पहली बार पधारे हैं? इससे पहले कभी आप को देखा नहीं।

महापुरुष- आया तो मैं कई बार हूँ किन्तु अब की बार लम्बे अन्तराल के पश्चात् आया हूँ। तुम्हें मैं यहाँ पहली बार देख रहा हूँ।

भर्तृहरि-क्या आप यहीं कहीं आस-पास रहते हैं?

महापुरुष-आस-पास तो नहीं रहता (फिर कुछ ठहर कर), तुमने मुझे पहचाना नहीं। पहचान सकते भी नहीं। पूर्व जन्म की स्मृतियां कहाँ याद रहती हैं। पिछले जन्म में तुमने मुझसे शक्तिपात की दीक्षा ली थी तथा तिब्बत में मेरे आश्रम में रह कर साधना करते थे।

यह सुन कर भर्तृहरि आश्चर्यचकित रह गये। कुछ देर तो उन्हें सूझ ही नहीं पड़ी कि क्या कहें? फिर उठ कर गुरुदेव के चरणों पर माथा रख दिया तथा कुछ देर वैसे ही पड़े रहे। फिर दोनों हाथ जोड़ कर इस प्रकार बोले, "क्या आप तिब्बत में रहते हैं?"

महापुरुष-हाँ! मैं वहीं से आ रहा हूँ। हम लोग प्रायः समाधि में रहते हैं। जब कभी जाग्रत अवस्था में आते हैं तो भारत में माता तथा शंकर के विभिन्न स्थानों के दर्शन करने यहाँ चले आते हैं। यहाँ का स्थान भी हमारी सूची में है। अबकी बार जब मैं समाधि से उठा तो तुम्हारी जानकारी प्राप्त करने के लिए मैंने ध्यान लगाया। तब ज्ञात हुआ कि तुम इस समय उज्जैन के समीप चामुण्डा माता जी की टेकड़ी पर विरक्त जीवन व्यतीत कर रहे हो। मुझे तुम्हारे विषय में सारी बातों का पता चल चुका है कि तुम कभी उज्जैन के राजा थे। फिर तुम्हें अपनी पत्नी के दुर्व्यवहार के कारण वैराग्य जाग्रत हुआ और तुम विरक्त हो गये। किन्तु यह जो कुछ भी हुआ पूर्व नियोजित था। इसमें न तुम्हारी पत्नी का कोई दोष है और न ही उसके प्रेमी का।

तुम्हारे अपने संस्कार ही उसमें कारण थे। उन्हें क्षीण करने के लिए ही भगवती ने इस नाटक की रचना की।

तुम जन्म-जन्मान्तर के योगी हो। मन की किसी भटकन के कारण तुम्हें यहाँ आकर यह अनुभव प्राप्त करने पड़े। तुम्हारा पूर्व जन्म का शरीर अभी तक हमारे आश्रम में सुरक्षित है तथा तुम्हारे लौटने की प्रतीक्षा कर रहा है।

यह सुन कर भर्तृहरि का सिर घूम गया। यद्यपि महापुरुष ने उन के अतीत का हाल कह सुनाया था किन्तु फिर भी उनका मन पूरी तरह निशंक नहीं हो पाया था। क्या पता इधर-उधर से सुन कर पता लगा लिया हो, किन्तु महापुरुष के अधर में से प्रकट हो जाने से यह बात निश्चित थी कि यह कोई साधारण पुरुष नहीं हैं। फिर भी भर्तृहरि ने पूछ ही लिया, "आपकी भाषा तथा आकृति से यह स्पष्ट है कि आप भारतीय हैं जबकि आप कह रहे हैं कि आप तिब्बत से आए हैं।"

महापुरुष-हाँ! मैं भारतीय ही हूँ, बिहार का, किन्तु दैव ने मुझे उठा कर तिब्बत में रख दिया। अब मैं तिब्बती हूँ।

भर्तृहरि-क्या वहाँ और भी कोई भारतीय महापुरुष हैं?

महापुरुष-और भी हैं, कुछ नेपाली हैं, कुछ भूटानी हैं। कुछ महापुरुष तो यूरोपीय देशों के हैं।

भर्तृहरि-आपने कहा कि मेरा पूर्व जन्म का शरीर अभी तक आपके आश्रम में सुरक्षित रखा है।

महापुरुष-"पूर्व जन्म तो कहने की बात है अन्यथा तुम्हारा पिछला जीवन अभी तक भी चल रहा है। यह शरीर तो तुमने केवल प्रारब्ध भोग को समाप्त करने के लिए धारण किया है। तुम्हारा जीवन प्रवाह अभी तक भी उसी शरीर के माध्यम से गतिशील है। हमें पता है कि तुम अभी मरे नहीं हो, इसलिए तुम्हारे शरीर को सुरक्षित रखा है।"

भर्तृहरि-क्या कोई ऐसा उपाय है कि मैं अपने सुरक्षित रखे शरीर को देख सकूं!

महापुरुष-क्यों नहीं! अवश्य है। जब तुम ध्यान में बैठोगे तो हमारा आश्रम तथा तुम्हारा शरीर दिखाई दे जाएगा।

इतना कह कर महापुरुष जाने के लिए तैयार हुए तो भर्तृहरि ने कहा,

"आपने कहा कि पूर्व जन्म में आपने मुझे शक्तिपात की दीक्षा दी थी तो इस जन्म की दीक्षा क्या थी ?"

महापुरुष-वह इस जन्म का व्यवहार था अन्यथा तुम्हारी दीक्षा तो पूर्व जन्म में ही हो चुकी थी। तुम्हारी शक्ति जन्म से ही जाग्रत थी। इसी प्रकार तुम क्या समझते हो कि पत्नी के व्यवहार के कारण तुम्हें वैराग्य हुआ? तुम तो जन्म-जन्म के वैरागी थे। तुम्हारी पत्नी का व्यवहार तुम्हारे प्रसुप्त वैराग्य की जाग्रति का कारण था। यदि तुम्हारे मन में वैराग्य नहीं होता तो तुम अपनी पत्नी को सूली पर चढ़ा देते। तलवार से उसका गला काट देते, उस प्रेमी को हाथी के पांव के नीचे डाल देते। फिर चाहे विरक्त होकर घर से निकल जाते किन्तु तब केवल कारण-वैराग्य होता।

भर्तृहरि-गुरुदेव! अब कब दर्शन होंगे?

महापुरुष-संभवतः तुम्हारे इस जीवन में नहीं क्योंकि यहाँ से जाने के पश्चात् मैं दीर्घकालीन समाधि में चला जाऊंगा। इस शरीर की आयु भोग कर तुम वापिस हमारे आश्रम में आओगे तथा अपने शरीर में प्रवेश करोगे, तो वह शरीर जीवित हो उठेगा। तब तुम्हें मेरी समाधि खुलने की प्रतीक्षा करनी पड़ेगी।

भर्तृहरि-अच्छा। यह बतलाने की कृपा करें कि मैं आपके संपर्क में कैसे आया?

महापुरुष-यह सारी बातें तुम्हें ध्यान में ज्ञात हो जाएँगी।

भर्तृहरि का मन था कि महापुरुष से बातें करते ही रहें किन्तु महापुरुष को संभवतः जल्दी थी, इसलिए वह अदृश्य हो गये।

भर्तृहरि विचार-सागर में डूब गये। उनके लिए यह सभी बातें आश्चर्यजनक थीं। कहाँ तिब्बत के आश्रम में साधन तथा कहाँ यहाँ पर माताजी की टेकड़ी।

महापुरुष तो चले गये पर भर्तृहरि के मन में पूर्व जन्म का अपना शरीर देखने का भाव बार-बार तरंगित होने लगा। वह शीघ्रतापूर्वक गुफा में जाकर ध्यान लगाने का प्रयत्न करने लगे, किन्तु उस दिन ध्यान नहीं लग रहा था, संभवतः मन की कौतूहलता कारण थी। कोई एक सप्ताह तक वह दिन में कई-कई बार इसके लिए प्रयत्न करते थे, किन्तु हर बार विफल रहते थे। एक दिन गुफा के बाहर टहलते हुए एक पत्थर पर बैठ गये कि अनायास ही ध्यान की अवस्था में खो गये। उस समय वह पूर्णतया बाह्य ज्ञान विहीन थे।

ध्यान की अवस्था में उन्होंने अपने-आप को किसी पहाड़ी प्रदेश के सघन वन में पाया। कुछ देर इधर-उधर भटकते रहे फिर एक अत्यन्त दुर्गम चढ़ाई चढ़ने लगे। कोई रास्ता तो बना हुआ था नहीं, वृक्षों-झाड़ियों के बीच में से हो कर निकलते जा रहे थे। आस-पास के पहाड़ काफी ऊंचे निकले हुए थे जिन पर पड़ी बरफ सूर्य के प्रकाश में चांदी की तरह चमक रही थी। कहीं-कहीं ऐसा स्थान आ जाता था जहाँ दोनों ओर अत्यन्त गहरी खाई थी। किन्तु उस समय उन्हें चढ़ने की ही धुन सवार थी। बरफानी हवाओं में भी पसीना-पसीना हो रहे थे। ऊपर गये तो उन्हें थोड़ी समतल भूमि दिखाई दी। उन्हें ऐसा प्रतीत हुआ कि यही है उनके गुरुदेव का आश्रम, किन्तु यहाँ कोई आश्रम तो दिखाई दे नहीं रहा था। थोड़ा और आगे गये तो एक महापुरुष मिले, "आपका स्वागत है। आपको लगभग चालीस वर्ष यहाँ से गये हुए हो गये। अब पहली बार अपने शरीर को देखने आए हैं, चलिए।"

भर्तृहरि उस महापुरुष के साथ हो लिए। वे सोचते जा रहे थे कि यदि वह शरीर मेरा है तो जो शरीर मैंने ओढ़ रखा है, वह किसका है। महापुरुष को जैसे भर्तृहरि के मन की बात ज्ञात हो गयी, बोले, "वैसे तो न यह शरीर आपका है, न वह शरीर आपका है। आपका सूक्ष्म शरीर, यहाँ रखे हुए स्थूल शरीर को छोड़ कर, दूसरे गर्भ में प्रवेश कर गया था। जिसके जन्म के परिणामस्वरूप आपको यह शरीर दिखाई दे रहा है। हमें पता था कि आप का पहला शरीर मरा नहीं है, एक दिन आप पुनः लौट आएंगे इसलिए गुरुदेव की आज्ञानुसार आपके शरीर को सुरक्षित कर दिया।

बातें करते-करते दोनों पहाड़ों के नीचे तक आ पहुँचे। पहाड़ों में छोटी-छोटी कई गुफाएं थीं जिनमें साधक निवास कर समाधि का आनन्द लेते थे। समीप पहुँच कर महापुरुष ने कहा, "यही है गुरुदेव का आश्रम।"

भर्तृहरि-आप लोगों के भोजन की क्या व्यवस्था है?

महापुरुष-भोजन की चिन्ता योगियों को नहीं होती, संसारियों को होती है। प्रथम तो वह अपने शरीर की आवश्यकता की पूर्ति पांच भौतिक तत्त्वों से सीधे ही कर लेते हैं। यदि उनकी अन्य कभी कुछ इच्छा होती है तो भगवान उसे पूरी कर देते हैं।

भर्तृहरि-यहाँ सभी साधक भारतीय ही हैं?

महापुरुष–अधिकतर भारतीय ही हैं, कुछ यहाँ के मूल निवासी भी हैं, किन्तु गुरुदेव या आश्रम का कोई अन्य साधक भारतीय या तिब्बती में किसी प्रकार का भेद–भाव नहीं करता। सभी धरती की संतान हैं तथा मानव हैं। मनुष्य में विभाजन करने का भाव सांसारिक कल्पना है जो धर्म, जाति, देश तथा संस्कृति की दीवारें खड़ी कर देती है।

भर्तृहरि–क्या मैं गुरुदेव के दर्शन कर सकता हूँ?

महापुरुष–नहीं! वह दो दिन पूर्व ही दीर्घकालीन समाधि में चले गये हैं। अब किसी को उनकी कुटिया के पास जाने की भी अनुमति नहीं। दूर से ही आपको गुफा के दर्शन करा सकता हूँ। वह देखो जहाँ लाल–लाल पत्थर दिखाई दे रहे हैं, वही गुरुदेव की गुफा का द्वार है। अब आओ! मेरे पीछे। आपका शरीर दिखाता हूँ।

भर्तृहरि पीछे–पीछे हो लिए। थोड़ी ही दूर गये होंगे कि महापुरुष एक गुफा में प्रवेश कर गये। भर्तृहरि भी पीछे ही थे। गुफा में अंधेरा था। किसी प्रकार दोनों टटोलते हुए चल रहे थे। गुफा अधिक लम्बी नहीं थी। अंदर एक चौकोर कमरा जैसा था जिसमें एक दीपक जल रहा था। उसके प्रकाश में कमरे के बीचोबीच एक शरीर पड़ा था, सीधा लेटे हुए, कौपीन धारण किये। भर्तृहरि उस शरीर के पास बैठ कर उसे निहारने लगे।

भर्तृहरि–(कुछ देर के पश्चात्) किन्तु मैं यह सब भूल कैसे गया? मुझे कुछ भी याद नहीं।

महापुरुष–जब आपका जन्म हुआ था, तब आपको सब याद था, किन्तु आयु बढ़ने के साथ दृश्यमान जगत् के प्रति लक्ष्य तथा आसक्ति बढ़ती गयी तथा पिछला सब कुछ भूलता गया। जब जगत् से वैराग्य हुआ तो वैराग्य बढ़ने के साथ पूर्व स्मृतियां जाग्रत होती गईं। फिर गुरुदेव मिल गये।

दोनों गुफा से बाहर आकर जमीन पर बैठ गये थे।

भर्तृहरि–आप लोग यहाँ कितना आनन्द ले रहे हैं। प्रकृति की ऐसी कृपा तथा साधन की ऐसी सुविधा। अंदर–बाहर आनन्द।

महापुरुष–आप भी इस आनन्द–लोक के ही निवासी हैं फिर जहाँ चामुण्डा माताजी की पहाड़ी पर आप रह रहे हैं वह क्या कम है? वहाँ तो भगवती के कृपा–चरण प्रकट हैं। यहाँ भी आनन्द ले रहे थे, वहाँ भी आनन्द ले रहे हैं। फिर आपको लौट के यहीं तो आना है।

भर्तृहरि का ध्यान भंग हो गया। देखा तो एक पत्थर पर सिर नीचा किये बैठे थे। अभी तक भी ध्यान वाली घटना का नशा उतरा नहीं था। सोचने लगे, "ऐसा आनन्ददायक वातावरण तथा साधन छोड़ कर मैं इस दुखमय संसार में क्यों आकर फँस गया। क्या आवश्यकता थी किसी गर्भ में प्रवेश करने की? यहाँ आकर स्त्री की बेवफाई ही देखने को मिली। संभवतः प्रारब्ध ऐसा ही था।"

महाराजा विक्रमादित्य

महाराजा विक्रमादित्य को जब पता चला कि भर्तृहरि चामुण्डा माताजी की टेकड़ी पर साधनारत हैं तो एक दिन उन्होंने उधर जाने का कार्यक्रम बना लिया। वे चक्रवर्ती राजा थे। जब चलते थे तो छत्र, सेना, हाथी, घोड़े, दास-दासियां तथा मंत्रीगण भी साथ रहते थे। जब पहाड़ी कोई तीन-चार मील रह गयी तो महाराजा हाथी से नीचे उतर गये। सबको संबोधित कर कहने लगे, "भर्तृहरि हमारे ज्येष्ठ भ्राता तो हैं ही, किन्तु इस समय वह परम तपस्वी, वैरागी तथा योगी हैं। इसलिए यहाँ से हम अकेले ही पैदल जायेंगे। हमारे साथ केवल महारानी होंगी। आप सब लोग यहीं विश्राम करें।"

स्थानीय लोगों ने मिल कर पहाड़ी पर चढ़ने के लिए पगडंडी का एक रास्ता बना दिया था। कांटेदार झाड़ियों में उलझते तथा ठोकरें खाते हुए महाराजा तथा महारानी शिखर तक पहुँच गये। देखा तो भर्तृहरि गुफा के सामने जमीन पर सोए हुए थे। कौपीन पहने, सिर के नीचे एक पत्थर रखे, केवल एक अकेले, न कोई उत्तरदायित्व, न किसी बात का भय। महाराजा का मन भर आया। सोचा, कल तक जो महाराजा था, गले में मोतियों के हार तथा सिर पर मुकुट शोभा पाते थे, जिसके आदेश की प्रतीक्षा में दास-दासियों की सेना हाथ बांधे उपस्थित रहती थी, वह आज खाली जमीन पर, धूल-धूसरित अकेला नंग-धड़ंग पड़ा है।" फिर विचार आया, "उन्होंने यह सब स्वयं ही तो त्याग दिया है। इन सब में दुःख ही दुःख है। जिसने इस बात को समझ लिया है वह इन सबके पीछे नहीं भागता। आज ये राजाओं के भी महाराजा हैं। संसार के सभी वैभव इन चरणों की धूल के समान हैं। धन्य है यह जीवन।"

महाराजा भर्तृहरि के जागने की प्रतीक्षा में वे एक पत्थर पर बैठ गये। कुछ देर के पश्चात् जब भर्तृहरि जागे तो अपने भाई को पत्थर पर बैठे देखा। महाराजा विक्रमादित्य ने साष्टांग प्रणाम किया।

भर्तृहरि–विक्रम! तुम्हारे परिवार तथा राज्य में सब मंगल है न।

विक्रमादित्य–आप की कृपा से सभी मंगल है किन्तु आप यहाँ बहुत कष्टमय जीवन समय व्यतीत कर रहे हैं।

भर्तृहरि–मुझे यहाँ से जो सुख प्राप्त है वह तुम्हारी कल्पना के बाहर है। तुम जगत् की मिथ्या सुविधाओं के अभाव को कष्ट मान रहे हो किन्तु यह बताओ कि संसार में इन सुविधाओं से किसको सुख प्राप्त हुआ है। जगत् के संचय में सुख नहीं, जगत् के त्याग में सुख है। सारा जगत् विषयों का दीवाना है। किन्तु यदि विषय प्राप्त हो भी जायें तो दुख का ही कारण बनते हैं।

विक्रमादित्य–यदि आपकी अनुमति हो तो यहाँ एक पक्की कुटिया बनवा दी जाय तथा आपके भोजन की कुछ व्यवस्था कर दी जाए।

भर्तृहरि–इसकी आवश्यकता नहीं। गुफा में भगवती के चरणों का सुख त्याग कर एक पक्की कुटिया का लोभ करूं, यह उचित नहीं। जहाँ तक भोजन व्यवस्था का प्रश्न है तो वृक्षों पर भगवान ने विभिन्न फलों के रूप में हमारी उदर पूर्ति की व्यवस्था, हमारे यहाँ आने से पहले ही कर रखी है। किसी दूसरी व्यवस्था का अर्थ भगवान की व्यवस्था का अनादर करना होगा। भगवान का आश्रय छोड़ कर अन्य किसी का आश्रय क्यों लूं!

विक्रमादित्य–ऐसा त्याग मुझे कब प्राप्त होगा?

भर्तृहरि–तुम्हारे त्याग का स्वरूप मेरे त्याग से भिन्न है। हमने सब का त्याग किया है, तुम संसार में रहते हुए संसार का त्याग कर रहे हो। यदि देखा जाय तो तुम्हारा त्याग कहीं अधिक कठिन है। प्रजा की निःस्वार्थ भाव से सेवा तुम्हारा तप है। सबके अपने-अपने संस्कार हैं।

विक्रमादित्य–आज तो मैं बिना आपकी अनुमति लिए आ गया। भविष्य के लिए आपका क्या आदेश है?

भर्तृहरि–वैसे तो सबका सदैव स्वागत है किन्तु इस बात का ध्यान रखा जाय तो उत्तम है कि लोगों के अधिक आने से हमारे कार्य में विघ्न पड़ता है, भाव खण्डित हो जाता है, लक्ष्य बहिर्मुखी हो जाता है।

विक्रमादित्य–मैं समझ गया। मार्गदर्शन के लिए धन्यवाद!

महाराजा तथा महारानी प्रणाम कर के चल दिए।

तिब्बत प्रकरण पुष्टि

अब धीरे-धीरे भर्तृहरि को अपनी अवस्था का भाव जाग्रत होता जा रहा था। वह चामुण्डा माताजी की टेकड़ी पर रहते हुए भी मानसिक रूप में अधिकांशत: तिब्बत के उच्च दुर्गम शिखरों पर ही निवास करते थे। उन की आखों के सामने गुरुदेव के आश्रम की गुफाएं घूमती रहती थीं। कभी आश्रम में मिले महापुरुष का स्मरण बना रहता तो कभी पृथ्वी पर पड़ा अपना मृतवत् शरीर दिखाई देने लगता था। किन्तु आश्चर्य की बात यह थी कि तिब्बत में भी उन्हें चामुण्डा माता की शक्ति ही सर्वत्र प्रसरित होती अनुभव होती थी। मन में माताजी को विराजमान करके, वह मानसिक लोक में विचरण करते रहते थे।

एक दिन एक अदृश्य महापुरुष, जो पहले भी माताजी की टेकड़ी पर कई बार आ चुके थे, भर्तृहरि के सामने प्रकट हुए। जब भर्तृहरि ने उन्हें अपने गुरुदेव के विषय में बताया तो कहने लगे, "हम तो पहले से ही इस बात से अवगत थे कि तुम एक महान योगी हो तथा अपने पार्थिव शरीर को तिब्बत के एक आश्रम में त्याग कर, भर्तृहरि के रूप में अपने कर्म-भोगने तथा साधना करने में तत्पर हो। जिस प्रकार तिब्बत के अदृश्य महापुरुष कई बार भ्रमण करते हुए भारत आ जाते हैं, उसी प्रकार हम लोग भी कई बार घूमते हुए तिब्बत तथा अन्य देशों में चले जाते हैं। हम तुम्हारे गुरुदेव के आश्रम में भी दो-एक बार हो आए हैं तथा वहाँ रखा हुआ तुम्हारा स्थूल शरीर भी देख आए हैं।"

यह सुन कर भर्तृहरि चौंक उठे। उन्हें यह बात समझ आ गयी कि यह सभी अनुभव उनके मन की कल्पना मात्र नहीं थे वरन् तथ्य पर आधारित थे। फिर भी मन में रही थोड़ी-सी शंका की निवृत्ति के लिए उन्होंने प्रश्न किया, "गुरुदेव का आश्रम कैसा है?"

महापुरुष-आश्रम क्या है? यहाँ-वहाँ छितरी पहाड़ी गुफाओं का समूह मात्र है। एक गुफा में तुम्हारा शरीर रखा है। साधक अपनी-अपनी गुफा में समाधि में लीन हैं। आने-जाने वाला कोई नहीं।

भर्तृहरि-यदि जाना चाहे तो कोई भी वहाँ जा सकता है?

महापुरुष–नहीं। जिसे वह चाहें वही वहाँ जा सकता है? अन्यथा वहाँ जाकर भी आश्रम दिखाई नहीं देता क्योंकि वह भौतिक नहीं है, भौतिक के आधार पर सूक्ष्म है।

भर्तृहरि–क्या वहाँ मेरे शरीर के अतिरिक्त अन्य किसी का शरीर भी रखा है?

महापुरुष–हाँ! एक शरीर और है जो तुम्हारे शरीर से भी बहुत पहले का रखा है। तुम उसको जानते हो किन्तु इस समय भूल गये हो।

भर्तृहरि–साधक की ऐसी अवस्था कैसे आ सकती है कि वह किसी ऐसे आश्रम में प्रवेश पा सके तथा वहाँ रह सके।

महापुरुष–यह अवस्था निरन्तर साधन करते–करते आ सकती है किन्तु सामान्यतया साधक के साथ कठिनाई यह होती है कि वह साधन के प्रति तन–मन से समर्पित नहीं हो पाता। संसार के संस्कार इतने प्रबल होते हैं कि साधन क्षेत्र में प्रवेश करने के उपरान्त भी साधक के चित्त पर उनका प्रभाव कम नहीं होता। साधकों में ईर्ष्या, रागद्वेष, लोकेषणा, क्रोध आदि विकार संसारी लोगों की अपेक्षा भी अधिक होते हैं। साधन–पथ जीवित रहते हुए मृत्यु को प्राप्त करने का पथ है तभी शाश्वत जीवन का मार्ग खुलता है। किन्तु वासना यह सब करने नहीं देती। ऐसे आश्रम उन लोगों के लिए होते हैं जिनके अन्तर से संसार बहुत कुछ निकल चुका है। अनेक महापुरुष ऐसे भी हैं जो किसी आश्रम की भी आवश्यकता नहीं समझते। वह अकेले ही कहीं रह कर साधनरत रहते हैं या भ्रमण करते रहते हैं।

इतना कह कर महापुरुष ने भर्तृहरि से विदा ली तथा अदृश्य हो गये। मैंने महाराजश्री से कहा, "इसका अर्थ यह हुआ कि भर्तृहरि ने इसी जीवन में सभी आध्यात्मिक लाभ प्राप्त नहीं किये थे अपितु उसके पीछे उनकी जन्म-जन्मान्तर की, की हुई साधना थी।"

महाराजश्री–इस में क्या शंका है? साधना एक ऐसा क्रम है जो एक जन्म के पश्चात् अगले जन्म में भी चलता रहता है। बीच–बीच में साधक में, साधना के प्रति उदासीनता भी उदय होती रहती है जो उसे संसार के मिथ्या भोगों की ओर धकेलती है जैसा कि भर्तृहरि के साथ हुआ था। फिर किसी कारण उसे ठोकर लगती है तो पुनः संभल जाता है। भर्तृहरि भी कई बार गिरे, कई बार संभले। अनेक जन्मों तक यह क्रम चलता रहा।

अन्ततः वह अदृश्य महापुरुषों के आश्रमों तक पहुँच पाने में सफल हो गये। किन्तु वहाँ भी उनके संस्कारों ने उनका पीछा नहीं छोड़ा और पुनः वह अपने शरीर को वहीं छोड़ कर, भर्तृहरि के रूप में उज्जैन के राज परिवार में प्रकट हुए। यदि इस प्रकार देखा जाय तो जगत् के सभी अध्यात्म-पथ के पथिक हैं। हम साधन-सम्पन्न व्यक्तियों को तो आध्यात्मिक मान लेते हैं किन्तु आध्यात्मिक विमुख लोगों को देख कर उन्हें हेय समझते हैं किन्तु अध्यात्म से ऐसे उदासीन लोग, अध्यात्म की किस ऊंचाई से गिरे हैं तथा भविष्य में किस ऊंचाई को छूयेंगे, हम नहीं जानते। हो सकता है कि उन्हें हेय समझने वालों से वह आगे हों। जो आज आध्यात्मिक हैं, कौन जानता है कि आगे चल कर उन्हें, उनके संस्कार, कौन से गर्त में धकेल देंगे। जिन भर्तृहरि की संसार आज पूजा करता है कभी वह पिंगला पर अत्यधिक आसक्त थे, राग-रंग में मस्त, राजकाज से लापरवाह राजा थे। उस समय के भर्तृहरि की कौन पूजा करेगा। किन्तु किसे पता था कि यह विषयासक्त राजा जन्म-जन्मान्तर का योगी है तथा इसका शरीर तिब्बत के एक आश्रम में सुरक्षित रखा है।

फिर भर्तृहरि के संस्कार बदले, स्त्री की बेवफाई के रूप में एक ठोकर लगी, जिसने पुनः उन्हें अध्यात्म-पथ पर ला खड़ा किया। कबीर ने कहा है, 'युगन युगन हम योगी'। हम एक दिन के योगी नहीं हैं। प्रत्येक जीव युग-युगान्तरों से योगी चला आ रहा है। प्रत्येक जीव की अन्तरात्मा तो सदैव योग में ही स्थित रहती है। अतः हरि-विमुखों से भी घृणा मत करो।

मैंने कहा-किन्तु मनुष्य का अभिमान किसी से घृणा तथा किसी से द्वेष की ओर प्रेरित करता रहता है।

महाराजश्री-अभिमान ही तो सभी विकारों की जड़ है अभिमान हटाने के लिए ही साधना की आवश्यकता है। इसी के लिए तपस्वी वन में जा कर तप तपते हैं किन्तु अभिमान बढ़ता ही जाता है। यह एक भयंकर रोग है। कितना भी उपचार करो कम होने में नहीं आता। अभिमान को तोड़ने के लिए समर्पण पर बल दिया जाता है। अभिमान को एक ओर करके ही कोई समर्पण कर पाता है।

भर्तृहरि के समीप उनकी पत्नी अब क्रोध तथा घृणा की अधिकारिणी न रह कर, दया की पात्र थी। उनका सिर पिंगला के प्रति आभार से झुक जाता, जिस की एक ठोकर ने उनके सोए वैराग्य को जगा दिया था।

पिंगला अब उनकी माता के समान थी तथा माता के चरण-स्पर्श करने में कोई आपत्ति नहीं। वह मन-ही-मन पिंगला को प्रणाम करते। उसकी बेवफाई से ही मैं पुनः अध्यात्म की ओर मुड़कर, आज यहाँ चामुण्डा के चरणों में पड़ा हूँ तथा जहाँ मुझे गुरुदेव के पुनः दर्शन प्राप्त हुए और मैं अपनी पूर्व जन्म की भूली स्मृतियों को स्मरण कर सका। हे पिंगला! तुम्हारा धन्यवाद। तुम्हारी जय हो।

भर्तृहरि गुफा में चामुण्डा के चरणों में बैठे प्रार्थना करते रहते, "हे मां, गुरुदेव के रूप में तुम समाधि लगा कर बैठ गयीं। अब तो गुरुदेव की गुफा के दर्शन भी दूर से ही होते हैं पास जाने की भी अनुमति नहीं, किन्तु वह तो कई स्वरूपों में से तेरा एक स्वरूप है। बाकी के स्वरूपों में तुम अपने भक्तों की प्रार्थना सुनती हो। उन पर कृपा करती हो। हे मां। मैं भी तेरा चरणरज सेवक हूँ। गुरुदेव से मेरा मिलना सुलभ करो मां। तुम्हारे लिए कुछ भी कर पाना कठिन नहीं।"

भर्तृहरि को ऐसे लगा जैसे मां कह रही हों, "वत्स! मैं तुम्हारी पीड़ा समझती हूँ। तुम्हारे गुरुदेव दीर्घकालीन समाधि में हैं, इसलिए शारीरिक रूप में उनका सान्निध्य जीवन-काल में असंभव है किन्तु हाँ! ध्यान की अवस्था में उनका दर्शन अवश्य हो सकता है।" इस से भर्तृहरि के मन को काफी सन्तोष हुआ।

अब भर्तृहरि उस दिन की प्रतीक्षा करने लगे थे जब उनको ध्यान में गुरुदेव के दर्शन होंगे। प्रतीक्षा में कई दिन निकल गये। प्रतिदिन वे इसी आशा से ध्यान में बैठते थे किन्तु निराश मन लेकर ध्यान से उठते थे। एक दिन बैठे तो ध्यान की प्रगाढ़ अवस्था में चले गये। उनके गुरुदेव उनके सामने थे। भर्तृहरि ने कहा, "गुरुदेव! मैंने आपसे पूछा था कि आपके सान्निध्य में कैसे आया? कृपा करके इस विषय पर कुछ प्रकाश डाल कर, मेरी जिज्ञासा शांत कीजिए।"

गुरुदेव-भर्तृहरि! स्त्री की बेवफाई का तुम्हें पहली बार ही सामना नहीं करना पड़ा। तुम्हारा संस्कार काफी प्रबल है जिससे कई जन्मों से तुमको ऐसी परिस्थितियों से जूझना पड़ता है। हर बार तुम वैराग्याभिभूत होकर वैरागी बन जाते हो। पिछली बार जब ऐसी घटना घटी तो तुम घर-बार छोड़ कर भटक रहे थे। हमारा और तुम्हारा मिलना जोशी मठ के पावन तीर्थ पर हुआ।

जहाँ तुम अलकनन्दा के किनारे गुमसुम बैठे थे। मैं आकाश मार्ग से जा रहा था तो तुम पर दृष्टि पड़ी। तुम्हारी मानसिक स्थिति देख साधना में प्रवृत्त कर दिया।

भर्तृहरि–गुरुदेव! मैं साधन में प्रवृत्त हो गया तो फिर स्थूल शरीर वहीं छोड़ कर गर्भ में प्रवेश करने की क्या आवश्यकता थी?

गुरुदेव–हमने कहा न कि तुम्हारा संस्कार बहुत प्रबल था। कई बार ठोकर खाने के उपरान्त भी उसका जोर नहीं टूटा था। जब वह संस्कार पुनः तुम्हारे चित्त में उदय हो आया तो हम ने तुम्हें शरीर यहीं छोड़ कर किसी गर्भ में प्रवेश कर जाने के लिए कहा। इस बार के मानसिक क्लेश तथा इस प्रकार के अनुभव का यह अन्तिम बार है। अबकी बार तुम आश्रम पर लौट कर आओगे तो तुम्हें पुनः ठोकर खाने के लिए शरीर त्याग नहीं करना पड़ेगा। अब तुम उधर से अपने मन को हटा कर साधना में लीन हो जाओ। तुम्हारे जीवन का कठिन समय निकल चुका है। यहाँ भी तुम्हें आश्रम के समान साधना की सभी सुविधाएं उपलब्ध हैं। चामुण्डा माताजी का आशीर्वाद तुम्हें प्राप्त है। एकान्त, फल, जल, सभी कुछ तुम्हारे पास है, केवल अपने आपको निरन्तर साधना में लगाए रखने की बात है। माताजी की इस पहाड़ी को साधन–शिखर ही समझो। भर्तृहरि का ध्यान भंग हो गया।

मैंने कहा, "महाराजश्री! संस्कारों की लीला बड़ी प्रबल है। कैसे उठा–उठा कर पटकती है? संस्कारों के फेर से निकल पाना कितना कठिन है। भर्तृहरि जैसे उत्कृष्ट साधक को भी कितना कुछ कई बार सहन करना पड़ा।"

महाराजश्री–इसमें क्या शंका है। साधक आत्म–संघर्ष का सामना कर रहा होता है। जब वह गिरता है तो जगत् ताली बजाता है जबकि उस समय उसे सहारे की आवश्यकता होती है। जगत् सहारा तो प्रदान कर नहीं सकता, बातें बनाता है। संसार के सभी जीव संस्कारों में उलझे हैं। आज एक गिरता है तो कल किसी दूसरे के गिरने की बारी आ जाती है। साधना आत्म–संघर्ष मार्ग है, अपने मन से संघर्ष, वासना से संघर्ष, विकारों तथा क्लेशों से संघर्ष। कभी ऊपर तो कभी नीचे। इस प्रकार साधन का क्रम धीरे–धीरे खिसकता है।

अब भर्तृहरि प्रायः सारा समय साधना में ही बिताने लगे थे। जब भूख लगती तो पहाड़ी से उतर कर वृक्षों से फल एकत्रित कर के खा लेते थे।

बंदर तथा सांप उनके साथी थे ही, वह भी साथ-साथ घूमते। गुफा के बाहर हों अथवा अंदर, भर्तृहरि प्रायः ध्यान में ही रहते थे।

मैंने महाराजश्री से पूछा, "निरन्तर साधना करना तथा ध्यान जमाये रखना तो बड़ा कठिन है। मन को किसी ध्येय पर, अथवा क्रिया पर स्थिर करने का प्रयास करो, तो मन पता नहीं, कहाँ-कहाँ भटकता फिरता है। फिर भर्तृहरि ध्यान की अवस्था कैसे रख पाते थे।"

महाराजश्री-जिनका मन अस्थिर है उनके लिए ध्यान की निरन्तरता असंभव है, किन्तु भर्तृहरि का मन चंचलता त्याग चुका था। वह एक समर्पित सेवक की भांति उनके हर संकेत के अनुसार कार्य करता था। वे मन को जहाँ लगाते, लग जाता। जहाँ से हटाते, हट जाता। इसलिए ध्यान की अवस्था बनाये रखने में कठिनाई नहीं थी।

एक दिन ध्यान में गुरुदेव फिर प्रकट हुए। भर्तृहरि ने कहा, "आपका आश्रम फिर एक बार देखने की इच्छा है।"

गुरुदेव-अब आश्रम पर तुम्हारा जाना तभी हो पायेगा जब इस शरीर को त्याग कर, अपने पूर्व जन्म के शरीर में प्रवेश करने वहाँ आओगे। किन्तु अभी यदा-कदा ध्यान में उस स्थान के दर्शन होते रहेंगे।

भर्तृहरि-इस शरीर से कब मुक्ति प्राप्त होगी?

गुरुदेव-यह योगियों का दृष्टिकोण नहीं। योगी न मौत से डरता है, न मौत को बुलाता है। यहाँ भी तुम्हें क्या कष्ट है? साधना करनी है सो तुम कर ही रहे हो। हाँ, वहाँ आकर तुम्हारा छूटा हुआ क्रम अवश्य चलने लगेगा। चिन्ता मत करो, यथासमय भगवान सब ठीक करेंगे।

भर्तृहरि की ध्यान की अवस्था निरन्तर बढ़ती जा रही थी। पहले तो घण्टों समाधि में बैठते थे। किन्तु अब कई-कई दिन इसी अवस्था में व्यतीत होने लगे थे। ऐसा प्रतीत होता था मानो उनका आश्रम का क्रम यहीं चलने लग गया था। कभी-कभार कोई दर्शनार्थी चला आता तो इनको समाधि में बैठे देख कर ही लौट जाता था। भर्तृहरि का शरीर तो दुबला हो रहा था किन्तु शक्ति तथा फुरती में कोई कमी नहीं आई थी। इन दिनों वे प्रायः पीपल फल अथवा पत्ते उबाल कर लिया करते थे। वह भी तब जब समाधि से उठते थे इस प्रकार भर्तृहरि के दिन व्यतीत होते गये।

एक दिन भर्तृहरि ने ध्यान में देखा कि उनके गुरुदेव एक पहाड़ी के ऊपर चढ़े जा रहे हैं। हाथ में कमण्डलु, लम्बे, गौर वर्ण, चमकीला शरीर। पहाड़ी के ऊपर जाकर गुरुदेव की आकृति चामुण्डा माताजी की आकृति में परिवर्तित हो गयी। भर्तृहरि चकित होकर देख रहे थे, सहसा चामुण्डा माताजी की आकृति ने पहाड़ी से नीचे उतरना आरंभ कर दिया। आकृति भर्तृहरि की ओर बढ़ती आ रही थी। जब पास आई तो फिर गुरुदेव का रूप धारण कर प्रकट हो गयी।

भर्तृहरि ने प्रणाम किया तथा निवेदन किया, "गुरुदेव। यह क्या कौतुक है? कभी आपका रूप तो कभी चामुण्डा माताजी का रूप! आपका वास्तविक स्वरूप क्या है।

गुरुदेव-भर्तृहरि। चामुण्डा ही गुरु का यथार्थ स्वरूप है। सभी शरीर, चाहे गुरु का हो या शिष्य का, चामुण्डा की कार्य स्थलियां हैं। वही गुरु में कृपा करती है तथा वही शिष्य रूप में कृत्कृत्य होती है। सारा संसार उसकी नृत्यशाला है। वही प्रत्येक जीव के प्राण हैं।

भर्तृहरि-जब चामुण्डा ही समान रूप से सब में विद्यमान तथा कार्यशील है तो फिर क्यों कोई गुरु है तो कोई शिष्य, तो कोई गुरु-शिष्य सम्बन्ध से उदासीन। कोई अत्याचार करता है तो कोई सहता है। कोई जन्मता दिखाई देता है तो कोई मरता। सारा संसार चामुण्डा के रूप में क्यों अनुभव नहीं होता। कहीं जड़ दिखाई देता है तो कहीं चेतन। सारे जगत् में चामुण्डा ही तो व्याप्त है, फिर भिन्नता क्यों?

महाराजश्री- इसी को कोई चामुण्डा की लीला कहता है तो कोई उस की माया। लीला कहने वाले लीला केवल कहते ही हैं, उन्हें लीला कहीं दिखाई नहीं देती। यदि संसार को भगवती की लीला मानते-समझते हैं तो इस के घटनाक्रम से उनका चित्त प्रभावित क्यों हो जाता है। यही हाल संसार को माया कहने वालों का भी है। प्रवचन सुन कर अथवा पुस्तकें पढ़ कर वह लोग लीला और माया की बातें करने लगते हैं। संसार उन्हें न भगवती की लीला दिखाई देता है न माया। वह कल्पनाओं तथा भावनाओं में ही विचरते रहते हैं।

स्वामी शिवोम तीर्थ ने पूछा-क्या भर्तृहरि ने किसी को शिष्य भी बनाया?

महाराजश्री–भर्तृहरि साधक थे। साधक के पास इतना समय ही कहाँ है कि शिष्यों का बोझ ढोता फिरे। उसे अपनी यात्रा पूरी करने की चिन्ता होती है। वैसे भी इस तरह के कई महापुरुष हो गये हैं जिन्होंने कोई शिष्य नहीं बनाया। कबीर, तुलसी, सूरदास, मीराबाई आदि इसी शृंखला में आते हैं। भर्तृहरि भी उन्हीं में एक थे। उनमें स्वयं में शिष्यत्व का भाव इतना प्रबल था कि वह किसी को शिष्य रूप में ग्रहण नहीं कर पाए। ठीक भी है जो आनंद शिष्य बन कर रहने में है वह गुरु बन कर जीने में कहाँ है?

स्वामी शिवोम तीर्थ ने कहा–इस प्रकार गुरु–शिष्य परम्परा कैसे चलेगी? यदि सभी लोग साधक तथा शिष्य वृत्ति अपना लें तो जगत् कल्याण कैसे होगा? जबकि शास्त्रों ने गुरु की कितनी महिमा गाई है।

महाराजश्री–शास्त्रों तथा संतों ने जहाँ गुरु की इतनी महिमा गाई है वहीं यह भी बताया है कि गुरु कैसा होना चाहिए। जो अपनी यात्रा पूरी कर चुके हैं या पूरी करने के समीप हैं, अथवा जिसे जगत् में इसी उद्देश्य से भेजा गया है, गुरु कार्य करना उनका उत्तदायित्व है। आज तो शास्त्रों तथा संत वचनों की ओट में कैसे–कैसे अनधिकारी भी गुरु बने बैठे हैं।

स्वामी शिवोम तीर्थ ने कहा–किन्तु भर्तृहरि तो जन्म–जन्मान्तर के महान योगी थे, उन को गुरुकार्य करना चाहिए था।

महाराजश्री–यह तुम्हारा विचार है। भर्तृहरि को ऐसी कोई लालसा नहीं थी। वह अपने गुरुदेव के ध्यान में ही लीन रहना चाहते थे। इसी में अपना कल्याण देखते थे। गुरु–कार्य को वह दलदल में धंस जाने के समान मानते थे। गुरु वह है जो गुरु–कार्य तो करे किन्तु स्वयं दलदल में न धंसे।

भर्तृहरि काफी समय तक माताजी की गुफा में ध्यान करने के उपरान्त प्रणाम कर के बाहर निकले तो सामने पिंगला खड़ी थी। उसने साष्टांग प्रणाम करने के पश्चात कहा, "आपने तो संसार का त्याग करके तथा अपने–आप को साधन भजन में लगा कर अपना उद्धार कर लिया किन्तु मेरा क्या होगा? मैं हर समय पश्चात्ताप की अग्नि में जलती रहती हूँ। राजमहल के रेशमी बिछौने मुझे कांटों की तरह चुभते रहते हैं। ऐसा लगता है जैसे सारा जीवन दुखों की असह्य पीड़ा सहन करते बीत रहा है।"

भर्तृहरि–माता! सब प्रारब्ध का खेल है। जीव को अपना प्रारब्ध भोग सहन करना ही पड़ता है। यदि उसे तपस्या का रूप दे दिया जाय तथा शान्त

चित्त से भोगा जाय तो एक दिन प्रारब्ध समाप्त हो जाता है। साधन-भजन एवं ईश-आराधना अपने आपको प्रभु-कृपा के उन्मुख बनाये रखना है। हम यदि साधन-भजन में लग गये हैं तो तुम्हें उसके लिए किसने मना किया है। तुम भी अपने-आप को इधर प्रवृत्त कर के उद्धार का द्वार खोल सकती हो। इसमें पूर्ण रूप से स्वतन्त्र हो। शाश्वत शान्ति प्राप्त करने का मार्ग भी यही है।

पिंगला-महाराज! आपका कहना सब सत्य है, मैं इस दिशा में प्रयास भी करती हूँ किन्तु मन की चंचलता शान्ति से बैठने नहीं देती। मन कभी विषयों की ओर उछल जाता है तो कभी अतीत में झांकने लगता है। आप तपस्वी हैं। आपने तो अपने मन को समझा लिया है किन्तु मेरा मन मेरे वश में नहीं।

भर्तृहरि-मन प्रयत्न किये से वश में नहीं आता, ईश्वर की कृपा से काबू में आता है तथा ईश्वर की कृपा प्राप्त करने के लिए जप, प्रार्थना, पूजापाठ आदि प्रयत्न किये जाते हैं। तुम ईश्वर के आश्रित होकर भजन-ध्यान करती रहो एक दिन भगवान अवश्य ही तुम पर कृपा करेंगे।

स्वामी शिवोमतीर्थ ने कहा-अपनी पत्नी को माता कहना बड़ा कठिन है।

महाराजश्री-कठिन अवश्य है। इसके लिए मानसिक तैयारी और पूर्णता जरूरी है। देखो दो प्रकार के वैरागी होते हैं। एक त्यागी-वैरागी जो संसार-व्यवहार का त्याग कर पूर्णकालिक साधना में लीन हो जाते हैं। यही निवृत्ति मार्ग है। जिसमें न कोई मित्र-शत्रु रहता है और न ही पत्नी-भगिनी। भर्तृहरि त्याग-वैराग्य एवं तपस्या की प्रतिमूर्ति थे। वह पूर्णरूपेण निवृत्ति परायण महात्मा थे। उनके समक्ष जगत् का महत्त्व गौण हो चुका था। उन के लिए पत्नी को माता कह कर संबोधित करना सामान्य बात थी। संसारी लोगों को चाहे यह बात अटपटी लगे किन्तु जो जीते-जी संसार रूपी नदी को पार कर गये हैं उनके लिए यह बड़ी बात नहीं।

वैरागी का दूसरा स्वरूप व्यावहारिक-वैराग्य का है जिसमें साधक जगत् व्यवहार करता हुआ जगत् से अछूता रहता है। पारिवारिक तथा सामाजिक नियमों और मर्यादाओं का पालन करता हुआ सबकी सेवा तथा कर्तव्य-पालन में रत रहता है। अपनी पत्नी से अनासक्त रहते हुए,

पति के धर्म का पालन करते हुए, शास्त्रानुसार दाम्पत्य का निर्वाह करता है। महाराजा विक्रमादित्य इसके सशक्त उदाहरण हैं। किन्तु कहने में तो यह दोनों मार्ग बड़े सरल हैं किन्तु करने में अत्यन्त कठिन हैं। यह दोनों मार्ग परमार्थ-यात्रा के लिए आवश्यक चित्त की आन्तरिक अवस्थाएं हैं।

स्वामी शिवोमतीर्थ ने कहा–सामान्यतः संसारी अपने आप को प्रवृत्ति-मार्गीय मानते हैं।

महाराजश्री–यह उनकी नासमझी है। मानने को तो तथाकथित साधु भी अपने आपको निवृत्ति-मार्गीय कहते हैं जबकि अभिमान तथा रागद्वेष में आकण्ठ डूबे हैं। न यह प्रवृत्ति है न ही निवृत्ति।

मैंने कहा–तो प्रवृत्ति-निवृत्ति क्या है?

महाराजश्री–अरे भई! जगत् में रहते हुए, व्यवहार करते हुए, जगत् में नहीं रहना प्रवृत्ति है। कर्म करते हुए भी अकर्ता बने रहना निवृत्ति है, कर्म में प्रवृत्ति तथा मन में निवृत्ति होनी चाहिए, प्रवृत्ति निवृत्ति है, जबकि जगत् में नहीं रहते हुए, अर्थात् सभी व्यवहार का त्याग कर के जगत् में रहना निवृत्ति है।

मैंने कहा–यह दोनों मार्ग कठिन कैसे हैं?

महाराजश्री–निवृत्ति इसलिए कठिन है क्योंकि मन चंचल है तथा चित्त वासनायुक्त है। जब तक मन निर्मल नहीं हो जाता, कठिनाई बनी रहती है। मन की चंचलता निवृत्ति को खण्डित करने का प्रयत्न करती रहती है तथा चित्त में वासनाएं उभरती रहती हैं। प्रवृत्ति में भी कठिनाई मन की चंचलता तथा वासना ही है। जगत् का संपर्क वासनाओं को उभारने में सहायक होता है। संसार प्रवृत्ति में विषयों का विष घोलता रहता है। कर्तव्य-कर्म आसक्ति युक्त कर्म में परिवर्तित होता रहता है। बस यही समझो, कि प्रवृत्ति से निवृत्ति कठिन है तथा निवृत्ति से प्रवृत्ति।

भर्तृहरि तथा महाराजा विक्रमादित्य निवृत्ति-मार्गियों तथा प्रवृत्ति-मार्गियों के आदर्श हैं। भर्तृहरि ने त्याग एवं तपस्या का मार्ग अपनाया तो महाराजा विक्रमादित्य ने कर्तव्य-पालन, जन-सेवा तथा मर्यादाओं को जीवन में धारण करने का आदर्श साधकों के सन्मुख रखा। भर्तृहरि ऐसे वैरागी थे कि उनका स्मरण करते ही मन में उपरामता उदय होने लगती है। उन्होंने राज वैभव तथा संसारी सुखों का त्याग कर अध्यात्म, तपस्या तथा पवित्रता का

मार्ग अपनाया। उनके कथनानुसार भोग में रोग निहित है। यदि किसी के पास धन है, तो राजा का भय है। यदि कोई मौन धारण कर ले तो दीनता सिर पर मंडराने लगती है। बलशाली को शत्रु दिखाई देता है। पाण्डित्य में वाद-विवाद में हार जाने का भय सताता है। गुणवान को मूर्ख परेशान करते हैं। शरीर में आसक्ति हो तो मृत्यु पास आते दिखाई देती है, किन्तु वैराग्य में किसी प्रकार का भय नहीं। जब सभी भयजनित पदार्थों से वैराग्य हो जाता है तो भय के सभी कारण समाप्त हो जाते हैं।

गांव वालों से बातचीत

अब दर्शनार्थियों ने प्रत्येक गुरुवार को आना आंरभ कर दिया था। उन लोगों से भर्तृहरि हल्की-फुल्की बातें करते थे। प्रायः उनके प्रश्न इतने गंभीर नहीं होते थे किन्तु फिर भी भर्तृहरि प्रत्येक प्रश्न का उत्तर गंभीरतापूर्वक देते थे।

प्रश्न-क्या भजन करने के लिए एकान्तवास अनिवार्य है? हम तो गृहस्थ हैं। आप की तरह एकान्त में रहना हमारे लिए संभव नहीं।

उत्तर-आप लोगों की न वैसी स्थिति है न एकान्त में आप अभी रह सकते हैं, तथा न ही आपको आवश्यकता है। विरक्तों के एकान्त तथा गृहस्थों के एकान्त में अन्तर होता है। जहाँ हमें निरन्तर एकान्त की आवश्यकता है, वहीं आपको भजन के समय का एकान्त पर्याप्त है। बाकी समय में आप व्यवहार के साथ अपने मन को अप्रभावित रखने का प्रयत्न करें।

प्रश्न-क्या तीर्थ-यात्रा भी भजन में सहायक है?

उत्तर-तीर्थ-यात्रा यदि शास्त्रीय पद्धति के अनुसार की जाय तो सहायक है। प्रसन्नतापूर्वक, बिना क्रोध किये, अप्रतिकारपूर्वक, मान-अपमान को सहन करते हुए, अधिक से अधिक जप करते हुए, मार्ग में आने वाले महात्माओं के साथ सत्संग का लाभ लेते हुए, आदि बातों का ध्यान रखा जाय, तभी यात्रा का कुछ आध्यात्मिक लाभ है, अन्यथा दिल बहलावा है।

प्रश्न-हमारे गांव में मनमुटाव बहुत है। नित्य प्रति कहीं-न-कहीं कहा-सुनी होती रहती है। आप इसका कोई उपाय बतलाएं, जिससे शान्ति रहे।

उत्तर-मनमुटाव का मुख्य कारण अहंकार है। यही मानव का प्रबलतम शत्रु है। यदि आप लोग मन से अहंकार को त्याग दें तो बाकी समस्याएं सुलझते देर नहीं लगेगी। अहंकार का नाश भजन के बिना नहीं होता।

प्रश्न-हमें यह समझ नहीं आता कि भजन क्या करें?

उत्तर-आपकी भगवान के बारे में कुछ तो कल्पना-भावना होगी। उसी की सेवा, उसी का स्मरण तथा उसी का जप, यहाँ से आप आरंभ करें। भजन ही आप को रास्ता दिखाएगा।

प्रश्न-हम तो कुछ नहीं जानते। केवल तुलसी जी पर नित्य प्रति एक लोटा जल चढ़ा देते हैं।

उत्तर-तुलसी जी के विषय में आपकी क्या धारणा है?

प्रश्न-तुलसी के प्रति धारणा यह है कि तुलसी जी एक देवी हैं जो हम से कहीं अधिक शक्तिशाली हैं तथा हमारे कष्टों को हरण कर, हमें सुखी कर सकती हैं।

उत्तर-बस! बस! हो गया। ईश्वर की ओर बढ़ने का मार्ग मिल गया।

तुम्हारे मन की यह धारणा ही तुम्हारे मन का विकास करती जायेगी, पहले पगडंडी पर चलोगे, फिर उत्तरोत्तर चौड़ा मार्ग मिलता जायगा।

आस-पास के गाँवों के लोगों के कुछ इस प्रकार के सीधे-सादे प्रश्न ही भर्तृहरि के समक्ष उपस्थित होते तथा वह भी उनका प्रेमपूर्वक समाधान करने का प्रयत्न करते थे।

भर्तृहरि का अन्यत्र गमन

भर्तृहरि का साधन-मय समय व्यतीत हो रहा था, किन्तु उनके मन में एक शंका समाती जा रही थी। अभी तक उन के मन में इस स्थान के प्रति आसक्ति ने अपना घर नहीं बनाया था, किन्तु उन्हें अपने अन्तर में इस स्थान के लिए मोह बीज के अंकुरित होने का आभास अवश्य होने लग गया था। आसक्ति किसी भी रूप में क्यों न हो, तथा किसी भी गुण से प्रभावित हो, वह कालान्तर में बन्धन का कारण होती है। संभवतः इसीलिए विरक्तों में अपना स्थान बदलते रहने की परिपाटी रही है ताकि किसी स्थान से, किसी विशेष प्रकार की सुविधाओं तथा परिस्थितियों में, वहाँ पर रहने वाले लोगों से,

अन्तर में मोह न पनप सके। अब भर्तृहरि मन-ही-मन बेचैन रहने लगे थे। संकट अपने सामने स्पष्ट दिखाई देने लगा था। उनका मन होता कि इसी क्षण वहाँ से भाग खड़े हों किन्तु फिर चामुण्डा माताजी के चरणों के सान्निध्य का ध्यान आ जाने पर वह सोच में पड़ जाते थे।

एक दिन ध्यान में उनके सामने गुरुदेव प्रकट हो गये तो भर्तृहरि ने कहा, "गुरुदेव! मैं दुविधा में पड़ा हूँ। मुझे ऐसा आभास हो रहा है कि मेरे अन्तस में इस स्थान के प्रति मोह का अंकुर फूट रहा है। मैं क्या करूं"?

गुरुदेव-तुम्हारी दुविधा उचित है। जब तक मन में मोह का तनिक-सा अंश भी विद्यमान हो तब तक विरक्त को अपना स्थान बदलते रहना ही उचित है। मोह, माया का परिणाम है। माया अत्यन्त सशक्त है। मोह में डूबा जीव माया के गर्त में समा जाता है। इसलिए तुम्हारे लिए यह स्थान छोड़ देना उचित है।

भर्तृहरि-किन्तु यहाँ पर भगवती के चरण तथा नित्य आशीर्वाद सुलभ है। फिर उससे वंचित हो जाऊंगा।

गुरुदेव-यह अपने स्थानान्तरण को अनुचित ठहराने के लिए तुम्हारे मन की बहाने बाजी है। भगवती सर्वव्यापक हैं। यहाँ उसका अनुग्रह अवश्य प्रकट है किन्तु तुम्हारे जैसे उन्नत साधकों के लिए सर्वत्र उपलब्ध है।

अब भर्तृहरि के सामने अपना कर्तव्य स्पष्ट था। उन्हें निर्णय करने में देर न लगी। उनका सारा सामान केवल दो कौपीनों तक सीमित था, न उन्हें किसी से जाने की अनुमति लेनी थी, न किसी से मिलना था। वह गुफा में गये, तथा चामुण्डा माताजी को प्रणाम कर के कहने लगे, "हे मां, इतने दिनों तक तुम्हारे आश्रय में रहा हूँ। तुम्हारे चरण सारे संसार में व्याप्त हैं। तुम्हारी कृपा सर्वत्र बरसती है। तुमसे यही प्रार्थना है कि तुम्हारी शरण मुझे सदैव प्राप्त रहे।"

इतना कह कर तथा पुनः प्रणाम कर भर्तृहरि तीव्र गति से गुफा से बाहर निकले। एक कौपीन शरीर पर थी, दूसरी कंधे पर रखी तथा शीघ्रतापूर्वक पहाड़ी से नीचे उतर गये। फिर किसी ने कभी उन्हें टेकड़ी पर नहीं देखा। चारों ओर वृक्ष-समूहों से घिरी पहाड़ी अभी तक भी वैसे ही सिर ऊंचा उठाए सुशोभित थी। जंगली पशुओं की विहार-लीला भी पूर्ववत थी,

किन्तु एक यात्री कुछ देर यहाँ बसेरा करके जा चुका था। उसके जाने के पश्चात् सब कुछ पूर्ववत होते हुए भी एक अलौकिक उदासी-सी वातावरण में उभर आई थी। माता की आंखों से भी दो बूंदें टपक कर जमीन को गीला कर गयी थीं। भर्तृहरि के साथी बंदर तथा सांप भी उदास-मन गुफा के बाहर बैठे थे।

यह बात फैलते देर नहीं लगी कि भर्तृहरि माताजी की पहाड़ी को छोड़ कर कहीं चले गये हैं, महाराजा विक्रमादित्य को जब पता चला तो उनके मुँह से निकल गया, "हम अभी तक उन्हें अपने भाई के रूप में ही देखते आ रहे हैं किन्तु महापुरुषों के सभी नाते केवल ईश्वर से ही जुड़े होते हैं। संसार का कोई भी नाता अथवा आकर्षण उन्हें बांध कर नहीं रख सकता। वे जहाँ भी रहें, सदैव प्रभु की शरण में ही रहें।"

गांव के लोगों के प्रति भर्तृहरि के मन में मोह का कोई भाव नहीं था। किन्तु लोग तो संसारी थे। भर्तृहरि के रूप में उन्हें एक सहारा मिल गया था। उनके प्रति लोगों का मोहित हो जाना स्वाभाविक था। वह प्रत्येक गुरुवार को पहले की तरह ही पहाड़ी पर आते तथा गुफा के सामने बैठ कर भर्तृहरि के वियोग में रोते रहते। इसी वियोग की पीड़ा ने धीरे-धीरे, उनके साधन का रूप ग्रहण कर लिया।

महाराजा विक्रमादित्य ने अब माताजी की टेकड़ी पर आना-जाना अधिक कर दिया था। उन्हीं ने ऊपर जाने का मार्ग चौड़ा करवा दिया। गुफा के आगे की जमीन थोड़ी समतल करा कर एक छोटा-सा आंगन जैसा बनवा दिया। गुफा के सामने एक दीप स्तंभ का निर्माण कर दिया। साथ के लोगों ने और भी कई सुविधाएं करवाने के सुझाव दिए, किन्तु महाराजा ने कहा, "यह एक तीर्थ-स्थान है तथा किसी तीर्थ-स्थान पर अधिक सुविधाओं की आवश्यकता नहीं। यहाँ आते समय लोगों को कुछ कठिनाई का अनुभव होना चाहिए, तभी तो उनकी कुछ तपस्या होगी"।

मैंने कहा-महाराजा विक्रमादित्य भी तो एक साधक थे। साधना के मर्म से अवगत थे। राजा होने पर भी उनके अन्तस में एक साधक का मन था। वह प्रवृत्ति में भी निवृत्ति का आनन्द लेने वाले साधक थे।

महाराजश्री-यह तो ठीक ही है। वह भी जन्म-जन्मान्तर के योगी थे।

कई जन्मों तक गिरि-कन्दराओं में एकान्त सेवन कर चुके थे। जीवन के उतार-चढ़ाव का उन्हें अच्छा अनुभव था। वे केवल नाम के ही महाराजा नहीं थे अपितु योगीराज भी थे। भगवान कृष्ण की भी तो सोलह हजार रानियां कही जाती हैं, फिर भी उन्हें योगेश्वर कहा जाता है। विक्रमादित्य भी ऐसे ही योगेश्वर थे। ऐसा लगता है कि जन-साधारण के समक्ष प्रवृत्ति का महत्त्व तथा वास्तविक स्वरूप उपस्थित करने के लिए ही उनका अवतरण हुआ था। योग की दृष्टि से वह भर्तृहरि से किसी रूप में कम न थे।

गिरि कन्दराओं की बात सुन कर मेरा माथा ठनका। क्या महाराजश्री के सामने विक्रमादित्य का अतीत भी खुल गया है, तभी तो गिरि कन्दराओं में एकान्त सेवन की बात कर रहे हैं। "वे सिद्ध योगियों के एक अदृश्य आश्रम के साधक थे। उनकी अवस्था ऐसी थी कि न उन्हें निवृत्ति से कोई लगाव था तथा न प्रवृत्ति से कोई परहेज। पहले किसी समय महाराजा हरिश्चन्द्र प्रवृत्ति मार्ग की अलख जगाने के लिए संसार में आए। भगवान राम तथा राजा जनक अवतीर्ण हुए। फिर भगवान कृष्ण आए। अब काफी लम्बा अन्तराल व्यतीत हो गया था जन-साधारण प्रवृत्ति का स्वरूप भूल चुका था। अतः फिर से प्रवृत्ति का उदाहरण स्थापित करने की आवश्यकता थी। विक्रमादित्य उस स्थान के परिपक्व साधक थे। अतः संसार में भेजने के लिए उनको चुना गया।"

मैंने पूछा-तो फिर गिरि कन्दराओं में एकान्त-सेवन कब हुआ?

महाराजश्री-इतनी ऊंची अवस्था पर पहुँचने के लिए साधक को कई ऊंचाइयों-गहाराइयों में से होकर निकलना पड़ता है। विक्रमादित्य ने प्रवृत्ति की परीक्षाएं भी पास कीं तथा एकान्त-सेवन की परीक्षाओं में भी उत्तीर्ण हुए। तभी तो उनके समक्ष प्रवृत्ति तथा निवृत्ति एक समान थी।

मैंने कहा-यदि जन-समाज भ्रमित हो जाय तथा प्रवृत्ति के आवेश में निवृत्ति की उपेक्षा कर जाए तो!

महाराजश्री-संभवतः भगवान कृष्ण ने इसीलिए प्रवृत्ति तथा निवृत्ति दोनों के महत्त्व स्थापन के उद्देश्य से एक ही युग में जहाँ अर्जुन को प्रवृत्ति का उपदेश दिया वहीं उद्धव जी को निवृत्ति की ओर प्रेरित किया। यहाँ भी भर्तृहरि तथा विक्रमादित्य, दोनों भाइयों ने इस विषय की आपूर्ति की। एक भाई यदि निवृत्ति के प्रतिनिधि नायक थे तो दूसरे भाई प्रवृत्ति के महानायक।

ईश्वर का संकेत यही है कि न प्रवृत्ति की कामना करो, तथा न निवृत्ति से द्वेष करो। अध्यात्म स्थिति को प्राप्त करने के लिए सर्वप्रथम अपनी चित्त-स्थिति के अनुसार मार्ग का चुनाव कर लो। जीव को प्रवृत्ति तथा निवृत्ति दोनों घाटियों को पार कर के अध्यात्म शिखर पर पहुँचना है। विक्रमादित्य यदि प्रवृत्ति के आकाश में सूर्य बन कर चमके, तो भर्तृहरि निवृत्ति मार्ग के प्रकाशपुंज बने। धन्य हैं उनके माता-पिता जिन्होंने ऐसे पुत्र रत्नों को जन्म दिया।

मैंने कहा, "गुरु महाराज! एक प्रश्न है। कई पुस्तकों में मैंने पढ़ा है कि नाथ महापुरुषों का जीवनकाल प्रायः एक हजार वर्ष पूर्व के आस-पास है जबकि आपके अनुसार यह दो हजार वर्ष पूर्व है।

महाराजश्री-यह सब साहित्य विद्वानों की बौद्धिक उछलकूद है। साधक के लिए यह बात गौण होती है कि किसी की जीवन लीला कब घटित हुई। वह यह देखता है कि किस महापुरुष ने कैसे साधन किया। अपने विघ्नों तथा कठिनाइयों का कैसे सामना किया अथवा उन्हें सहन किया। किस प्रकार वह साधन शिखर पर पहुँचा। किसकी क्या साधन प्रणाली थी, आदि, आदि। इससे साधक को कोई अन्तर नहीं पड़ता कि कोई एक हजार वर्ष पूर्व हुआ या दो हजार वर्ष पूर्व।

इस काल का निर्णय एक हजार वर्ष पूर्व हुआ निश्चित करने वालों के पास अपने तर्क होंगे, किन्तु मेरा दृष्टिकोण अपना है। महाराजा विक्रमादित्य के नाम पर विक्रमी संवत् आरंभ हुआ जिसकी इस समय इक्कीसवीं शताब्दी चल रही है। भर्तृहरि विक्रमादित्य के भाई थे, इसलिए उन के समकालीन थे। अतः उन्हें हुए दो हजार वर्ष हो गये हैं।

एक बात और है। इन महापुरुषों की आयु बहुत लम्बी होती है। कोई तो हजारों वर्षों तक वर्तमान बने रहते हैं अतः उन्हें किसी अवधि में बांध सकना संभव नहीं। गोरखनाथ के विषय में भी ऐसी धारणा है कि अब भी जगत् में विद्यमान हैं।

मैंने कहा दूसरा एक प्रश्न और है। भर्तृहरि का एक शरीर तिब्बत में रखा हुआ था, दूसरा भर्तृहरि के रूप में पहले उज्जैन का राजा था, जो अनन्तर वैराग्याभिभूत होकर साधु वेश में विचरण करने लगा। क्या यह संभव है कि एक ही जीवात्मा के दो शरीर हैं।

महाराजश्री–सामान्यतः यह संभव नहीं किन्तु योग मार्ग की बात सामान्य संसार से भिन्न है। दो ही क्या? योग में एक ही जीवात्मा के असंख्य शरीर भी संभव हैं। योग की शक्तियां अलौकिक हैं। भौतिक स्तर पर जो बातें असंभव दिखाई देती हैं वह योग में संभव हो जाती हैं। फिर यह बात भी है कि भर्तृहरि का तिब्बत वाला शरीर अस्थाई रूप से निर्जीव था। योग में तो एक ही जीवात्मा के असंख्य जीवित शरीर भी संभव हैं। उन सभी शरीरों का संचालन एक ही सूक्ष्म शरीर से होता है। तुम्हारा यह प्रश्न शुद्ध संसारी दृष्टिकोण से प्रभावित है।

मैंने कहा–किन्तु कुछ लोगों का कहना है कि इस प्रकार की बातें कोरी कल्पनाएं हैं। उन्हें पचास–पचास वर्ष हो गये साधन करते, अभी तक किसी सिद्धि की प्राप्ति नहीं हुई।

महाराजश्री–यदि किसी को जीवन में सोने के दर्शन प्राप्त नहीं हुए तो इसका यह अर्थ कदापि नहीं कि जगत् में सोना नाम का पदार्थ है ही नहीं।

मैंने कहा–एक प्रश्न और है। भर्तृहरि के इस जन्म के गुरु योगी गोरखनाथ थे किन्तु सारे प्रकरण में उनका कहीं उल्लेख नहीं हुआ, जबकि तिब्बत वाले महापुरुष का विशद वर्णन हुआ है।

महाराजश्री–यह प्रकरण भर्तृहरि का संपूर्ण जीवन चरित्र नहीं है वरन् एक सीमित समय का ब्योरा है। उस समय तिब्बत वाले महापुरुष की ही प्रधानता रही अन्यथा भर्तृहरि के जीवन में गोरखनाथ का विशेष स्थान है। मनुष्य का अन्तर्मन कई प्रकार के रहस्यों को अन्तस में समेटे है तथा कई आत्माओं के साथ उसका सम्बन्ध होता है। तथा सभी आत्माओं का अपना–अपना महत्त्व होता है। न गोरखनाथ ही भर्तृहरि को भूले थे और न ही भर्तृहरि गोरखनाथ के प्रति उदासीन थे।

एक बार भर्तृहरि माताजी की गुफा के बाहर चहल–कदमी कर रहे थे। आकाश एकदम साफ था। उन्हें बहुत दूर से कोई बहुत बड़ा पक्षी उड़ता हुआ आता दिखाई दिया। भर्तृहरि बड़े ध्यान से देख रहे थे। जब थोड़ा पास आया तो वह एक मानव आकृति थी। भर्तृहरि सोचने लगे कि पता नहीं कौन उड़ता आ रहा है। जब वह आकृति समीप आई तो भर्तृहरि को अपने गुरुदेव गोरखनाथ को पहचानते देर न लगी। जब वह आकृति पास आकर उतरी तो

भर्तृहरि ने साष्टांग प्रणाम किया। श्रीगुरु गोरखनाथ आशीर्वाद देते हुए, प्रणाम करने के लिए माता की गुफा में चले गये।

बाहर जाने पर गोरखनाथ जी ने कहा, "मैं यहाँ दर्शन करने कई बार आ चुका हूँ। जब तुम्हारे यहाँ रहने का समाचार मिला तो तुम्हें देखने के लिए इधर चला आया" इतना कह कर वह एक पत्थर पर विराजमान हो गये, पूछा, "तुम्हारा ध्यान-साधन ठीक चल रहा है न?" इस पर भर्तृहरि ने उत्तर दिया, "आपके आशीर्वाद से सब ठीक चल रहा है।"

गोरखनाथ जी थोड़ी देर वहाँ रुके तथा फिर आकाश-मार्ग से उड़ते हुए चले गये।

यह एक घटना मैंने इसलिए सुनायी कि भर्तृहरि तथा श्रीगुरु गोरखनाथ जी का संपर्क बना हुआ था। गोरखनाथ जी तिब्बत वाले महापुरुष से भी अवगत थे तथा उनका आपस में संपर्क भी था। उन्हें भर्तृहरि के पूर्व जन्म के शरीर के तिब्बत में होने का भी ज्ञान था तथा एक बार जाकर उसे देख भी आए थे।

देवास का विस्तृत वृत्तान्त प्राप्त हो जाने के पश्चात यह तथ्य उद्घाटित होता है कि भर्तृहरि से सम्बधित अन्य अनेक स्थल हैं जिन पर शोध करने की आवश्यकता है। उज्जैन एवं देवास के अतिरिक्त हरिद्वार के गोरख मन्दिर में वह गुफा अभी भी विद्यमान है जहाँ पर भर्तृहरि ने तपस्या की थी। अलवर से 36 किमी. दूर सिरस्का नामक ग्राम के पास इनकी समाधि है। उज्जैन से 6 किमी. दूर भर्तृहरि की कई गुफाएं हैं, जो नाथ साधना की केन्द्र स्थली हैं। चुनार के किले में भी इनकी समाधि है। गाजीपुर जनपद (उ. प्र.) में भितरी (भर्तृहरि) भी इनकी तपोभूमि बताई जाती है। चुनार दुर्ग में स्थित अंग्रेजी शिलालेख से ज्ञात होता है कि इस दुर्ग का निर्माण 56 ईसा पूर्व विक्रमादित्य ने कराया था। आज किले का आधा भाग नाथ पन्थ का पूजा-स्थल है। इनकी समाधि पर भरथरी साधु आज भी जुटते हैं। पंजाब के सरगोधा जिले में 'सिद्धकरना' पर भी इनकी समाधि पाई जाती है।[5]

कृतित्व

भर्तृहरि की प्रसिद्ध रचना 'वाक्यपदीयम्', 'श्रृंगारशतक', 'नीतिशतक' तथा 'वैराग्यशतक' आदि हैं। 'भट्टिकाव्य' भी भर्तृहरि की रचना है। चीनी यात्री

इत्सिंग ने अपने यात्रा वृत्तान्त में लिखा है कि प्रसिद्ध कवि एवं दार्शनिक भर्तृहरि कृत 'भर्तृहरिशास्त्र', 'पातञ्जलि' भाष्य की टीका तथा 'वाक्यपदीयम्' नालन्दा में पढ़ाया जाता था। 'गोरक्षसिद्धान्त संग्रह' में भर्तृहरि और शेषावतार नागेश का संवाद वर्णित है। उल्लेख है कि योगिराज भर्तृहरि ने, जो विचारनाथ के नाम से प्रसिद्ध हैं, व्याकरण शास्त्र पर एक लाख कारिकाओं (सूत्रों) की रचना की। इस प्रकार से भर्तृहरि की अनेक कृतियाँ हैं जिनमें से कुछ उपलब्ध भी हैं।

अपने ग्रन्थों में भर्तृहरि का सम्पूर्ण जीवन दर्शन प्राप्त होता है। राज्य के समय 'श्रृंगार शतक', न्याय के समय 'नीति शतक' का तथा वैराग्य के समय 'वैराग्य शतक' के श्लोक उनके पूरे जीवन की झाँकी प्रस्तुत करते हैं। कल्याण पथ का चित्रण करते हुए उन्होंने 'नीतिशतक' में लिखा–

प्राणघातान्निवृत्तिः परधनहरणे संयमः सत्यवाक्यं।
काले शक्तया प्रदानं युवतिजनकथा मूकभावः परेषाम्।।
तृष्णा स्त्रोतोविभंगो गुरुषु च विनयः सर्वभूतानुकम्पा
सामान्यः सर्वशास्त्रोण्वनुपहतविधिः श्रेयषामेष पन्था।।[6]

अर्थात्–जीव–हिंसा से निवृत्त रहना, परधन–हरण से दूर रहना, तृष्णा के प्रवाह को रोक लेना, विनम्र रहना, प्राणिमात्र के प्रति दया करना, शास्त्रचिन्तन करना और नित्य नैमित्तिक श्रेयस्कर कर्म का आचरण करना ही वास्तविक कल्याण का रास्ता है। उन्होंने पिंगला के द्वारा किये गये व्यवहार तथा अपने प्रेम को नश्वर कहा–

यां चिन्तयामि सततं मयि सा विरक्ता
साप्यन्यमिच्छति जनं स जनोऽन्यसक्तः।
अस्मत्कृते च परितुष्यति काचिदन्या
धिक्तां च तं च मदनं च इमां च मां च।।[7]

अर्थात् मैंने उसे (पिंगला को) अपने प्राणों से भी प्रिय समझा, पर वह मुझसे अनासक्त होकर दूसरे के प्रेमपाश में आबद्ध हो गयी। विचित्र तो यह है कि वह दूसरा किसी और से आसक्त था। पिंगला को धिक्कार है। मुझे धिक्कार है। उस दूसरे पुरुष को धिक्कार है और काम को धिक्कार है।

संतों के स्वभाव का भी वर्णन भर्तृहरि ने 'नीतिशतक' में किया है–

मनसि वचसि काये पुण्यपीयूषपूर्णा
स्त्रिभुवनमुपकारश्रेणिभिः प्रीणयन्तः।
परगुणपरमाणून्पर्वतीकृत्य नित्यं
निज हृदि विकसन्तः सन्ति सन्तः कियन्तः।।[8]

अर्थात् जो मन, वचन और शरीर में पुण्यरूप अमृत से भरे रहते हैं, त्रिभुवन को उपकारों से तृप्त कर देते हैं और दूसरे की अल्पमात्र भूल को भी बढ़ाकर पहाड़ कर देते हैं, ऐसे हृदय में प्रसन्न रहने वाले संत विरले ही हैं।

भर्तृहरि, वैरागियों को किस प्रकार से वैराग्य का अनुशरण करना चाहिए, स्पष्ट करते हुए 'वैराग्यशतक' में लिखा है कि–

मोहं मार्जयतामुपार्जय रतिं चन्द्रार्धचूड़ामणौ
चेतः स्वर्गतरं गिणीतत भुवामासंगमंगी कुरु।
को वा वीचिषु बुद्बुदेषु च तडितल्लेखासु च स्त्रीषु च
ज्वालाग्रेषु च पन्नगेषु च सरिद्वेगेषु च प्रत्ययः।[9]

अर्थात्–हे चित् ! मोह को छोड़ दो। जिनके मस्तक पर अर्द्धचन्द्र शोभित है, उस भगवान शिव से प्रेम करो। गंगा तट के वृक्षों के नीचे विश्राम करो। तरंगें, पानी के बुलबुले, बिजली की चमक, अग्नि की शिखा, सर्प और नदी के प्रवाह की तरह स्त्री भी क्षणस्थायी है। इन सभी वस्तुओं में आसक्त न होकर वैराग्य के पथ पर योगी होकर रहना चाहिए। उन्होंने यह भी लिखा है कि शरीर को स्वस्थ रहते अपने कल्याण का मार्ग आत्मार्पित कर लेना चाहिए।

यावत्स्वस्थमिदं कलेवरगृहं यावच्च दूरे जरा
यावच्चेन्द्रियशक्तिरप्रतिहता यावत्क्षयो नायुषः।
आत्मश्रेयसि तावदेव विदुषां कार्यः प्रयत्नो महान्
प्रोदीप्ते भवने च कूपखननं प्रत्युद्यमः कीदृशः।।[10]

योगियों को किन चीजों का त्याग करना चाहिए इसका वर्णन भर्तृहरि ने करते हुए लिखा है–

आशानाम नदी मनोरथजला तृष्णातरंगाकुला
रागग्राहवती वितर्कविहगा धैर्यद्रुमध्वंसिनी।
सोहावर्तसुदुस्तराऽतिगहना प्रोत्तुंगचिन्तावटी
तस्याः पारगता विशुद्धमनसो नन्दन्ति योगीश्वराः।।[11]

भर्तृहरि अपने आप को धिक्कारते हुए लिखते हैं कि-

भोगा न भुक्ता वयमेव भुक्तास्तपो न तप्तं वयमेव तप्ताः।
कालो न यातो वयमेव यातास्तृष्णा न जीर्णा वयमेव जीर्णाः।[12]

भर्तृहरि ने कहा कि भोग, आयु, यौवन चंचल हैं। इसका विचार करते हुए यथाशीघ्र धैर्यसमाधियुक्त योगसाधना में लग जाना चाहिए-

भोगा मेघवितानमध्यविलसत्सौदामिनीचंचला
आयुर्वायुविघट्टिताम्रपटलीनीलाम्बुवद अगुरम्।
लीला यौवनलालसा तनु भृतामिथ्याकलप्य द्रुतं
योगे धैर्यसमाधि सिद्धिसुलभे बुद्धिः विदध्धः बुधाः।।[13]

भर्तृहरि ने परमार्थनीय वैराग्य का वर्णन करते हुए लिखा है कि-

भक्तिर्भवे मरणजन्मभयं हृदिस्थं
स्नेहो न बन्धुषु न मन्मथजा विकाराः।।
संसर्गदोषरहिता विजना वनान्ता
वैराग्यमस्ति किमतः परमार्थनीयम्।।[14]

भगवान शिव की भक्ति हो, हृदय में जन्म-मरण का भय न हो, बन्धुओं के प्रति असत् सम्बन्ध-स्नेह न हो, मन काम विकार से रहित हो, जीवन असंगत हो और एकान्त वन में निवास हो, मन में समस्त विनश्वर और असत् वस्तुओं तथा सम्बन्धों के प्रति अनासक्ति का भाव हो, तो इससे बढ़कर परमार्थ स्वरूप वैराग्य दूसरा हो ही क्या सकता है।

'नाथसिद्धों की बानियाँ' में भी भर्तृहरि ने अपने जीवन की छाप डाला है-योगी की परिभाषा करते हुए भर्तृहरि लिखते हैं कि-

मन निरास सकल रसभोगी।
कहै भरथरी ते नर जोगी।।

भर्तृहरि ने योगसाधनविधि पर 'सप्तसंष' में लिखा है कि-

आदि संख का मूलंकार। अनली बाई ऊँकार।
पहला संख निरंजन देव। पाया ब्रह्मज्ञान का भेव।।
उलटि उजाई गगन कं चढ़ै। अनभै रहतां पिंडन पड़ै।।
दूजा संख निरालंभ कथ्या। न जानं घरि सूरिज क्या रहे।।
तीजा संख विचारह पाया। षेचरी मुद्रा त्यागंत माया।।

माया त्यागौ राषौ काल। इन उपदेसैं वंचिये जमकाल।।
थौथासष सन्तोष भणीजै। द्वादस अंगुल पवना पीजै।।
पीजै पवना बाजै बंस। लौ न पड़ै काया न उड़ै हंस।।
पंचमा संषबाँधि लै बाई। षटचक्र बैंधटी आई।।
पाया कंवल सहस्त्र दल सुष। वो जनम-जनम का गया दुष।।
छठा संष अकुलीन भणीजै। गुरु प्रसादँ सिव सिव कीजै।।
सिव सिव करि निरारंभ रहीजै। इन उपदेसैं जुगि जुगि जीजै।।
सातमां संष कंद्रप होई। निद्रा तजी कालकौं जोई।।
काल तजी सिवसकती समि रहै। सो जोगी पंच भू आतमां गहै।।
सपत संष का जाणै भैव। सोई होई निरंजन देव।।
सपत संष भणत भरथरी जोगी। थिर होई कंधा काया होई निरोगी।।[15]

इस तरह से भर्तृहरि ने अपने ग्रन्थों में अपने सम्पूर्ण जीवन की छाप छोड़ी है तथा लोक को सन्देश दिया है।

भर्तृहरि के गुरु कौन?

'साधन शिखर' में स्वामी विष्णु तीर्थ महाराजश्री ने भर्तृहरि का गुरु गोरखनाथ को बताया है। इसकी पुष्टि हरिहर कृत 'भर्तृहरि निर्वेद' नाटक से भी हो जाती है। इस सम्बन्ध में श्रीगुरु गोरखनाथ का वचन भी प्रमाण है। उन्होंने अपनी सबदी में कहा है कि राजा भर्तृहरि और गोपीचन्द दोनों गुरु के उपदेश-शब्द-प्रकाश में सुख-दुःख रूप द्वन्दों से विमुक्त होकर योगज्ञान से परमपद में प्रतिष्ठित हो गये-

मान्यां सबद चुकाया दंद
निहचै राजा भरथरी परचै गोपीचन्द।।
निहचै नखै भए निरदंद।
परचै जोगी परमानन्द।।[16]

भर्तृहरि ने भी 'नाथसिद्धों की बानियाँ' नामक ग्रन्थ में अपना गुरु श्रीगुरु गोरखनाथ को ही माना है। उनका कथन है-

सिधौ इहां कोई दूजा नाहीं।।
ग्यान दृष्टि करि देखन लगा। हरि है सब घट माही।।

जहाँ था दोष दया तहं उपजी। सहज सुरति अनुरागी।।
गोरष मिल्या भरम सब भागा। सुरति सबद सूं लागी।।
गुरु सूं ग्यान सूं बुधि भई। बुधि सूं अकल प्रकासी।।
भनतं भरथरी हरि पद परस्या। सहज भया अविनासी।।[17]

अन्यत्र (गो. वा. 599) में भी द्रष्टव्य है-

सतगुरु सबदूं राजा भरथरी सीधा रे।
गुरु गोरष बचन प्रवाणां जी।।[18]

अतएव सिद्ध है कि भर्तृहरि के गुरु महायोगी श्रीगुरु गोरखनाथ ही थे। इसमें कोई सन्देह नहीं है।

इसकी पुष्टि भर्तृहरि स्वयं करते हुए 'नाथसिद्धों की बानियाँ' में लिखते हैं-

अवधू जलबिन कंवल कंवल बिन मधुकर।
कोइल बोलें कंठ बिना।।
थल बिन मृघ मृघ बिन पारध।
एक सर बेधे पंच जना।
नउ द्वार जड़ि ले कपाट। दसवैं द्वारैं सिय धरि बाट।
एक लष चंदा दोइ लष भांण। बेघणा मृघगगन अस्थान।।
बेध्या मृघ न छाड़ै पास। भगत भरथरी गोरष का दास।[19]

भर्तृहरि एक सच्चे साधक होने के साथ-साथ नाथ पन्थ के प्रमुख सिद्धों में से एक थे। इन्होंने ही वैराग्य-सम्प्रदाय चलाया जो कि नाथपन्थ का एक प्रमुख सम्प्रदाय है। साहित्यिक ग्रन्थों के माध्यम से भर्तृहरि ने अपना सन्देश लोक तक पहुँचाया है जो कि आज भी अनुकरणीय एवं प्रासंगिक है।

सन्दर्भ

1. *साधन शिखर*-शिवोम तीर्थ-देवात्म शक्ति सोसायटी (आश्रम), ठाणे, महाराष्ट्र, संस्करण-2003, पृ.-16
2. *नाथसिद्ध चरितामृत*-रामलाल श्रीवास्तव-गोरखनाथ मन्दिर, गोरखपुर, स. 2071 वि., पृ. 171-172

3. साधन शिखर की सम्पूर्ण कथा स्वामी शिवोम तीर्थ को उनके गुरु स्वामी विष्णु तीर्थ ने सुनाई थी। बाद में स्वामी शिवोम तीर्थ जी ने इसे लोक के लिए पुस्तक रूप में लिपिबद्ध कर दिया था।
4. *साधन शिखर* से साभार पृ.–28 से 62 तक का बीच–बीच का कुछ अंश।
5. *गोरखनाथ और नाथ सिद्ध*– डॉ. अनुज प्रताप सिंह, प्रकाशक–गोरखनाथ मन्दिर, गोरखपुर, सं.– वि. स.–2046, पृ.–136–137
6. *नीतिशतक–26*
7. वही, 02
8. वही, 79
9. *वैराग्यशतक–58*
10. वही, 85
11. वही, 43
12. वही, 12
13. वही, 52
14. वही, 72
15. *नाथ सिद्धों की बानियाँ,* नागरी प्रचारणी सभा, काशी, वि. सं. 2035 589–596
16. *गोरखनाथ सबदी–15*
17. *नाथसिद्धों की बानियाँ*–नागरी प्रचारणी सभा, काशी, वि. सं. 2035 676, 678, 679
18. *नाथसिद्धों की बानियाँ*–नागरी प्रचारणी सभा, काशी, वि. सं. 2035 599
19. वही–605, 606

श्री योगी नागनाथजी

अध्याय-7

सिद्धयोगी नागनाथ

योगी नागनाथ नाथपन्थ के प्रमुख सिद्धों में एक हैं। कहा जाता है कि ये आज भी सूक्ष्म रूप से साधनारत हैं। कुछ सिद्ध संतों ने इनका दर्शन भी प्राप्त किया है। 'साधन-शिखर'[1] में स्वामी शिवोम तीर्थ महाराज ने भी लिखा है कि नागनाथ उनके गुरुदेव पूजनीय विष्णु तीर्थ को दिखाई देते थे। 'गोरक्ष सिद्धान्त' संग्रह के अनुसार ये नवनाथों में अगणित हैं।

नागनाथ के जीवन चरित्र की कथा लोक में प्रचलित है। कहा जाता है कि सरस्वती के रूप सौन्दर्य पर मोहित होने पर ब्रह्मा का वीर्य स्खलित हुआ और उसका एक भाग तक्षक नाग की कन्या पद्मिनी के मस्तक पर गिरा, उसने उस वीर्य को चाट लिया, जिससे नागिन गर्भिणी हो गयी। तब इस गर्भ में नारायणों में से एक नारायण अविरहोत्र नारायण ने प्रवेश किया। उसी समय राजा जनमेजय सर्प यज्ञ कर रहे थे, जिसमें सर्पों की आहुति दी जा रही थी। कहीं नागिन भी उस यज्ञ का शिकार न हो जाय यह सोचकर आस्तिक ऋषि ने उसे एक बरगद के पड़े के खोखल में छिपा दिया और मन्त्र के द्वारा उसकी सुरक्षा की व्यवस्था करके ऋषि हस्तिनापुर में जनमेजय के यज्ञ में सम्मिलित हुए। यज्ञ सम्पन्न हो जाने के पश्चात् नागिन ने एक अण्डा दिया और उस अण्डे से एक तेजस्वी बालक पैदा हुआ। कोशधर्म नामक निर्धन ब्राह्मण ने, जो उसी पेड़ के पत्तों से अपना जीविकोपार्जन करता था, भविष्यवाणी सुनकर उस पेड़ के खोखल से बालक को निकाला और अपनी पत्नी सुरादेवी को उसके पालन-पोषण के लिए दे दिया। आकाशवाणी के आदेशानुसार उस बच्चे का नाम वट सिद्ध नागनाथ रखा। ब्राह्मण की दरिद्रता उस बालक के घर में आ

जाने से दूर हो गयी। सात साल का हो जाने पर बालक का यज्ञोपवीत संस्कार करके विद्या अध्ययन में लगा दिया गया।

एक बार काशी विश्वनाथ मन्दिर के पास गंगा तट पर कुछ बालकों के साथ क्रीड़ा करते समय नागनाथ को दत्तात्रेय जी का अनुग्रह प्राप्त हुआ। दत्तात्रेय ने खेल-खेल में यह बताया कि वह जो भी इच्छा करेगा, वह वस्तु उसे प्राप्त हो जायेगी। इसका प्रयोग करके बालक नागनाथ अपने साथियों के लिए अच्छे-अच्छे भोजन एवं पकवान मंगवाकर खिलाता रहता, एक दिन देख लेने पर इन्होंने अपने माता-पिता को भी उसी तरह से भोजन कराया। इस प्रकार के अनेक चमत्कारों से उनके माता-पिता को यह विश्वास हो गया कि यह बालक कोई महापुरुष है। बालक से पूछने पर उसने बताया कि यह दत्तात्रेय जी की कृपा का फल है। यह सुनकर ब्राह्मण ने बताया कि दत्तात्रेय जी का दर्शन होना बहुत कठिन है, यह अनेक जन्मों के पुण्य से ही प्राप्त होता है। यह सुनकर बालक नागनाथ घर त्यागकर दत्तात्रेय जी को ढूंढ़ने निकल पड़े। ढूंढ़ते-ढूंढ़ते महाराष्ट्र के कोल्हापुर नामक स्थान पर स्थित एक मन्दिर में भिक्षुक रूप में दत्तात्रेय जी का दर्शन प्राप्त किया। दत्तात्रेय ने बालक की इतनी अधिक भक्ति देखकर उसे हृदय से लगा लिया और उसके सिर पर हाथ फेरकर उसे मन्त्रोपदेश देकर आत्मज्ञानी बना दिया। तत्पश्चात् दत्तात्रेय जी और नागनाथ काशी के लिए रवाना हुए। काशी में दत्तात्रेय ने बालक नागनाथ को शिव का दर्शन कराया। शिव ने नागनाथ को दीक्षा देकर नाथपन्थ में दाखिल होने को कहा। दत्तात्रेय जी नागनाथ को छह महीने तक काशी में रखकर सारी विद्याएँ, चौसठ कलायें तथा सारी साधनायें सिद्ध कराईं। इसके पश्चात् दत्तात्रेय जी ने नागनाथ को बद्रिकाश्रम ले जाकर तपस्या करने के लिए बैठाया। यहाँ नागनाथ ने बारह वर्ष तक तप करके सभी देवताओं से वरदान प्राप्त किया। कालान्तर में दत्तात्रेय जी का आशीर्वाद प्राप्त करके, तीर्थयात्रा पर निकल पड़े।

तीर्थयात्रा करते हुए नागनाथ बालाघाट के जंगल में रहकर नाथयोग साधना में प्रवृत्त हुए। यहाँ पर उनके अनेक शिष्य हुए और शिष्यों ने एक योगमठ स्थापित किया। उसी समय भ्रमण करते हुए योगेश्वर मत्स्येन्द्रनाथ बड़वाल ग्राम आये और उन्हें नाथयोग सिद्धान्तों को बताया।

अपनी कृपा से नागनाथ का साधनामय जीवन कृतार्थ किया। यहाँ तप करते हुए नागनाथ ने अनेक सिद्धियाँ प्राप्त कीं। यहीं पर इन्होंने संजीवनी विद्या प्राप्त की और अपनी शिष्य की पत्नी को, जो कि मृत हो गयी थी, जीवित कर दिया। यहाँ पर ही नागनाथ की समाधि स्थली है। नागनाथ की साधना का विस्तृत वर्णन ''साधन शिखर' नामक ग्रन्थ में भी प्राप्त होता है। इसमें देवास टेकड़ी पर नागनाथ की साधना का वर्णन किया गया है। **स्वामी विष्णु तीर्थ महाराज** ने इसका वर्णन करते हुए लिखा है कि देवास की टेकड़ी पर माता जी का स्थल देखकर नागनाथ मन्त्रमुग्ध हो गये। उन्हें वन प्रदेश की रमणीयता के साथ वहाँ माताजी की सूक्ष्म अलौकिक तंरगों के अतिरिक्त भर्तृहरि की आध्यात्मिक तंरगें भी अनुभव हो रही थीं। स्वामी विष्णु तीर्थ महाराज जी ने कहा कि योगी नागनाथ अत्यन्त उच्च कोटि के साधक थे। सिद्धियों के स्वामी, किन्तु उन सिद्धियों का अभिमान बिल्कुल नहीं। ऐसा कहा जाता है कि नागनाथ जी रात को दो बजे नित्य प्रति गंगा-स्नान के लिए जाया करते थे, अतः उन्हें किसी ने कभी स्नान करते नहीं देखा। उनकी गिनती नौ-नाथों में शुमार है।

किसी समय इनकी तपस्थली ज्वालामुखी (हिमाचल प्रदेश) रही है, जिससे ज्ञात होता है कि ये माताजी के अनन्य भक्त थे। इस कारण भी जब ये माता चामुण्डा जी की टेकड़ी पर आए तो यह स्थान एकदम इनके मन को भा गया।

सिद्धियाँ उसे ही प्राप्त होती हैं जिसका मन उनकी प्राप्ति के लिए नहीं लपकता। जो सिद्धियों की प्राप्ति के लिए साधना करते हैं उन्हें केवल अस्थाई सिद्धियां ही उदय होती हैं। नागनाथ ने कभी भी किसी सिद्धि हेतु साधना नहीं की। उनकी साधना सदैव भगवान की कृपा प्राप्ति के लिए होती थी। सभी सिद्धियां उन्हें स्वभावतः अनायास प्राप्त हुईं, इसीलिए उन्हें सिद्धियों का अभिमान भी नहीं था।

प्रत्येक जीव में स्वभावतः ही असंख्य सिद्धियाँ विद्यमान हैं। सिद्धिसम्पन्न साधकों तथा सामान्य संसारी जीवों की आन्तरिक स्थिति एक समान है। सिद्धियां कहीं बाहर से आकर साधक में प्रकट नहीं होतीं, अपितु साधक की आन्तरिक स्वाभाविक स्थिति का प्रकटीकरण हैं। जब आन्तरिक स्थिति के प्रकटीकरण के लिए प्रयत्न किया जाता है तो वह अस्वाभाविक

प्रयत्न होता है। जब साधन आत्म-स्थिति प्राप्ति निमित्त किया जाता है, किन्तु अनायास ही सिद्धियां प्रकट होने लगती हैं, तो उसे स्वाभाविक प्रकटीकरण कहा जाता है। योगी नागनाथ ऐसे साधक थे जिन्होंने न तो कभी सिद्धियों के लिए साधना की, तथा न ही कभी उनका अनावश्यक प्रदर्शन किया।

योगी नागनाथ ने जब माता जी की टेकड़ी के दर्शन किये, उसी समय उन्होंने अपना मन बना लिया कि कुछ समय यहाँ रह कर साधनारत रहा जाए। माताजी की गुफा के सामने वाला स्थान, जहाँ भर्तृहरि प्रायः बैठा करते थे, अपनी कुटिया के लिए पसंद कर लिया। कुटिया क्या थी? पत्तों से ढकी हुई एक मड़ैया। उनके साथ आए शिष्यों ने भी अपने-अपने लिए स्थान चुन लिया। किसी ने किसी गुफा में आसन जमा लिया, किसी ने किसी बड़े पत्थर की ओट का सहारा ले लिया, तो किसी ने छोटी-सी मड़ैया छा ली। इस तरह यह साधन-शिखर एक आश्रम का रूप ग्रहण कर गया।

योगी नागनाथ ने सबसे पहले भर्तृहरि के दर्शन किये। भर्तृहरि उस समय बांग्लादेश के पहाड़ी क्षेत्र में रह रहे थे। संतों के परस्पर मिलन का दृश्य बड़ा अलौकिक होता है। दोनों महापुरुष मिलकर अतीव प्रसन्न हुए। योगी नागनाथ ने कहा कि उज्जैन के समीप चामुण्डा माता जी की जिस पहाड़ी पर रहकर आप साधना में तल्लीन रहे हैं, वहाँ अब मैंने आसन जमा लिया है। सर्वप्रथम आपके आशीर्वाद हेतु उपस्थित हुआ हूँ।

भर्तृहरि ने कहा आप स्वयं आशीर्वाद-स्वरूप हैं, आपको आशीर्वाद की क्या आवश्यकता है? फिर भी यदि आपका भाव ऐसा ही है तो भगवती चामुण्डा की आप पर कृपा-वृष्टि हो। आप सदैव अध्यात्म के उच्च शिखर छूते रहें। मेरा आशीर्वाद है।

मैंने (लेखक) ने कहा- बंगला देश (बंगाल) तो यहाँ से बहुत दूर है। उस समय यात्रा प्रायः पैदल ही होती थी। जाने-आने में बहुत दिन लगे होंगे।

महाराजश्री-तुम यह भूल रहे हो कि नागनाथ जी एक सिद्धयोगी थे। उनका सूक्ष्म शरीर आन्तरिक दैवी विभूतियों से सम्पन्न था। स्थूल शरीर पर भी उन शक्तियों का उपयोग कर पाने में वे समर्थ थे। दो स्थानों की दूरी चाहे कितनी भी हो, उनके समक्ष उसका कोई महत्त्व नहीं था। किसी भी राकेट से अधिक तीव्र गति से वह यात्रा कर सकते थे। क्षण-मात्र में कहीं-से-कहीं

पहुँच सकते थे। योगी नागनाथ जी कब गये और कब आए? किसी को पता भी नहीं चला। सब यही समझते रहे कि वे अपनी कुटिया में ध्यान में बैठे हैं। योगियों की बात को कोई योगी ही समझ पाता है।

मैंने ने कहा–जब योगी नागनाथ जी के शिष्य अपने गुरुदेव में इस प्रकार की सिद्धियाँ देखते होंगे, तो उन्हें प्राप्त करने का उनका भी मन होता होगा?

महाराजश्री–पहली बात यह है कि नागनाथ जी के शिष्य ही क्यों न हों, वे प्राय: किसी के सामने सिद्धियों का प्रदर्शन करते ही नहीं थे। प्रदर्शन में आत्म–श्लाघा का भाव रहता है, जो अध्यात्म के लिए घातक है। एक सच्चा साधक कभी भी अपनी अवनति की कामना नहीं करता। फिर भी निरन्तर साथ रहने वालों को कुछ तो भनक पड़ ही जाती है। उनके शिष्यों में अवश्य ही ऐसा भाव उदय होता होगा कि उन्हें भी गुरुदेव के समान शक्तियां, पता नहीं कब प्राप्त होंगी। एक दिन उन्होंने योगीजी से पूछ ही लिया कि क्या उन्हें भी कभी यह सिद्धियां प्राप्त हो पाएंगी?

योगी नागनाथ–तुम्हारा यह प्रश्न ही अध्यात्म सिद्धान्त के विपरीत है। अध्यात्म–प्रेमी साधक के मन में इस प्रकार का भाव पैदा ही नहीं होता। ऐसा भाव साधकों के लक्ष्य को ईश्वर से दूर हटा देता है। फिर अन्य किसी सिद्धि के प्राप्त होने की अभिलाषा मन में जगा देता है। दृष्टि ईश्वर से परे हटती जाती है। साधन का आधार बदल जाता है। यदि उसे सिद्धि प्राप्त हो भी जाय तो भी वह अध्यात्म की नहीं, जगत् की ही सिद्धि होती है, जो जगत् से भी अधिक बन्धनकारक होती है क्योंकि जगत् से वह कहीं अधिक सूक्ष्म है।

साधक के सामने सिद्धियों का भाव ही नहीं होता किन्तु समय आने पर वह हाथ बांधे स्वयं उपस्थित हो जाती हैं कि उन्हें स्वीकार करो, किन्तु साधक उनकी तरफ से मुंह फेर लेता है। वह उन्हें साधक की उन्नति के मार्ग में प्रतिबंध के रूप में देखता है। सिद्धियां आदेश की प्रतीक्षा में द्वार के बाहर खड़ी रहती हैं। धीरे–धीरे अभिमान तथा आत्मश्लाघा की पूर्णता में सहायक हैं। यह आत्मा की विभूतियां हैं जो आत्म–प्राप्ति के मार्ग में प्रकट होती हैं। साधक सिद्धियों को अपना तो लेता है किन्तु उन्हें द्वार के बाहर ही खड़ा रखता है तथा अपने अभिमान–प्रदर्शन के लिए कभी भी उनका प्रयोग नहीं करता।

यह सुन कर योगीजी के शिष्य मौन रह गये। फिर एक शिष्य ने विषय परिवर्तन के लिए दूसरा प्रश्न किया।

शिष्य–जब शक्ति–शिव आदि अन्तस में ही हैं तो फिर बाहर के गुरुओं की शरण लेने को क्यों कहा जाता है तथा जगत् में प्रतीक और प्रतिमाएं बनाने की भी क्या आवश्यकता है?

योगी नागनाथ–पहले इस बात को समझो कि हमें बाहर जो कुछ दिखाई देता है, वास्तव में वह अन्तस में दीखता है। यदि तुम मुझे बाहर दिखाई दे रहे हो तो वास्तव में तुम्हारा ज्ञान मेरे अन्तस में प्रतिबिम्बित हो रहा है और अन्तस में तुम्हारे स्वरूप का ज्ञान करा रहा है। इसी प्रकार बाह्य प्रतीकों तथा प्रतिमाओं का ज्ञान भी अन्तस में होता है। यह भी अन्तस में गहरे उतरने का ही एक मार्ग है। बाहर के दृश्य का ज्ञान, बाहर नहीं, अन्तस में होता है। उसका प्रभाव भी अन्तस में बढ़ता है।

फिर यह बात भी है कि शक्तिरूपी गुरु शिष्य के अन्तस में भी है तथा सद्गुरु के अन्तर में भी। अन्तर में गुरु, शक्ति तथा भगवान के किसी स्वरूप को समझने–जानने तथा उससे तादात्म्य प्राप्त करने के लिए बाह्य गुरु तथा प्रतीक अवलंबन मात्र हैं। साधन की उच्च–अवस्था में अन्तःगुरु तथा अन्तःशक्ति का जितना महत्त्व है उतना ही प्रारंभावस्था में बाह्य गुरु तथा प्रतीकों का है। सिद्धावस्था में गुरु–शिष्य सम्बन्ध तथा सभी प्रतीक केवल विकल्प रह जाते हैं। फिर कौन गुरु और कौन चेला। जब साधक का चित्त अहम् से ऊपर उठ कर चैतन्य में स्थापित हो जाता है, उसका जीवन तथा व्यक्तित्व एकदम बदल जाता है। वह शिवतुल्य अलौकिक हो उठता है। किन्तु यह अवस्था कब आएगी, इसका कोई पता नहीं। इसलिए साधक के मन की जैसी स्थिति है, उसके बारे में ही उसे विचार करना चाहिए। धैर्य धारण करने तथा निरन्तर समर्पण युक्त साधन करने में ही उसका हित है।

योगी नागनाथ•प्रायः ध्यान की अवस्था में रहते थे। उसी अवस्था में स्थित रहते हुए ही, अपने मन को, शिष्यों के मन में प्रवेश करा कर, उनका शिक्षण करते, एवं शंकाओं का समाधान करते थे। जब कभी साधना से उठ कर अपनी कुटिया के बाहर आकर बैठते थे, तब प्रत्यक्ष सत्संग किया करते थे, किन्तु फिर भी प्रायः मौन ही बैठे रहते थे। उस अवस्था में उनके शिष्यों के

मन की शंकाएं उभरती रहतीं तथा उनका समाधान भी अन्तस से ही प्रस्फुटित होता रहता था।

एक बार एक शिष्य के मन में शंका उदय हुई कि यदि महासरस्वती सृष्टि का निर्माण करती रहे, किन्तु महाकाली उस का पालन एवं संरक्षण होने से पूर्व ही उसका संहार करती रहे, अथवा महासरस्वती यह कहे कि मैं निर्माण ही नहीं करूंगी तो पालन एवं संहार किसका करोगी? अथवा महालक्ष्मी यह कहे कि तुम भले ही निर्माण करती रहो किन्तु मैं पालन नहीं करूंगी तो बड़ी विकट समस्या खड़ी हो जायेगी। यदि महाकाली ने संहार बंद कर दिया तो एक दिन संसार में तिल रखने की भी जगह नहीं रहेगी, अथवा महासरस्वती ने निर्माण बंद कर दिया तो एक दिन जगत् में एक भी जीव दिखाई नहीं देगा।

वह सोच ही रहा था कि अन्तस से आवाज आई, "अरे भई, इन शक्तियों में प्रतिस्पर्धा, मनमुटाव, कहा-सुनी इत्यादि तो तब हो, जब यह परस्पर एक दूसरे भिन्न हों। किन्तु ऐसा नहीं है। ईश्वरीय शक्ति एक है किन्तु भिन्न-भिन्न कार्य करने से, उसके भिन्न-भिन्न नाम रख दिये गये हैं। यह नाम शक्ति के नहीं, उसकी क्रिया के हैं। शक्ति में भिन्नता नहीं है, उसकी क्रिया में है। यह सभी क्रियाएं परस्पर पूरक हैं। विरोधी नहीं। जब निर्माण की क्रिया सम्पादित करती है तो उसका नाम महासरस्वती होता है। जब प्रलय का समय होता है तो संहार करने वाली शक्ति क्रियाशील हो जाती है जिसे महाकाली कहा गया है। इसमें परस्पर विरोध या खींचतान वाली कोई बात ही नहीं। सृष्टि-काल में निर्माण, पालन तथा संहार की गतिशीलता महालक्ष्मी, तथा गतिशीलता का ठहराव महाकाली का उत्तरदायित्व है। तीनों शक्तियां एक होते हुए भी, क्रिया के अन्तर के कारण, उन्हें तीन नामों तथा तीन स्वरूपों में कल्पित किया गया है।"

फिर एक नई शंका उभरी, "क्या यह संभव है कि कोई भगवान को छोड़ कर केवल भगवती की; अथवा भगवती को छोड़कर केवल भगवान की उपासना करे?"

योगी नागनाथ- करने को कोई कुछ भी समझ कर; कुछ भी कर सकता है किन्तु सिद्धान्त रूप में केवल भगवान अथवा केवल भगवती की उपासना

संभव नहीं। शक्ति की भावना करते हैं, उसका आधार शक्तिमान के साथ चला आता है। शिव पार्वती के बिना, अथवा नारायण लक्ष्मी के बिना रह नहीं सकते। वैसे नर रूप में अथवा स्त्री में, भगवान की किसी भी तरह उपासना करो, वह शक्ति की ही उपासना है। भगवान तथा भगवती ऐसे मिले हुए हैं कि उन्हें पृथक किया ही नहीं जा सकता। यह एक में दो हैं, तथा दो में एक की भावना। परस्पर भिन्नत्व तथा नानात्व का भाव सांसारिकता है तो एकत्व का भाव आध्यात्मिकता। शिव तथा शक्ति दो हैं ही नहीं, एक ही हैं। फिर एक को छोड़ कर दूसरे की उपासना कैसे संभव है?

शक्तिपात की साधन-प्रणाली में कहा तो यह जाता है कि यह शक्ति की क्रियाएं हैं क्योंकि शिव का शक्ति-अंश ही क्रियाशील होता है अन्यथा यह शिव के आधार पर शक्ति की क्रियाशीलता होती है। क्रिया तथा निष्क्रियता दोनों शिव में समाहित हैं। क्रिया को शक्ति तथा निष्क्रियता को शिव कहा जाता है। शक्ति की क्रियाशीलता के माध्यम से ही शिवावस्था को प्राप्त किया जा सकता है। शिव-शक्ति भौतिक तत्त्वों के स्तर तक नीचे उतरते आते हैं। तुम अग्नि से उसकी दाहकता को, जल से उसके गीलेपन को तथा आकाश से नाद को पृथक कर सकते हो।

जो साधक, साधना करते हुए, शक्ति की ओर से उदासीन रहते हैं, वह अनजाने ही ऐसा कर रहे होते हैं। शक्ति के बिना न साधक का कोई अस्तित्व है, न साध्य की ही कोई सत्ता। यदि जगत् में से शक्ति को निकाल दिया जाय तो जगत् का प्रकटीकरण ही विलीन हो जाय। यदि शिव शक्ति को माया कह कर पुकारते हैं किन्तु माया भी शक्ति की एक क्रिया है।

इस प्रकार योगी नागनाथ प्रत्यक्ष सत्संग के अतिरिक्त मानसिक स्तर पर भी, शिष्यों की शंकाओं का समाधान करते थे। कभी किसी के अन्तस में वाणी सुनाई देती थी तो किसी को दृश्य-दर्शन के माध्यम से उपदेश किया जाता था। किसी को अन्तर्विचारों के रूप में अन्तस से ही अपने प्रश्न का उत्तर सूझ पड़ता था।

एक बार एक शिष्य अपने स्थूल शरीर का त्याग कर, सूक्ष्म शरीर में स्थित होकर, अपने मृतवत पड़े शरीर को देख रहा था तो उसे अपने समान अनेकों साधक आकाश में दिखाई दिए। कई मानव-आकृति धारण किये थे

तो कुछ के कंधों पर विभिन्न पशुओं के सिर थे। कुछ आकाश में उछलकूद कर विहार कर रहे थे तो कुछ मंथर गति से घूम रहे थे, कइयों के पास शस्त्र थे तो कुछ बिना शस्त्र घूम रहे थे। कुछ जोर-जोर से चिल्ला रहे थे तो कुछ मौन थे। उस शिष्य को उन्हें देख कर अत्यन्त विस्मय हुआ। उस का सूक्ष्म शरीर भी बड़ी तीव्र गति से अन्तरिक्ष में तैरने लगा। सहसा उसने देखा कि योगी नागनाथ भी उसके आगे उड़े जा रहे हैं। शिष्य ने अपने गुरुदेव को पकड़ने का प्रयत्न किया, किन्तु उन तक पहुँच नहीं सका। योगी नागनाथ की गति उससे कहीं अधिक तीव्र थी। न जाने कहाँ विलुप्त हो गये। उसने एक व्यक्ति से पूछा कि इतने सारे लोग आप कौन हैं? क्या आप लोग भी स्थूल शरीर का त्याग किये हुए हैं।

दूसरे सूक्ष्म शरीर ने उत्तर दिया कि स्थूल शरीरों का त्याग करके तो वह भी आए हैं किन्तु तुम्हारी तरह नहीं। तुम तो कुछ देर के लिए ही स्थूल देह का त्याग करके आए हो, तथा शीघ्र वापिस उसी शरीर में प्रवेश कर जाओगे, जबकि हम सदैव के लिए त्याग करके यहाँ आ गये हैं। हम जगत् दृष्टि से मरे हुए हैं। हमारे शरीर तो जल कर भस्म हो चुके हैं या जमीन के अंदर उसे कीड़े खा गये हैं।

शिष्य–किन्तु यहाँ तुम लोगों के साथ हमारे गुरुदेव भी उड़े जा रहे हैं।

उत्तर–वह भी तुम्हारी तरह स्थूल देह अस्थाई रूप में त्याग कर यहाँ आए हैं।

इतनी बात कह कर वह आगे उड़ने लगा। एक स्थान पर एक मृत देह पड़ी थी। मृतक के सूक्ष्म शरीर के पास खड़े होकर लोगों को रोते देख रहा था। शिष्य भी मृतक के सूक्ष्म-शरीर के पास जाकर खड़ा हो गया तथा पूछा, "क्या तुम मर गये हो?"

मृतक–लोग तो यही कहते हैं किन्तु मैं तो यहाँ खड़ा हूँ। मैं इतना ही जानता हूँ कि इस शरीर में कुछ दिन निवास किया था। वह जो बुढ़िया रो रही है वह अपने-आप को इस शरीर की माता मानती है। यह लोग नहीं रो रहे हैं, उनका मोह उन्हें रुला रहा है। जब यह लोग भी शरीर का त्याग करेंगे तो दूसरे इनके लिए भी इसी प्रकार रोएंगे किन्तु तब इन्हें सारी स्थिति स्पष्ट हो जाएगी।

शिष्य–और फिर जब किसी शरीर में प्रवेश करेंगे तो पुनः मोह में उलझ जायेंगे संसार का तो यही हाल है।

जब उस शरीर को श्मशान घाट ले जाकर अग्नि को अर्पित किया गया तो उसका शरीर बड़े जोर हँसा, "आज हमारा घर जल रहा है। एक दिन सभी के घर इसी तरह जल कर राख हो जाएंगे।"

शिष्य जब अपने स्थूल–शरीर में लौटा तो उठ कर सबसे पहले गुरुदेव की कुटिया की ओर भागा। जाकर देखा तो योगी नागनाथ जी उस समय अपने आसन पर ध्यानमग्न बैठे थे। योगी जी निरन्तर कई दिनों तक उसी अवस्था में बने रहे। महाराजा विक्रमादित्य भी एक दिन दर्शनों के लिए आए तो देखा कि योगी नागनाथ जी तथा अन्य सभी शिष्य ध्यानस्थ हैं। वह बिना किसी प्रकार की कोई आवाज किये लौट गये।

कुछ दिनों के पश्चात् जब योगी नागनाथ जी ध्यान–मुक्त हो गये थे तो अपनी कुटिया के बाहर एक वृक्ष के नीचे बैठे थे। शिष्य मण्डली उनके आस–पास जमी थी।

एक शिष्य–एक दिन आपने कहा था कि माया भी शक्ति की एक क्रिया है किन्तु जैसा मुझे ज्ञात है कि माया का अर्थ है भ्रम, जैसे कुछ नहीं होने पर भी कुछ होने का भ्रम, अथवा किसी वस्तु को देख कर किसी अन्य वस्तु के होने का भ्रम हो जाना। इस प्रकार जगत् के नहीं होने पर भी जगत् के होने का भ्रम। इसमें भला शक्ति की किसी क्रिया की क्या भूमिका है?

योगी नागनाथ–भ्रम हो जाना भी मन के आधार पर शक्ति की एक सूक्ष्म क्रिया है। यह तो तुम जानते ही हो कि भौतिक क्रिया हो, शारीरिक क्रिया हो अथवा मानसिक क्रिया, शक्ति के संयोग के बिना संभव नहीं। वेदान्त में जगत् को असत्य नहीं, मिथ्या कहा गया है तथा मिथ्या का अर्थ नित्य परिवर्तनशील है। हम स्वयं भी जगत् की परिवर्तनशीलता का अनुभव करते हैं। अपने शरीर की ओर ध्यान जाता है तो उसमें परिवर्तन होते रहते हैं। क्या शक्ति के क्रियात्मक सहयोग के बिना कोई परिणाम संभव है? क्या किसी मृतक का हाथ अपने–आप ऊपर उठ सकता है? जब तक शक्ति न हो। क्या कोई भाव या विचार उदय हो सकता है? क्या कोई मर या जी सकता है? वेदान्त अद्वैत का प्रतिपादन करता है। इस प्रतिपादन की आवश्यकता क्यों पड़ी?

क्योंकि जीव द्वैत के भ्रम में पड़ा है। भ्रम में ही उसका आना-जाना होता है, भ्रम में ही सोता, खाता या जागता है। यही माया या शक्ति की क्रिया है। एक क्रिया जड़-चेतन की ग्रन्थि के भ्रम का कारण है तो एक ग्रन्थि के भ्रम को हटाने का। जगत् का निर्माण भी शक्ति की क्रिया है तो दृश्य जगत् की प्रलय भी एक क्रिया। इस प्रकार यदि देखा जाय तो यह जगत् शक्ति का क्रियारूप ही है। इसी को भगवती की लीला कहा जाता है।

एक अन्य शिष्य ने एक और प्रश्न किया, "शक्ति सर्वव्यापक है, फिर कहीं दिखाई देती है कहीं नहीं। जल प्रवाह में, अग्नि की दाहकता में, इन्द्रियों के कर्मों में, श्वास-प्रश्वास में, शक्ति कार्य करती दिखाई देती है किन्तु पहाड़ो तथा पत्थरों में कोई क्रिया दिखाई नहीं देती?"

योगी नागनाथ-हमारा दिखाई देने अथवा अनुभव होने का अर्थ ही शक्ति की क्रिया का स्थूल स्तर पर प्रकट होना है। लक्ष्य बहिर्मुखी होने से बाहर की, भौतिक आधार पर क्रिया दृष्टिगोचर हो जाती है। जितनी स्थूलता का आधार अधिक होता है उतनी ही क्रिया स्पष्ट होती है। किन्तु स्थूलता के कारण ही जड़ता भी दिखाई देती है। सामान्य मनुष्यों की गति इन्द्रियों की पहुँच तक सीमित है। जड़ता का एक कारण शक्ति के स्पंदन की अत्यधिक तीव्रता भी है जिसके कारण पहाड़ तथा पत्थर जड़ दिखाई देते हैं और शक्ति की क्रियाशीलता पकड़ में नहीं आती। जल में, वायु में, अग्नि इत्यादि में स्थूलता और जड़ता बहुत कम होती है इसलिए वहाँ भौतिकता के आधार पर क्रिया देखी जा सकती है। जगत् में कार्यशील शक्ति तो फिर भी जड़ शक्ति है किन्तु शारीरिक क्रियाओं की कर्ता शक्ति चेतन है जो कि जड़ शक्ति की अपेक्षा कहीं अधिक सूक्ष्म एवं शक्तिशाली है। अतः उसकी क्रिया भौतिक शरीर पर भी अनुभव की जा सकती है। किन्तु जीव की जितनी सूक्ष्मता तक गति होती है, उतनी ही सूक्ष्मता तक वह क्रिया को अनुभव कर सकता है। सामान्य मनुष्य की गति इन्द्रियों की पहुँच तक सीमित है इसलिए वह इन्द्रियों की स्थूल सीमा तक ही किसी क्रिया, परिणाम, दृश्य, पदार्थ अथवा व्यक्ति का ज्ञान प्राप्त कर सकता है या अनुभव करता है। उत्कृष्ट साधक मन की आन्तरिक सूक्ष्म चेष्टाओं से भी अवगत होते हैं। इसलिए शक्ति सर्वव्यापक होते हुए भी कहीं उसकी क्रिया प्रकट है तो कहीं अप्रकट। अप्रकट क्रियाओं

को जन-साधारण तो पकड़ नहीं पाते जबकि अप्रकट क्रियाओं तक केवल उच्च साधकों की ही गति होती है, वह भी उसी सीमा तक, जहाँ तक उनकी पहुँच हो।

मैंने कहा-योगी नागनाथ जी तो इस प्रकार बात कर रहे हैं जैसे कोई वैज्ञानिक बोल रहा हो। उस समय तक विज्ञान का इतना विकास कहाँ था?

महाराजश्री-यह तुम्हें किसने कह दिया कि योगी नागनाथ जी वैज्ञानिक नहीं थे। हाँ! उस समय इतने बड़े-बड़े यंत्र एवं प्रयोगशालाएं नहीं थीं और न ही उनकी कोई आवश्यकता थी। वे अपनी साधन के द्वारा ही स्थूल तथा सूक्ष्म स्तरों का ज्ञान प्राप्त करते थे। साधना अणु से लेकर ब्रह्म तक का अनुभवात्मक ज्ञान प्राप्त कराने में सक्षम है। उनके द्वारा भौतिकता का ज्ञान, आज के भौतिक विज्ञान के साथ मेल खाता है। वह ज्ञान ऐसे सूक्ष्म स्तरों का भी वर्णन करता है जो अभी तक आधुनिक विज्ञान की परिधि से बाहर हैं। प्राचीन योगियों ने शक्ति के अत्यन्त सूक्ष्म एवं गुह्य स्तरों के अनुभव साधना के द्वारा प्राप्त किये।

जब शक्ति शिव में प्रकट एवं कार्यशील अवस्था में रहती है तब उसका स्पंदन, आन्दोलन एवं क्रिया निरन्तर चला ही करती है। जब शक्ति शिव में विलीन हो जाती है तभी उसका स्पंदन विराम पाता है। जगत् का प्रत्येक परिणाम क्रिया या घटना शक्ति के स्पंदन के ही आश्रित है। एक शिष्य ने शंका उपस्थित की, "जब जगत् की प्रत्येक क्रिया; चाहे वह प्राकृतिक घटना हो अथवा किसी जीव द्वारा किया गया कर्म, सब शक्ति की ही क्रिया है, तो फिर मनुष्य के कर्म का क्या महत्त्व रह जाता है?"

योगी नागनाथ-शक्ति की जिस भी क्रिया में मनुष्य अपना अहम् मिला देता है, वही क्रिया कर्म का रूप ग्रहण कर लेती है तथा वह कर्म मनुष्य के प्रारब्ध के खाते में लिखा जाता है। मनुष्य कर्म का कर्ता नहीं होने पर भी कर्ता बन जाता है। द्रष्टाभाव से गिर जाता है। यदि विचार किया जाय तो सभी मनुष्य अभिमान तथा दंभ के गहन वन में भटक रहे हैं, जो शक्तिहीन होकर भी परम-शक्तिशाली होने का स्वांग रचते हैं। तब मनुष्य के अहम् भाव का स्तर अभिमान तथा कर्ताभाव तक नीचे उतर आता है। वह कर्मों एवं जगत् में आसक्त होकर कालचक्र में घूमता रहता है। दूसरा, अत्युच्च महापुरुषों

का शुद्ध अहम्भाव, जिसमें अहम्भाव निर्मल चैतन्य में स्थापित होता है। उस अवस्था में जीव व्यष्टि स्तर से ऊपर उठ कर समष्टि चैतन्य में प्रवेश कर जाता है। अभिमान तथा कर्ताभाव दोनों गलित हो जाते हैं। अहम्भाव की इस अवस्था को प्राप्त करना ही अध्यात्म का लक्ष्य है और इसी अहम्भाव से भगवती का अनुग्रह प्राप्त करना भगवती की यथार्थ कृपा है।

प्रश्न–किन्तु सामान्यतया तो लोग अपनी जागतिक कामनाओं की पूर्ति को ही भगवती की कृपा समझते हैं।

योगी नागनाथ–इसमें उनका कोई दोष नहीं क्योंकि उनके चित्त का स्तर ही ऐसा है। वह कामनाओं की पूर्ति को ही सर्वसुखों का दाता समझते हैं। वह भगवती का प्रेम प्राप्त करने के लिए नहीं, जगत् की कामनाओं की पूर्ति के लिए भगवती के दरबार में जाते हैं। भगवती भी एक टुकड़ा डाल देती है। चित्त–स्थिति के अनुरूप ही कोई कल्पना कर सकता है, किन्तु जगत् की कोई भी कामना–पूर्ति शाश्वत सुख प्रदान नहीं कर सकती।

एक बार नागनाथ जी ध्यान के उपरान्त अपनी कुटिया से बाहर निकले ही थे कि सामने भगवान दत्तात्रेय जी को खड़े पाया। देख कर वह हड़बड़ा से गये, साष्टांग प्रणाम किया और बोले, "प्रभु! आपने बड़ी कृपा की जो इस दास की कुटिया पर पधारे, मेरा धन्य भाग्य है।"

दत्तात्रेय– नागनाथ जी! आप में और मुझ में कोई अन्तर नहीं। हम ने भी जीवन से त्याग और तपस्या को अपनाया और आप भी उसी मार्ग पर अग्रसर हैं। धन्य वही है जिसने साधनामय जीवन लक्ष्य बना लिया है। हमें लोग अवधूत कहते हैं क्योंकि हमने विकारों तथा आसक्ति का त्याग कर दिया है। आपको लोग अवधूत के रूप में नहीं पहचानते किन्तु मेरी दृष्टि में आप भी अवधूत से कम नहीं हो। आशारूपी पाश से मुक्त हो, आद्योपान्त निर्मल हो, परमात्म तत्त्व के पूर्ण ज्ञाता हो, विषयों–वासनाओं के त्यक्त हो। तुम्हारे शरीर पर चाहे धूल जमी हो किन्तु तुम्हारा अन्तःकरण अत्यन्त निर्मल है। यह सब आप पर भगवान की कृपा का ही परिणाम है। आपके जैसे साधना–सम्पन्न लोगों को देख कर प्रसन्नता होती है।"

दत्तात्रेय जी ने भगवती चामुण्डा को साष्टांग प्रणाम किया और अदृश्य हो गये।

नटकासुर प्रकरण

टेकड़ी पर आकर रहने के कारण नागनाथ जी के दर्शनार्थियों का आना-जाना काफी बढ़ गया था। ऊपर जाने का मार्ग भी सुगम हो गया था। नागनाथ जी और अन्य साधक प्रायः अपने ध्यान में ही रहते थे। यदि कोई साधक मिल जाता तो लोग उससे थोड़ी बात कर लेते थे अन्यथा कुटिया के बाहर से ही प्रणाम कर लेते थे। लोगों के लिए माताजी का आकर्षण तो था ही।

नटकासुर नामक व्यक्ति उस समय डाका डालने तथा लूटपाट मचाने में कुख्यात था। उसने जब देखा कि टेकड़ी के आस-पास के वनों में लोगों का आवागमन बहुत बढ़ गया है तो उसने इसी क्षेत्र को अपनी गतिविधियों के लिए उपयुक्त समझा। उसके पास शस्त्रों से सुसज्जित लोगों का एक जत्था था। अतः वन में जाते दर्शनार्थियों को मारना-लूटना आरंभ कर दिया। लूटपाट, कत्ल तथा बलात्कार की घटनाओं से आस-पास के सभी गाँवों में आतंक व्याप्त हो गया।

नागनाथ जी प्रायः अपनी कुटिया में ध्यानस्थ ही रहते थे। जब वह ध्यान से उठे तो उन्हें बताया गया कि नटकासुर नामक डाकू ने जंगल में आतंक फैला रखा है। कई ऐसी घटनाएं घट चुकी हैं जिनमें उसने यात्रियों को लूट लिया है। कुछ लोगों की उसने हत्या भी कर दी है। बलात्कार भी हुए हैं। यात्री यहाँ आने से डरने लगे हैं।

एक शिष्य-महाराज जी! क्या आप अपने तपोबल से इस समस्या का समाधान नहीं कर सकते?

योगी नागनाथ-अवश्य कर सकते हैं किन्तु क्रोध करना हमारी साधना के नियमों के विरुद्ध है अन्यथा उसे योगबल से भस्म कर सकते हैं। हम उसे समझाने का प्रयत्न करेंगे किन्तु कठिनाई यह है कि ऐसे लोग किसी उपदेश को ग्रहण नहीं करते। पर हम उसे एक बार समझाने का प्रयत्न अवश्य करेंगे।

इतना कह कर योगी नागनाथ जंगल में गुम हो गये। कुछ शिष्यों ने साथ चलने के लिए निवेदन किया तो उन्होंने मना कर दिया, "मेरा अकेला जाना ही उचित है।" "किन्तु आप उसे इतने विशाल जंगल में ढूंढ़ेंगे कैसे?"

योगी जी ने कहा, "यह योगी के लिए कठिन कार्य नहीं। तुम चिन्ता मत करो।"

योगी नागनाथ जी सीधे वहीं जा पहुँचे जहाँ नटकासुर अपने डाकू-समूह के साथ बैठा था।

योगी नागनाथ जी-मैं नागनाथ हूँ जो इस टेकड़ी के ऊपर रहता हूँ। नटकासुर-तो तुम हो वह महात्मा जिसके दर्शन करने इतने लोग आते हैं। सुना है कि तुम बहुत चमत्कारी हो। हम भी तो तुम्हारा कोई चमत्कार देखें। यदि ऐसे ही सिद्ध हो तो अपने भक्तों की रक्षा क्यों नहीं करते?

योगी नागनाथ-सिद्धियां साधन-मार्ग का एक पड़ाव हैं, कोई प्रदर्शन की वस्तु नहीं। फिर मुझे सिद्ध होने का प्रमाण-पत्र तुमसे लेने की आवश्यकता नहीं। मैं तो तुम्हें केवल यह समझाने आया हूँ कि निर्दोष प्राणियों की हत्या करने से तुम्हें कुछ लाभ नहीं। यदि तुम्हें धन-माल का लोभ है तो वह प्रारब्ध से प्राप्त होता है। यदि तुम यहाँ कुकर्म नहीं करोगे तो तुम्हारा भाग्य किसी अन्य उपाय से तुम्हारे प्रारब्ध में लिखा धन तुम्हें दिलवा देगा। ऐसे धर्म-विरुद्ध कार्य करके तुम पाप के भागी बन कर अपना परमार्थ क्यों बिगाड़ते हो?

नटकासुर कह तो गया किन्तु योगी नागनाथ की निर्भीकता से उसका अन्तर दहल गया था। उसका मन हो रहा था कि यह साधु शीघ्रातिशीघ्र यहाँ से चला जाय। उसके हाथ-पांव जैसे सुन्न होते जा रहे थे। वह अच्छी तरह बोल भी नहीं पा रहा था। फिर किसी तरह उसने कहा, "यदि अपनी कुशलता चाहते हो तो तत्काल यहाँ से चले जाओ। अन्यथा तुम्हारे शिष्य तुम्हारी लाश ढूंढ़ेंते फिरेंगे।"

योगी नागनाथ-सत्य ही कहा है कि जिसकी बुद्धि भ्रष्ट हो जाती है उसे विवेक की बातें अच्छी नहीं लगतीं। काल उसके सिर पर मंडराने लगता है। अब तुम अपनी कुशलता की चिन्ता करो।"

इतना कह कर नागनाथ वापिस हो लिए। एक डाकू ने कहा, इस साधु की जबान कैसे चल रही थी। आपने उसे वापिस क्यों जाने दिया।

नटकासुर-यमलोक भेजने के लिए एक हाथ ही काफी था किन्तु यह भी सोचो कि इसका जीवित रहना तथा इस टेकड़ी पर वास करना हमारे हित में है तभी तो इतने लोग यहाँ आते हैं। यदि यह मारा जाय तो समझो कि सोने के अण्डे देने वाली मुरगी हाथ से गयी। इस पर सब डाकू हँसने लगे।

जब योगी नागनाथ टेकड़ी पर लौटे तो कुछ गंभीर थे। शिष्यों के पूछने पर उन्होंने बताया, "जैसी आशा थी वैसा ही हुआ। वह कोई बात सुनने-समझने के लिए तैयार नहीं।" इतना कह कर अपनी कुटिया में जाकर ध्यानस्थ हो गये। ध्यान में भगवती ने प्रकट होकर कहा, "नागनाथ! चिन्ता मत कर। नटकासुर का पाप का घड़ा अब भरने ही वाला है। एक बूंद की ही कमी रह गयी है।"

अगले दिन कुछ दर्शनार्थी जंगल में से आ रहे थे कि नटकासुर ने अपने दलबल के साथ उनको घेर लिया। कुछ दर्शनार्थियों ने उनका सामना करने का प्रयत्न किया तो उन्हें मौत के घाट उतार दिया गया। उनके कटे हुए सिर लोगों ने योगी नागनाथ के सामने लाकर रख दिए। वह हाहाकार कर रहे थे तथा योगी जी से सुरक्षा प्रदान करने की याचना कर रहे थे। अजीब दिल दहला देने वाला दृश्य उपस्थित था। योगी नागनाथ का हृदय नर-मुंडों को देख कर दुखी हो गया। वह लपक कर उठे तथा माताजी की गुफा में जाकर भगवती चामुण्डा से प्रार्थना करने लगे, "माता। आपने कहा था कि इस दुष्ट के पाप के घड़े में एक ही बूंद की कमी है किन्तु अब तो ऐसा प्रतीत होता है कि बाढ़ का पानी घड़े में प्रवेश करता जा रहा है। तुमने कृपा करके मुझमें ऐसी शक्ति भर दी है कि मैं भी उसे दण्ड दे सकता हूँ किन्तु हे मां। यह यश तुम्हें ही प्राप्त होना चाहिए।"

माता चामुण्डा- तुम चिन्ता क्यों करते हो? अब नटकासुर के दण्ड देने का समय आ गया है। अब कुछ ही क्षणों की बात है।

योगी नागनाथ ने देखा कि भगवती की प्रतिमा से ज्योति निकल कर आकाश में विलीन हो गयी। पेड़ों के झुरमुट में जहाँ नटकासुर, अपने साथियों के साथ, आज की घटना के विषय में विचार कर रहा था, कहीं से आवाज आई, "हे अभिमानी मूर्ख। अपने पापों का दण्ड भुगतने के लिए तैयार हो जा। अब तेरे पापों का घड़ा भर गया है।"

नटकासुर ने इधर-उधर देखा, कोई दिखाई नहीं दिया। उसने कहा, "हे मायावी नारी! छिप-छिप कर क्या बोल कर रही है? हिम्मत हो तो सामने आ।"

फिर आवाज आई, "मैं तुम्हें दर्शन देने नहीं आई, दण्ड देने आई हूँ। पाप करते समय तुमने तनिक भी संकोच नहीं किया। किन्तु कर्मों के परिणाम से कोई भी बच नहीं सकता।"

नटकासुर इधर-उधर देखने लगा। भय से उसका शरीर थर-थर कांप रहा था। यह ध्वनि उसे अपनी मौत का संकेत दे रही थी। फिर भी उसने मिथ्या उत्साह दर्शाते हुए तलवार हाथ में ले ली। किन्तु अब उसका जीवन-काल समाप्त हो चुका था। भय चित्त पर एक ऐसा आक्रमण है जिसमें विकार तथा मन के दोष रूपी सभी दैत्य मिल कर आक्रमण करते हैं, चित्त पर आघात करते हैं। सारा जगत् ही किसी-न-किसी कारण भयभीत बना रहता है। यदि कहा जाय कि जगत् भय का ही दूसरा नाम है तो अतिशयोक्ति नहीं होगी।

नटकासुर को अपना अतीत आंखों के सामने दिखाई देने लगा। किसी का वध कर रहा है, किसी को लूट रहा है, तो किसी से बलात्कार कर रहा है। उसमें पश्चात्ताप् की अग्नि धधक उठी किन्तु अब तक काफी देर हो चुकी थी। मौत सामने खड़ी उसे ललकार रही थी। इतने में एक हाथ में त्रिशूल लिए, लाल-लाल आंखें, शरीर क्रोध से कांपता हुआ, उसे एक स्त्री दिखाई दी। भगवती ने कहा, ''पाप का फल कभी भी मीठा नहीं होता, न ही अपने कर्मों के फल से कोई बच सकता है।'' यह कह कर उसने त्रिशूल नटकासुर की ओर फेंका जो उसकी छाती चीरता हुआ दूसरी ओर निकल गया।

वास्तव में भगवती दैत्यों के रूप में दोष-युक्त भावों का संहार करती है। दैत्य अपने पापों तथा कुकर्मों के कारण सदैव तनावग्रस्त तथा भययुक्त बने रहते हैं। दोषमुक्त हो जाने पर दैत्य भी भयमुक्त हो जाते हैं क्योंकि तब वह दैत्य रहते ही नहीं। उनका भी कल्याण हो जाता है। भगवती के समीप दैत्य, देव, मानव सभी एक समान हैं। वह जगन्माता होने से सभी को एक समान स्नेह करती हैं। दैत्यों को भगवती नहीं, उसके पाप मारते हैं।

जब त्रिशुल नटकासुर की छाती के आर-पार हो गया तो उसका शरीर धड़ाम से पृथ्वी पर आ गिरा। वह तड़पने लगा। भगवती ने जब त्रिशूल उसके शरीर से निकाला तो उस पर खून नहीं था जबकि नटकासुर लहुलुहान था।

नटकासुर घायल अवस्था में पड़ा तड़प रहा था। उसका सारा अतीत उसकी आंखों के सामने से निकलता जा रहा था। सभी किये हुए कुकर्म स्मरण हो रहे थे। अब उन सबके लिए उसके मन में पश्चात्ताप था। एक ओर मन में पश्चात्ताप तो दूसरी ओर भगवती के दर्शन। उसने मन-ही-मन भगवती को प्रणाम किया तथा कहा, ''हे माँ! मैं धन्य हो गया जो तुम्हारे हाथों से मुक्ति

को प्राप्त हो रहा हूँ। मैंने जीवनभर पाप कमाए हैं। बलिष्ठ होने के घमण्ड में सदैव मेरा माथा ऊंचा रहा है। मनुष्यों तथा अन्य प्राणियों की हिंसा करके मुझे सुख मिलता रहा है। मनुष्यों को मक्खी की तरह मसल डालना मेरे लिए खेल के समान था। महिलाओं तथा बच्चों तक को भी मैंने क्षमा नहीं किया। किन्तु अब उस सबका पटाक्षेप हो रहा है। हे मां! तुम जगजननी हो। सारा संसार तुम्हारी संतान है। तुम दया तथा वात्सल्य का मूर्तिमान स्वरूप हो। हे मां! ऐसी कृपा करो कि मैं सदैव तुम्हारे चरणों में ही पड़ा रहूँ।"

भगवती–"नटकासुर! तुमने आजीवन पाप कमाए हैं किन्तु अन्त समय की सद्बुद्धि ने तुम्हारे कल्याण का मार्ग खोल दिया है। मैं वरदान देती हूँ कि तुम इसी प्रकार परमार्थ के पथ पर आरूढ़ बने रहो तथा तुम्हारे हृदय में मेरा वास बना रहे।" भगवती की प्रतिमा में, चरणों के पास जो एक धराशायी दैत्य पड़ा है, वह नटकासुर का ही प्रतीक है।

नटकासुर मारा गया, यह समाचार आंधी की तरह तीव्र गति से सभी गांवों में फैल गया। नटकासुर के साथ ही उसके सभी साथी भी मारे गये किन्तु यह किसी को पता नहीं चला कि वह कैसे मरा तथा किसने मारा? जब लोगों ने योगी नागनाथ से पूछा तो उन्होंने कहा, "कैसे भी मरा हो तथा किसी ने भी मारा हो, किन्तु यह बात निश्चय है कि भगवती की इच्छा के बिना पत्ता भी नहीं हिल सकता। वही सारे जगत् को चला रही है, वही प्रत्येक घटना का कारण है। माध्यम चाहे किसी को भी बना ले, किन्तु सब कुछ करने वाली वास्तविक सत्ता वही है। एक नटकासुर तो क्या? यदि उसकी भृकुटि तन जाए तो आंख झपकने में सारा संसार समाप्त हो सकता है।"

उस दिन के पश्चात गाँवों के लोग भगवती चामुण्डा तथा योगी नागनाथ के दर्शनों के लिए बेखटके आने लगे।

योगी नागनाथ की समाधि अवस्था

मैं जब भी महाराजश्री के साथ माताजी की टेकड़ी पर जाता तो देखता कि टेकड़ी की परिक्रमा करते समय, महाराजश्री एक निश्चित स्थान पर, थोड़ी देर ठहर कर, किसी को प्रणाम किया करते थे। पहले तो मैंने इस ओर विशेष ध्यान नहीं दिया, किन्तु जब प्रतिदिन यही क्रम देखने को मिला, तो मेरे अन्तर में यह प्रश्न उभरा कि महाराजश्री किसको प्रणाम करते हैं?

कोई मंदिर भी पास नहीं है, सड़क पर कोई आता-जाता भी दिखाई नहीं दे रहा, फिर यह प्रणाम कैसा? दो-चार दिन मैं और इसी बात को देखता रहा, अन्ततः महाराजश्री से पूछ ही लिया, "महाराजश्री! आप प्रतिदिन किसे प्रणाम करते हैं? न कोई मंदिर, न कोई व्यक्ति"।

महाराजश्री-जिसे मैं प्रणाम करता हूँ उसे तुम नहीं देखते।

मैंने कहा-मैं बात समझा नहीं।

महाराजश्री-यहाँ एक अदृश्य सिद्ध पुरुष समाधिस्थ हैं, उन्हें प्रणाम करता हूँ।

मैंने कहा- वह महापुरुष कौन हैं?

महाराजश्री-योगी नागनाथ जी।

यह सुन कर मैं गहरी सोच में डूब गया। फिर पूछ ही लिया, "वह कहाँ बैठे हैं?"

महाराजश्री-उन की समाधि अधर में लगी है।

मैंने कहा-क्या समाधि से पूर्व उन के साथ आपकी कोई बात हुई थी?

महाराजश्री-नहीं मैं जब से यहाँ आया हूँ उन्हें समाधि में ही देखा है, इसलिए कोई बात करने का प्रश्न ही नहीं।

मैंने कहा-क्या और भी कोई अदृश्य सिद्ध पुरुष यहाँ टेकड़ी पर समाधिस्थ हैं?

महाराजश्री-मैं तुम्हें बता ही चुका हूँ कि एक महापुरुष नारायण कुटी की साधना गुफा में समाधिस्थ हैं। एक यहाँ नागनाथ जी हैं। अन्य कोई हो तो मेरी जानकारी में नहीं। हाँ! यदा-कदा कतिपय महापुरुष भगवती के दर्शनों के लिए आते रहते हैं। भगवती के स्थान पर आते हैं तो नारायण कुटी में भी चले आते हैं।

मैंने कहा-आप ने इस टेकड़ी को साधन-शिखर बताया है, किन्तु किसी समय यह साधन शिखर रही होगी, अब तो यहाँ कोई साधक दिखाई नहीं देता। भगवती के दर्शनों के लिए जनता तो बहुत उमड़ती है, किन्तु जहाँ तक मेरा विचार है कि अधिकांश दर्शनार्थी कोई-न-कोई सांसारिक कामना लेकर ही आते हैं। संभव है कभी कोई अध्यात्म-प्रेमी भी आ जाता हो।

महाराजश्री-तुम्हारा कहना ठीक है। वास्तविक साधन-शिखर जीव के अन्तर में है। भगवती भी वास्तव में अन्तर में है, किन्तु दृश्य-जगत् में

जिस पहाड़ी या स्थान पर साधक प्रायः तपस्या करते हैं उसे भी साधन-शिखर या साधन-स्थान कह दिया जाता है। उसी दृष्टि से इस टेकड़ी को मैंने साधन-शिखर नाम दिया है। किसी समय यहाँ दृश्य तथा अदृश्य दोनों प्रकार के साधक साधना करते थे। अदृश्य तपस्या अभी भी यहाँ होती है। इसलिए साधन-शिखर तो यह अभी भी है, जहाँ नागनाथ जैसे महापुरुष समाधि लगाए बैठे हैं।

मैंने कहा-ऐसा प्रतीत होता है कि इस टेकड़ी पर नाथ सिद्ध पुरुषों का वर्चस्व रहा है।

महाराजश्री-सिद्ध पुरुषों में नाथ-अनाथ कोई सम्प्रदाय नहीं होता, वह केवल सिद्ध पुरुष होते हैं। यह सभी दीवारें सांसारिक दृष्टिकोण से हैं। अध्यात्म में नानात्व एवं भिन्नत्व समाप्त हो जाता है। पर तुम अभी तक संसार की खिड़की में खड़े होकर देख रहे हो, इसलिए तुम्हें कई सम्प्रदाय, मार्ग तथा सिद्धान्त दिखाई दे रहे हैं। यदि दृश्य बदला हुआ देखना चाहते हो तो अपने आपको चैतन्य में स्थापित करो। चित्त में तो चंचलता भरी है। जब तक चित्त का साथ करते रहोगे, जगत् में नानात्व दिखाई देता रहेगा। चैतन्य में स्थापित होते ही एकत्व दिखाई देने लगेगा।

योगी नागनाथ वक्ता के रूप में

योगी नागनाथ अत्युत्तम साधक होने के साथ-साथ उत्कृष्ट वक्ता भी थे। उनकी वर्णन-शैली सारगर्भित किन्तु सुबोध थी। झरने के जल की भाँति उनकी वाणी अन्तर से प्रस्फुटित होकर धाराप्रवाह मुखरित होती थी। वह अपनी विवेकजन्य वाणी के द्वारा अपने शिष्यों के अन्तःस्थल तक भेदन करते थे तथा उनकी शंकाओं एवं संशयों का निराकरण होता था। एक दिन वह अपने शिष्यों को संबोधित करते हुए कह रहे थे-

अध्यात्म-लाभ के लिए अहंकार का नाश तथा सद्‌गुरु की प्राप्ति यही दो उपाय हैं। योग साधना की उपेक्षा करोगे तो मार्ग से भटक जाओगे। जब उन्मनी डोरी को खींचा जाता है तभी अन्तर में परिव्याप्त सहज आत्म-ज्योति के साक्षात्कार का मार्ग प्रशस्त होता है।

एक शिष्य-अहंकार का नाश तो सद्‌गुरु की प्राप्ति के पश्चात् साधन करते-करते सम्पादित होता है, किन्तु आपने अहंकार-नाश को पहले कहा?

योगी नागनाथ–मैंने केवल इन दोनों बातों का उल्लेख किया है, आगे–पीछे वाली बात नहीं कही। सद्‌गुरु की प्राप्ति का अर्थ केवल गुरु वरण करना ही नहीं है। अपने चित्त को गुरु की चित्त–शक्ति के साथ जोड़ देना है, गुरु को समर्पित हो जाना है, गुरु की आज्ञा का पालन तथा उसकी सेवा करना है। अधिकाधिक साधन से गुरु की कृपा–शक्ति का विकास करना है। शक्ति की क्रियाओं की अपने से भिन्नत्व की अनुभूति अहंकार पर कुठाराघात करती है। वह जड़–चेतन की ग्रन्थि, जो कि अहंकार का कारण है, को खोलने के लिए प्रयत्नशील होती है। इसके लिए पहले चित्त के मल को शुद्ध करती है। चित्त से विघ्नों, बाधाओं को हटाती है। मार्ग को निर्मल एवं स्वच्छ करती हुई ऊपर चढ़ती जाती है। उसकी प्रत्येक क्रिया के साथ अहंकार शिथिल होता है। अहंकार का पूर्ण नाश तथा आत्म ज्योति का साक्षात्कार एक साथ होते हैं।

एक शिष्य–आप ने कहा कि योग–साधना की उपेक्षा करोगे तो मार्ग भटक जाओगे जबकि साधना के अन्य अनेक प्रकार भी उपलब्ध हैं जैसे ज्ञान, भक्ति, प्रार्थना, जप इत्यादि।

योगी नागनाथ–यह सभी साधनाएं योगी के ही अन्तर्गत हैं, शक्ति की जागृति से पूर्व यदि इनका अभ्यास किया जाता है तो इनकी पृष्ठभूमि में योग का होना आवश्यक है। शक्ति की जागृति के पश्चात् सभी साधनाओं का विलय एक ही साधन में हो जाता है। हमने शक्ति की जागृति के पश्चात के साधन को योग कहा, आप उसे जो चाहें कह सकते हैं। नाम से कुछ अन्तर नहीं पड़ता। मुख्य बात साधना करना है। साधना की उपेक्षा करोगे तो भटक जाना अवश्यंभावी है। साधना करते रहोगे तभी गुरु की प्राप्ति का कुछ अर्थ है। गुरु शरीर से दूर रह कर भी गुरु–प्राप्ति बनी रह सकती है तथा निकट सान्निध्य में रह कर भी। यदि साधन नहीं करोगे तो गुरु का सान्निध्य भी निष्फल है। अन्तर्जाग्रत शक्ति ही गुरु है। उसी को समर्पित होना है। उसी की शरण कल्याणकर है।

एक शिष्य–उन्मनी की डोरी खेचने का क्या अर्थ है?

योगी नागनाथ–जब मन का लक्ष्य आत्मा की ओर हो जाता है तो वह मन की उन्मनी संस्कार, वासना तथा प्रारब्ध के क्षय के उपरान्त ही प्राप्त होती है। उन्मनी को खींचने का अर्थ है, लक्ष्य या अन्तर्मुखी वृत्ति को आत्मा की

ओर खींचना। यह खींचने की क्रिया भी यत्नसाध्य नहीं। अपितु अन्तर्जाग्रत शक्ति की एक स्वाभाविक क्रिया है। साधक शक्ति के प्रति समर्पण के अतिरिक्त कुछ नहीं कर सकता। अन्तर्जागृति के उपरान्त समर्पण अन्तर्जागृति के उपरान्त समर्पण का जो क्रम आरंभ होता है वह आत्म-स्थिति की प्राप्ति पर्यन्त चलता है। शक्ति के ऊपर चढ़ने के साथ समर्पण का स्तर भी उत्तरोत्तर बढ़ता जाता है।

एक शिष्य-आत्म-ज्योति को सहज क्यों कहा?

योगी नागनाथ-क्योंकि आत्मा की स्वाभाविक अवस्था में ही इस का अनुभव संभव है। जब आत्मा पर कृत्रिम वृत्तियों का प्रतिबिम्ब पड़ता है तो आत्म-ज्योति वृत्तियों के समूह में छिप जाती है तथा आत्म वृत्तियों के रूप के अनुरूप भासित होती है। आत्मा की स्वाभाविक अवस्था को सहज साधना से ही अनुभव किया जा सकता है।

साधक को चाहिए कि शरीर में व्याप्त प्राण-वायु से शिक्षा प्राप्त करे जो केवल आहार की ही इच्छा करती है और प्राप्त हो जाने पर उसकी इच्छा शान्त हो जाती है। अतः साधक का कर्तव्य है कि जीवन निर्वाह के लिए ही भोजन ग्रहण करे। अधिक खाने की लालसा न पाले। अधिक खाने वाले को विषयों की भूख सताने लगती है। विषयों में लिप्त मन का पतन हो जाता है। वाणी का सदुपयोग करे। व्यर्थ के चिन्तन तथा विचार में अपने मन को न लगाए अन्यथा मन की चंचलता बढ़ती जाएगी। जगत् में जो कुछ भी दृष्टिगोचर होता है, चाहे स्थावर हो या जंगम, चल हो अथवा अचल, उनकी उत्पत्ति तथा कारण एक-दूसरे से भिन्न दिखाई देने पर भी, एक शक्ति की क्रिया की विभिन्न धाराएं हैं। सब में एक ही शक्ति निहित है। उसी की स्पंदनशीलता विभिन्न रूपों में प्रकट होती है। स्थूल अथवा सूक्ष्म जितने भी देहधारी हैं, परमात्मा सब में एक समान व्याप्त है। साधक स्थूल से सूक्ष्मता, फिर अति सूक्ष्मता, फिर परम सूक्ष्मता की यात्रा करते हुए सूक्ष्मातीत परमात्मा तक जा पहुँचता है तथा स्थूल जगत् शक्ति की माया या लीला रूप रह जाता है।

ब्रह्मा, विष्णु, शिव, भगवती, गणेशादि जितने देवी-देवता हैं सबका अनुभव मनुष्य शरीर के अंदर किया जा सकता है और जीवों के अनेकानेक शरीर एक आद्या शक्ति में ही विद्यमान हैं किन्तु परस्पर भिन्न-भिन्न प्रतीत होते हैं, और परमात्मा से भी उनकी भिन्नता आभासित होती है।

किन्तु स्मरण रहे कि परमात्मा से भिन्न जो कुछ भी लक्षित होता है सब कल्पना मात्र है। यह सारा जगत् भगवती जगदम्बा की स्पंदन-लहरियां हैं। किन्तु इसको अनुभव करना शक्ति की अन्तर्मुखी जागृति एवं तत्पश्चात् समर्पण-भाव-युक्त साधन की अपेक्षा रखता है। आयु काल के साथ, कंधे से कंधा मिला कर सरपट भागी जा रही है। जब आयु के पांव लड़खड़ा जाते हैं तो काल आगे निकल जाता है तथा जीव वहीं ढेर हो जाता है।

आप तथा संसार के अन्य प्राणी देखते रह जाएंगे तथा पता भी नहीं चलेगा कि पंछी कब उड़ गया। जन्म-मृत्यु के दीर्घकालीन चक्र में घूमते-भागते थक कर जीव ने मानव का शरीर धारण किया है। जैसे-जैसे जीव अभिमान, तृष्णा, कामना तथा लोकेषणा के दलदल में धंसता चला जाता है, उसका पतन होता जाता है। किन्तु भक्तों, प्रेमियों तथा योग-साधकों की जगह इससे न्यारी है। उन्हें संसार के ऐश्वर्य तथा सुख-सुविधाओं का तनिक भी लोभ नहीं होता। सम्मान प्राप्त हो अथवा अपमान सहन करना पड़े, उनके लिए एक समान है। उनकी हर समय परमात्मा में ही लय लगी रहती है। राग-द्वेष, अभिमान, लोभ, तथा काम से वह कोसों दूर होते हैं। धन्य हैं ऐसे साधक जो परमार्थ के मार्ग पर अग्रसर हैं।

मृत राजा का प्रकरण

योगी नागनाथ की योग दीक्षा योगी मत्स्येन्द्र नाथ जी द्वारा सम्पन्न हुई थी। योगी नागनाथ पाहले बद्रिकाश्रम में साधनारत रहे एवं तत्पश्चात् हिमाचल प्रदेश में ज्वालामुखी मंदिर के समीप घने वन में आसन जमाया। इससे भगवती शक्ति के प्रति उनकी अगाध श्रद्धा प्रकट होती है। यही श्रद्धा उन्हें भगवती चामुण्डा की टेकड़ी पर अपना आसन लगाने में कारण बनी।

एक दिन योगी जी अपनी कुटिया में विचारमग्न बैठे थे कि सहसा गुरुदेव मत्स्येन्द्र नाथ जी के स्मरण से मन तरंगित हो उठा। गुरु-दर्शन की उत्कट अभिलाषा बलवती हो उठी। वह पुकारने लगे, "हे गुरुदेव! वैसे तो आप सर्वव्यापक हैं और प्रतिक्षण हृदय पटल पर छाए रहते हैं। कितना लम्बा समय हो गया है किन्तु आपका दर्शन-लाभ नहीं मिला। आपके आशीर्वाद से मुझे साधना का भरपूर आनन्द प्राप्त है किन्तु गुरु-दर्शन का आनन्द किसी भी अन्य आनन्द से बढ़ कर है। हे प्रभु! मुझ पर कृपा करो, मुझे दर्शन दो"

फिर योगी नागनाथ ने ध्यान लगा कर देखा कि गुरुदेव इस समय कहाँ हैं? तो ज्ञात हुआ कि सम्प्रति लंका में विराजमान हैं। योगी नागनाथ ने कहा, "आप सर्वसमर्थ हैं। दूर या समीप आपके लिए एक समान है। आप कण-कण वासी हैं। कभी भी, कहीं भी प्रकट हो सकते है।"

योगी मत्स्येन्द्र नाथ जी ने योगी नागनाथ की पुकार सुन ली एवं तत्काल प्रकट हो गये। उस समय का योगी नागनाथ का हर्ष अकथनीय है। उन्होंने अपना मस्तक श्री गुरु चरणों में रख दिया तथा निवेदन किया, "आपकी महान अनुकम्पा है जो इस दास को दर्शन दिए। मैं कृत्कृत्य हो गया।

योगी मत्स्येन्द्र नाथ-मैं तुम्हारे बारे में ही विचार कर रहा था कि इतने में तुम्हारी पुकार सुनाई दी। मत्स्य प्रदेश में एक राजा की मृत्यु हो गयी है। वह राजा बड़ा धर्मपरायण, आचारवान एवं प्रजापालक था। उसके उत्तराधिकारियों में कोई इस योग्य नहीं कि उसका स्थान ग्रहण कर सके। जब तक अन्य कोई व्यवस्था नहीं हो जाती, तब तक उस राजा का जीवित रहना अत्यन्त आवश्यक है। हमें यह प्रेरणा इसलिए प्राप्त हुई क्योंकि वह राजा हमारा शिष्य था, हमारे ऊपर उसकी अतीव श्रद्धा थी। इसलिए तुम सूक्ष्म शरीर से उसके मृत स्थूल शरीर में प्रवेश कर जाओ तथा तब तक वहाँ रहो जब तक हम तुम्हें नहीं कहें। यहाँ तुम्हारे शिष्य तुम्हारे शरीर की रक्षा करते रहेंगे। बीच-बीच में जब राजा सोया हो तो तुम उसका स्थूल शरीर अस्थाई रूप में त्याग कर, कुछ समय के लिए चामुण्डा माताजी की टेकड़ी पर आ सकते हो।

योगी नागनाथ-मेरा सौभाग्य है जो आपने मुझे इस सेवा के योग्य समझा। मेरे शिष्यों को इस बात का पता भी नहीं चलेगा कि स्थूल देह का त्याग कर, अन्यत्र किसी मृतक शरीर में प्रवेश कर गया हूँ। वह यही समझते रहेंगे कि मैं समाधि अवस्था में हूँ। आपके आदेश का पालन करके पुनः अपने स्थूल शरीर में लौट आऊंगा।

इसके पश्चात् गुरुदेव अदृश्य हो गये तथा योगी नागनाथ ने शिष्यों को बुला कर कहा, "हम लम्बे समय तक ध्यान की अवस्था में जा रहे हैं। आप लोग चिन्ता नहीं करना तथा हमारे शरीर का ध्यान रखना। कुछ पता नहीं कब तक हम ध्यान में रहेंगे। यह अवधि कई वर्षों की भी हो सकती है।" योगीजी ने कुटिया का द्वार बंद कर लिया तथा ध्यान में चले गये। स्थूल शरीर से सूक्ष्म शरीर को पृथक कर लिया एवं राजा की मृतक देह में प्रविष्ट हो गये।

इस पर मेरे (लेखक के) मन में शंका उत्पन्न हुई तथा मैंने (लेखक) महाराजश्री से निवेदन किया, "योगी मत्स्येन्द्र नाथ लंका में तथा योगी नागनाथ मालवा प्रदेश में! इतनी दूरी! प्रार्थना भी सुन ली तथा तत्काल प्रकट भी हो गये! यह चमत्कार है।"

महाराज श्री-सिद्धयोगियों के लिए यह कोई विशेष बात नहीं। योगी मत्स्येन्द्रनाथ जी की स्थिति चैतन्य में स्थापित थी तथा चैतन्य सर्वव्यापक है। यह कहो कि योगी मत्स्येन्द्र नाथ चैतन्य के स्वरूप ही थे। जब जहाँ चाहे प्रकट हो जाना तथा कोई भी क्रिया प्रदर्शित कर देना उनके लिए कठिन नहीं था।

मैंने कहा-मन तो अपना भी करता है कि ऐसी सिद्धियां प्राप्त हों।

महाराजश्री-सिद्धियों की प्राप्ति के लिए मन में उत्कण्ठा होना, सिद्धियों के प्रकाशित होने में विघ्न है। जो इनकी इच्छा नहीं करते, केवल भगवान के प्रेम और कृपा के लिए साधना में तत्पर बने रहते हैं, उन्हें एक के पश्चात् एक सिद्धियां अनायास ही प्राप्त होती रहती हैं। तुम पगडंडियों तथा वीथियों में से निकलते हुए साधना के राजमार्ग पर आओ। तुम तो अभी से सिद्धियों के स्वप्न देखने लगे। अभी तुम्हें प्रारब्ध, वासना तथा दृश्यमान जगत् से भी मुक्ति नहीं हुई। अभी सिद्धियों की ओर नहीं, साधना की ओर लक्ष्य रखो।

योगी नागनाथ मृतक राजा के स्थूल-देह में प्रविष्ट हुए तो वह जीवित की भांति उठ खड़ा हुआ। सांस चलने लगी तथा रक्त-प्रवाह आरंभ हो गया। राजा के सगे-सम्बन्धी एवं प्रजाजन प्रसन्न हो गये। राजा अपने नित्य प्रति के उत्तरदायित्वों के निर्वाह में जुट गया। बीच-बीच में जब राजा सोया होता तो योगी नागनाथ, उसके भौतिक देह का त्याग कर, चामुण्डा माता की टेकड़ी पर रखे अपने स्थूल-शरीर को क्रियाशील कर देते थे। वह अपने शिष्यों को जगा-बुला कर एकत्रित कर लेते तथा उनके साथ सत्संग करते, उनकी शंकाओं का निवारण करते तथा उन्हें मार्गदर्शन प्रदान कर राजा की देह में लौट जाते थे।

ऐसी ही एक रात जब योगी नागनाथ चामुण्डा की टेकड़ी पर उपस्थित थे, शिष्यों से अध्यात्म चर्चा चल रही थी, तभी एक शिष्य ने शंका प्रस्तुत की, "हम आपके शिष्य साधना के लिए प्रयत्नशील हैं किन्तु कभी-कभी

आपस में मनमुटाव हो जाता है तो चित्त गिर जाता है तथा साधना में विघ्न उपस्थित हो जाता है।"

उस समय टेकड़ी रात के गहन अंधकार में डूबी थी। चारों ओर स्तब्धता तथा नीरवता व्याप्त थी। कभी-कभी शेरों की भयानक दहाड़ इस स्तब्धता को चीरती हुई वातावरण में गुंजित हो जाती थी। यह दहाड़ शान्त मन में वासना के आक्रमण के समान थी, स्तब्धता पुनः अपनी स्वाभाविक अवस्था में लौट जाती थी।

योगी नागनाथ ने कहना आरंभ किया, "मनमुटाव का कारण प्रायः भ्रान्ति, सहनशीलता, समर्पण का अभाव और अभिमान की अधिकता होती है। मनमुटाव रागद्वेष की वृद्धि कर, जगत् में आसक्ति बढ़ाने का कारण है। शान्त सरोवर में पत्थर गिरने के समान, शान्त चित्त में आघात कर अशान्ति की तरंगें पैदा कर देता है। यह एक ऐसा अवगुण है जिसमें रागद्वेष, क्रोध, अभिमान आदि अन्य अनेक अवगुण छिपे हैं। यह चोर की भांति चित्त रूपी घर में अंधकार का लाभ उठा कर प्रवेश कर जाता है तथा घर के स्वामी को तब पता चलता है जब घर का सारा सामान लुट चुका होता है। जो व्यक्ति सज्जन बन कर मनमुटाव को बढ़ाने में आपकी सहायता करता है, उस के समान कोई शत्रु नहीं। उसे अपना हितैषी मत समझो।

मनमुटाव नानात्व-भाव की वृद्धि में सहायक है, जगत् में मन के अधिक विस्तार का कारण है। क्रोध, द्वेष एवं वैमनस्य को बढ़ाता है, अपनों से लड़वाता है तथा चित्त को विक्षिप्त करता है। मनमुटाव चित्त रूपी बाड़े में एक मदमस्त हाथी के प्रवेश के समान है। मनमुटाव की बेल यदि एक बार पनप जाय तो बढ़ती ही जाती है। मित्रता में मनमुटाव पनपता है तथा शत्रुता के रूप में उसकी परिणति होती है। साधक को अपना हृदय इतना उदार बना कर रखना होता है कि मनमुटाव उसमें प्रवेश ही नहीं कर सके।

भगवान के प्रेमी-भक्त का प्रभु के प्रति अनन्य भाव होता है। दूसरी भावनाओं, विचारों, अवस्थाओं, वृत्तियों तथा प्रवृत्तियों के लिए उस के हृदय में स्थान ही नहीं होता। उससे अधर्ममूलक अनुचित कर्म होते ही नहीं। यदि कभी हो भी जाएं तो भगवान अपने प्रेम के तीव्र-प्रवाह में सब बहा ले जाते हैं। आप लोगों में यदि मनमुटाव हो जाता है तो इसका अर्थ यह है कि आप में भगवान के प्रेम की कमी है। मानसिक प्रवाह जगत् की ओर है।

अन्य विषयों का आपके समीप अभी महत्त्व है। यदि परस्पर मनमुटाव समाप्त करना चाहते हो, तो सब ओर से अपना मन खींच कर, भगवान के चरणों में समर्पित करो।

योगी नागनाथ इस प्रकार रात के समय अपने शिष्यों के समक्ष प्रकट होते तथा उनकी समस्याओं एवं शंकाओं का समाधान करते थे। योगी नागनाथ भी भर्तृहरि की भांति दो देहों में विचरण कर रहे थे। अन्तर इतना ही है कि उनका एक शरीर अपना था तथा दूसरा मृतक शरीर, जिसे वे जीवितवत बनाए रखे हुए थे। जब रात को चामुण्डा माताजी की टेकड़ी पर रखे अपने शरीर में लौटते थे तो राजा का शरीर मृतक हो जाता था तथा लोग समझते थे कि राजा सोया है। जब नागनाथ जी राजा के शरीर में प्रवेश किये होते थे तो उनके शिष्य समझते थे कि वे समाधि में हैं।

भर्तृहरि की स्थिति इस अर्थ में भिन्न थी कि एक स्थूल शरीर के होते हुए, उनके सूक्ष्म शरीर ने एक गर्भ में प्रवेश किया था, जन्म ग्रहण किया था, एक लम्बा जीवन जिया था तथा उनका वास्तविक प्रथम शरीर मृतवत् पड़ा था। इस प्रकार दोनों शरीर उनके अपने थे, किन्तु एक शरीर संसार में क्रियाशील था तो दूसरा अचेत पड़ा था।

लेखक ने महाराजश्री से निवेदन किया कि जब सामान्यतया साधक महापुरुषों के विषय में इस प्रकार की बातें पढ़ते-सुनते हैं तो क्या वह हतोत्साहित नहीं हो जाते, "हम इतना ऊंचा कब तथा कैसे उठ पाएंगे? अभी तो हम जगत् में ही धंसे हैं। आध्यात्मिक यात्रा कितनी लम्बी तथा कठिन है? ये महापुरुष जो इतना ऊपर उठ गये हैं, वह भी अभी मार्ग में ही हैं। गंतव्य इससे भी बहुते आगे है।" ऐसा सोच-सोच कर क्या वे अध्यात्म मार्ग से विरत नहीं होने लगते?

महाराजश्री-तुम्हारा प्रश्न सही है किन्तु जो मन के दुर्बल साधक होते हैं उन्हीं के हतोत्साहित होने की संभावना होती है। जैसे पहाड़ के नीचे खड़ा होकर, आकाश में उभरे पहाड़ के उच्च शिखर को देख कर कोई अशक्त व्यक्ति ऊपर चढ़ने का अपना संकल्प त्याग देता है, किन्तु जो शरीर से स्वस्थ एवं मन से सबल व्यक्ति होते हैं वह अपने निश्चय पर अडिग रहते हुए चढ़ते चले जाते हैं। कभी गिर भी पड़ें तो फिर संभल जाते हैं। साधक इस बात को जानता है कि चढ़ाई कठिन तथा लम्बी है किन्तु फिर भी चढ़ना है।

सर्वोत्तम उपाय जो मन के निर्बलों तथा सबलों के लिए समान रूप से लाभप्रद है यह कि अपने मन को अन्तिम लक्ष्य की ओर से हटा कर साधना पर ही केन्द्रित किया जाय ताकि गंतव्य प्राप्ति की कठिनता की ओर ध्यान जाय ही नहीं। समर्पण इस हेतु एकमात्र उपाय है। साधक का कर्तव्य केवल साधना करना है। मां शक्ति, जब जैसा चाहेगी, अनुभव कराती हुई साधक को उन्नति की ओर आगे बढ़ती जाएगी।

इसी प्रकार दोनों शरीरों का बोझ ढोते हुए योगी नागनाथ को वर्षों व्यतीत हो गये। वह एक शरीर में प्रवृत्ति, तथा दूसरे शरीर से निवृत्ति, दोनों का कुशलतापूर्वक निर्वाह कर रहे थे। यही तो योगियों की कार्यकुशलता है। वह न निवृत्ति से घबराते हैं, न प्रवृत्ति से भागते हैं क्योंकि उनकी आन्तरिक अवस्था प्रवृत्ति-निवृत्ति से अतीत होती है। उनके कर्म न शुभ होते हैं, न अशुभ, और न ही शुभाशुभ मिश्रित। परिस्थितिवश जैसा सामने आ जाता है, उन्हें स्वीकार होता है। योगी नागनाथ ने अपने गुरुदेव को कभी स्मरण कराने अथवा पूछने का प्रयत्न नहीं किया, क्योंकि इससे ऐसा ज्ञात होता है कि शिष्य उकता गया है, कब जान छूटे। उन्हें आदेश था कि 'जब तक हम नहीं कहें' इसलिए कुछ स्मरण कराने का कारण ही नहीं था। यही तो समर्पण का स्वरूप है। गुरु ही जानते हैं कि कौन-सा कार्य किस प्रयोजन से कराया जा रहा है।

एक दिन योगी नागनाथ का सूक्ष्म शरीर चामुण्डा माताजी की टेकड़ी पर आकर अपने स्थूल शरीर में प्रविष्ट हुआ ही था कि गुरुदेव मत्स्येन्द्रनाथ प्रकट हो गये। योगी नागनाथ ने प्रणाम किया तो बोले, मैं जानता था कि इस समय तुम अपने स्थूल शरीर में वापिस आ रहे हो, इसलिए यहीं चला आया। तुम्हें ज्ञात ही है कि राजा नवीन चन्द्र का योग्य उत्तराधिकारी अब तैयार है। यह राजकाज उसे सौंप कर अब तुम राजा की स्थूल देह का त्याग कर सकते हो। इतने दिनों तक तुमने अपने कर्तव्य का पालन किया। अब तुम उधर से स्वतन्त्र हो।

योगी नागनाथ-आप ने मुझे सेवा के योग्य समझा यह आपकी कृपा है। मैं तो श्रीचरणों का अकिंचन दास हूँ। मैं आशा करता हूँ कि भविष्य में भी आप मुझसे सेवा लेने की कृपा करते रहेंगे।

योगी मत्स्येन्द्रनाथ-जिस समय जैसा उपयुक्त होगा तथा भगवान जैसी प्रेरणा देते रहेंगे, वैसा होता रहेगा। तुम जानते ही हो कि योगी के सभी कर्म

भगवान सेवा की इच्छानुसार घटित होते हैं। तुम इस समय जो कुछ भी कर रहे हो, सब हमारी सेवा ही है। न कोई स्वार्थ तुम्हें है, न मुझे। स्वार्थ संसारियों का काम है, योगियों का नहीं।

पुनः कहा-यह मत समझ लेना कि मुझे तुम्हारा ध्यान नहीं। मैं तुम्हारी प्रत्येक क्रिया पर दृष्टि रखता हूँ और समय-समय पर तुम्हारा मार्गदर्शन करता हूँ। मुझे सन्तोष है कि तुम साधना-पथ पर ठीक चल रहे हो।

योगी नागनाथ-गुरुदेव! फिर कब दर्शन-लाभ होगा?

योगी मत्स्येन्द्रनाथ-अभी तुम जाकर अपने उत्तरदायित्व से मुक्त होकर आ जाओ। तब मैं फिर आऊंगा और आगे की बात करूंगा।

सत् शिष्य ही एक दिन गुरु बन पाता है। जिसने गुरु के प्रति समर्पण नहीं किया, गुरु-सेवा नहीं की, साधना में मन नहीं लगाया, वह गुरु बन बैठे, किन्तु सद्गुरु नहीं बन सकता। योगी नागनाथ सत् शिष्य पहले थे तदन्तर सद्गुरु। उनका सारा जीवन, जीवन की प्रत्येक चेष्टा, और हृदय का का प्रत्येक भाव गुरु-सेवा को ही समर्पित था तभी तो अध्यात्म की ऐसी ऊंचाइयों को छू पाए। चामुण्डा माताजी की टेकड़ी पर रहते हुए, जबकि कई शिष्य साथ थे, वह अपने शिष्य स्वरूप को कभी नहीं भूले।

योगी नागनाथ ने जाकर, सबसे पहले चामुण्डा माताजी को प्रणाम किया, फिर अपने शिष्यों को जगाया तथा कहने लगे-

संसार में सबसे कठिन कार्य अध्यात्म-पथ पर अग्रसर होना है। संसार प्रत्यक्ष होने से, इसमें संघर्ष कर पाना अपेक्षाकृत सरल है किन्तु अध्यात्म में अपने अदृश्य मन तथा वासनाओं से संघर्ष करना पड़ता है। जीव अपना प्रारब्ध-निर्माण तो कर लेता है किन्तु उसके फल सहर्ष भोग कर समाप्त करना अत्यन्त दुष्कर है। अध्यात्म मन से मन का युद्ध है। मन से मन को मारना है। प्रारब्ध-क्षय का अर्थ है अपना थूका हुआ चाटना, अथवा अपना किया हुआ भोगना। मरना ऐसा कि फिर जन्म न हो। अत्यन्त लम्बी और कठिन यात्रा है।

भगवती क्रिया शक्ति की कृपा से संस्कारों तथा वासनाओं पर आघात होते रहते हैं। अपने-आपको ऐसा बनाओ कि क्रियाशक्ति के हाथ का यंत्र बन जाओ। अभिमान ही जीव को क्रियाशक्ति से विलग करने का कारण है। ऐसा कोई कार्य मत करो जिससे अभिमान में वृद्धि हो। यदि अपने-आप को

क्रियाशक्ति के प्रति समर्पित कर दोगे तो वह धीरे-धीरे अभिमान को शिथिल करती जाएगी।

साधक को पल-पल का ध्यान रखना पड़ता है। पल-पल करके ही जीवन बनता है। एक पल व्यर्थ गया कि जीवन का एक अंश वृथा चला गया। इस प्रकार जीव, पता नहीं जीवन के कितने पल व्यर्थ खो देता है। किन्तु एक साधक इस विषय में अत्यन्त सतर्क होता है। जीवन है ही कितना। पलक झपकते व्यतीत हो जाता है। काल किसी को एक पल भी अतिरिक्त देने वाला नहीं है। इसलिए जीवन में जितना अध्यात्म लाभ कमाया जा सके, कमा लो। माया के चक्र के स्थान पर अध्यात्म का चक्र घुमाओ। बाहर का भटकना छोड़ कर अन्तर की यात्रा करो। अन्तर् में आपने जो व्यर्थ का कलिमल संचय कर रखा है उस को उगल दो। इस मल के कारण ही आपका पतन हुआ है। मल की दुर्गंध क्यों सूंघते फिरते हो।

इतना कह कर योगी नागनाथ ने शिष्यों को विदा किया तथा स्वयं ध्यान में चले गये।

योगी नागनाथ ने मत्स्यदेश वापिस जाकर अपने उत्तरदायित्व का निर्वाह किया तथा राजा के स्थूल शरीर से अपना सूक्ष्म शरीर पृथक कर लिया जिससे राजा की मृत्यु हो गयी। योगी नागनाथ चामुण्डा माता की टेकड़ी पर लौट आए तथा पूर्ववत अपनी कुटिया में ध्यान तथा अपने शिष्यों के साथ सत्संग करने लगे।

एक दिन गुरुदेव योगी मत्स्येन्द्रनाथ प्रकट हो गये।

योगी मत्स्येन्द्र नाथ-एक काम तो पूर्ण हुआ। अब हम तुम्हें वास्तविक निवृत्ति का आनन्द लेने का अवसर प्रदान करते हैं। जब तक दृश्य सन्मुख है, द्वैत है, तब तक संसार से पूर्ण निवृत्ति नहीं। इसके लिए जगत् का विलीनीकरण आवश्यक है। यह निर्विकल्प समाधि में ही संभव है। कैवल्य अवस्था में ही इस आनन्द की प्राप्ति हो सकती है। अतः तुम दीर्घ काल के लिए समाधि कर लो, इस हेतु हम तुम्हें अदृश्य होने की शक्ति प्रदान करते हैं, ताकि तुम संसार से निर्विघ्न, आनन्द की अवस्था में स्थित रहो।

इतना कह कर योगी मत्स्येन्द्रनाथ ने पहले तो अपनी आंखें बंद कर लीं। जब आंखें खुलीं तो उनमें विचित्र प्रकार का दिव्य तेज प्रकाशित था। उन्होंने दृष्टि गाड़ कर योगी नागनाथ की ओर देखा। योगी नागनाथ को अपने

अन्तस में कुछ प्रविष्ट होता अनुभव हुआ। योगी मत्स्येन्द्र नाथ ने कहा कि अब तुम केवल संकल्प करने मात्र से, अदृश्य होने की शक्ति से सम्पन्न हो गये। अदृश्य होकर अपने आपको कहीं भी, अथवा अधर में स्थिर कर लेना तथा समाधिस्थ हो जाना।

योगी नागनाथ–गुरुदेव! आपकी अपार अनुकम्पा है। अब कृपया यह बतलाने का कष्ट करें कि कौन–से स्थान पर समाधि लगाना उचित रहेगा?

योगी मत्स्येन्द्र नाथ–वैसे तो किसी भी स्थान पर समाधि लगा सकते हो। कैवल्यावस्था में जगत् का भाव तथा अभाव दोनों विलीन हो जाते हैं, इसलिए जगत् का महत्त्व भी समाप्त हो जाता है। फिर भी तुम पूछते हो तो यहीं चामुण्डा माताजी की टेकड़ी ही ठीक है। यहाँ माताजी का प्रभाव भी प्रत्यक्ष–प्रकट है, साधना–स्थली है। अतः यही स्थान उत्तम है।

इतना कह कर योगी मत्स्येन्द्रनाथ तो अदृश्य हो गये तथा योगी नागनाथ सोच में डूब गये। कैवल्य समाधि की अवस्था का आनन्द वे अनेक बार लूट चुके थे किन्तु अबकी बार समाधि दीर्घकाल के लिए थी, संभवतः हजारों वर्षों की, साथ ही अधर में भी, तथा अदृश्य अवस्था में। इन विचारों से योगी नागनाथ रोमांचित हो उठे तथा यह विचार करते–करते निद्रा में निमग्न हो गये।

योगी नागनाथ ने प्रातःकाल सभी शिष्यों को एकत्रित किया और इस प्रकार कहने लगे–

योगी नागनाथ–रात को गुरुदेव योगी मत्स्येन्द्रनाथ जी ने दर्शन दिए। काफी लम्बी चर्चा हुई। उन्होंने दीर्घकाल के लिए समाधि में, वह भी अदृश्य अवस्था में जाने का आदेश दिया। उन्होंने यह आदेश क्यों दिया, यह गुरुदेव ही जानते हैं क्यों और कैसे, शिष्य का कर्तव्य नहीं। गुरु आदेश का पालन ही शिष्य के लिए करणीय है। इसलिए अब हम दीर्घकाल के लिए समाधि–अवस्था में रहेंगे, संभवतः हजारों वर्षों के लिए।

समाधि पर्याप्त लम्बी होगी इसलिए आप लोग कहीं भी जाने के लिए मेरी ओर से मुक्त हैं। किन्तु इस बात का स्मरण रहे कि आप लोग साधु हैं और साधना करना आपका कर्तव्य है। आपने अध्यात्म–लाभ के लिए ही गृह त्याग किया है। वैसे तो मनुष्य मात्र के लिए साधना अपेक्षित है किन्तु आपका जीवन ही इसी कार्य के लिए समर्पित हो चुका है।

फिर भी कभी साधना के प्रति उदासीनता दिखाओगे तो यह एक अपराध होगा और मेरी इच्छा की अवहेलना होगी। ऐसी अवस्था में आप हमारे आशीर्वाद से वंचित रह जाओगे।

यह मत समझ लेना कि गुरुजी तो अब देखने वाले हैं नहीं, इसलिए अब देखने-टोकने वाला कौन है? गुरुतत्त्व सर्वत्र व्यापक है। आपकी कोई भी चेष्टा, भाव अथवा विचार उनसे छिपा नहीं। छिपाना चाहोगे, तो भी नहीं छिपा पाओगे। गुरुतत्त्व ऐसा पदार्थ है जो कहीं दिखता नहीं किन्तु जो स्वयं सब देखता है।

आपमें से जिसे गुरु पर अखण्ड श्रद्धा होगी उसे गुरुतत्त्व मेरे रूप में अनुभूतियां कराता रहेगा, मार्गदर्शन देता रहेगा, समस्याओं का समाधान करता रहेगा तथा शंकाओं की निवृत्ति भी करता रहेगा। गुरुतत्त्व ही मेरा वास्तविक स्वरूप है।

एक शिष्य-हम सब आपके अनजान बालक हैं। हमें आपकी प्रत्यक्ष उपस्थिति की आवश्यकता है।

योगी नागनाथ-यह आपका इस शरीर के प्रति मोह है। आप की श्रद्धा मेरे शरीर पर नहीं, मेरे अन्तर् में विराजमान् गुरुतत्त्व पर होनी चाहिए। यह शरीर स्वयं नश्वर है तो आपको नित्यता कैसे प्रदान कर सकता है? यह कार्य मेरे अन्तर के गुरुतत्त्व से होना ही शक्य है। गुरुतत्त्व सदैव आपके साथ है।

इतना कह कर योगी नागनाथ ध्यान में बैठ गये तथा थोड़ी देर में उनका शरीर अदृश्य हो गया। कुछ देर वायु में तैरता रहा फिर एक स्थान पर जाकर स्थिर हो गया। योगी नागनाथ समाधि में चले गये। इस बात को लगभग दो हजार वर्ष होने को आ गये। अभी तक वह उसी स्थान में, अधर में स्थित, समाधिस्थ हैं। युग बदल गये, परिस्थितियां बदलती रहीं, जंगल के स्थान पर भवनों के जंगल उभर आए किन्तु योगी नागनाथ पर इस सब का कोई प्रभाव नहीं।

मैंने (लेखक) पूछा-क्या इस समय तक वे समाधि में ही हैं?

महाराजश्री-उस समय से अब तक समाधि में ही हैं। उनके आस-पास कई बार युद्ध लड़े गये, कई बार तूफान आए, नई सरकारें आईं बदलती रहीं किन्तु उनकी समाधि में अन्तर नहीं आया।

मैंने पूछा–जब वह अदृश्य अवस्था में हैं तो आपको कैसे दिखाई दे जाते हैं?

महाराजश्री–अदृश्य अवस्था भी चेतन की ही एक अवस्था है। जिनकी गति चेतन की उस अवस्था तक होती है उनके लिए कुछ भी अदृश्य नहीं रहता।

मैंने ने कहा–गुरु महाराज! मैंने नाथ सम्प्रदाय की एक पुस्तक पढ़ी है। उस में योगी नागनाथ का भी उल्लेख है, किन्तु जो बातें आप बता रहे हैं, किसी पुस्तक में पढ़ने में नहीं आईं।

महाराजश्री–तुम ठीक कह रहे हो। पढ़ने में तो यह मेरे भी नहीं आया, किन्तु मैं जो कुछ कह रहा हूँ, किसी पुस्तक से पढ़कर नहीं, किन्तु प्रत्यक्ष अनुभव करके। यदि यह बातें गलत हैं तो भगवती गलत दिखा रही हैं। ठीक या गलत का निर्णय करने के लिए भगवती के पास जाना होगा। कोई लेखक सुन कर, पढ़ कर, या विचार करके लिख सकता है। जो बात उस की जानकारी में नहीं आई उसको कैसे लिखेगा। एक लेखक, जो साधक भी है, उसकी स्थिति एकदम भिन्न होती है। उसे पढ़ने, सुनने या विचार करने की अपेक्षा कहीं अधिक सहारा प्रत्यक्ष अनुभूति पर होता है। लेखकों ने यह बातें क्यों नहीं लिखीं, यह लेखक ही बता सकते हैं, मैं क्या कह सकता हूँ?

मेरे प्रश्न–आप जब से देवास आए हैं तभी से योगी नागनाथ के दर्शन हो रहे हैं या कुछ समय के पश्चात् से?

महाराजश्री–सन् 1945 के आस-पास जब मैं प्रथम बार देवास आया था, और टेकड़ी पर माता के मंदिरों के दर्शन करने आया, तो इस स्थान पर आकर मुझे लगा कि यहाँ कुछ है। तुम्हें याद होगा, जैसा कि मैंने तुम्हें बताया था, 1935-36 में दक्षिण की ओर घूमने गया था। एक मन्दिर की परिक्रमा करते हुए, जब मैं एक निश्चित स्थान पर आता था तो मेरा मन एकदम स्तब्ध तथा शान्त हो जाता था। मैंने विचार किया कि क्या बात है? देखा तो एक ओर एक महात्मा ध्यान में बैठे थे। मैं समझ गया कि ये समाधि में हैं तथा उसी का प्रभाव है कि यहाँ आकर मन स्तब्ध हो जाता है।

कुछ ऐसी ही स्थिति यहाँ पर भी थी उन दिन अभी नारायण कुटी पर मैं नहीं आया था। नित्य प्रति टेकड़ी पर आना नहीं होता था। किन्तु जब कभी आता, यही अनुभव होता था। मैं जमीन पर ही इधर-उधर देखा करता था

क्योंकि ऐसी मन में कोई कल्पना नहीं थी कि आकाश में भी कोई समाधिस्थ हो सकता है। सन् 1952 में जब नारायण कुटी में स्थाई रूप से आकर रहने लगा और नित्य प्रति टेकड़ी पर आने लगा तो इस बात की खोज-पड़ताल जरा बारीकी से होने लगी।

एक दिन टेकड़ी पर जा रहा था कि अनायास ही आकाश की ओर दृष्टि चली गयी। देखा तो वहाँ कोई महात्मा पद्मासन लगाए समाधिस्थ हैं। दाढ़ी तथा सिर के बाल काफी लम्बे तथा सफेद, शरीर कृश किन्तु मुख पर तेज, कौपीन लगी हुई, शरीर से खुले। तब से, जब भी मैं यहाँ आता हूँ तो प्रणाम करता हूँ।

प्रश्न-आपको यह कैसे पता लगा कि यह महात्मा योगी नागनाथ ही हैं।

महाराजश्री-ऐसा एक दिन साधना-समय ज्ञात हुआ।

प्रश्न-क्या नारायण कुटी में आपके निवास करने के निर्णय के पीछे यह कारण था कि यहाँ योगी नागनाथ समाधिस्थ हैं।

महाराजश्री-कारण तो और भी कई थे किन्तु यहाँ योगी नागनाथ का समाधिस्थ होना भी एक कारण था। नारायण कुटी के ठीक ऊपर, माताजी की टेकड़ी के शिखर पर, वह समाधिस्थ हैं और उन के चरणों के ठीक नीचे नारायण कुटी है। कोई बातें चाहे कितनी बनाये, तथा अपने पाण्डित्य का कितना भी प्रदर्शन करे किन्तु उसकी चित्त स्थिति के विकास की नाप यह है कि उसे नारायण कुटी के आंगन में खड़े होकर, टेकड़ी के शिखर पर योगी नागनाथ के दर्शन होते हैं कि नहीं। इसके लिए साधक का आणवोपाय से ऊपर उठकर, शाक्तोपाय में स्थापित होना आवश्यक है अर्थात अहम का चित्त से उठकर चैतन्य में स्थित हो जाना।

प्रश्न-किसी को योगी नागनाथ के दर्शन प्राप्त हों या नहीं, किन्तु उनकी उपस्थिति का लाभ तो साधकों को मिलता होगा।

महाराजश्री-अवश्य मिल सकता है यदि कोई लाभ लेना चाहे तो। प्रायः साधकों में साधना के प्रति गम्भीरता का अभाव है। यदि साधना किया भी तो प्रातःकाल थोड़ा-सा कुछ कर लिया। बाकी सारा दिन संस्कार-संचय में लगे रहते हैं। ऐसे साधकों को क्या लाभ मिलेगा। यदि कोई सच्चा साधक हो तो चामुण्डा माताजी तथा योगी नागनाथ के शरीर से प्रस्फुटित होने वाली सूक्ष्म आध्यात्मिक तरंगों से अवश्य लाभान्वित हो सकता है।

तरंगों को ग्रहण करने की साधक में क्षमता होनी चाहिए। मैंने कहा कि क्या यह नहीं हो सकता कि साधक ग्रहण करे अथवा नहीं, उसको अनुभव हो अथवा नहीं, किन्तु सूक्ष्म तरंगें तो अपना काम करती ही हैं। जैसे सूर्य के प्रकाश में जो भी आएगा, उसे गरमी मिलेगी ही। वह उसका अधिकारी हो या नहीं, उधर उसका लक्ष्य हो अथवा नहीं, उसे आवश्यकता हो अथवा नहीं।

महाराजश्री-लाभ तो होता है किन्तु वासना की बहुलता के कारण गति इतनी धीमी हो जाती है कि समय बहुत लगता है। तब तक साधक का धैर्य टूट जाता है तथा वह साधना से उदासीन हो जाता है। साधक के लिए धैर्य बना कर रखना कठिन है तभी वह सूक्ष्म तरंगों से लाभान्वित हो पाता है। वैसे महापुरुष तो अदृश्य रूप में संसार-भर में आध्यात्मिक तरंगें प्रसारित करते फिर रहे हैं, कोई उन्हें एकत्रित करके संजो लेने वाला चाहिए। आध्यात्मिकता इतनी सस्ती नहीं है। लोग धन कमाने के लिए खून-पसीना एक कर देते हैं किन्तु आशा करते हैं कि परमार्थ-लाभ उन्हें बिना श्रम तथा त्याग के प्राप्त हो जाय, जबकि धन कमाना अपेक्षाकृत कहीं आसान है। योगी नागनाथ के अदृश्य में समाधिस्थ हो जाने के पश्चात् अधिकांश शिष्य तो इधर-उधर बिखर गये। उन्होंने सोचा, "हम तो यहाँ योगी नागनाथ के लिए आए थे। जब वह ही उपलब्ध नहीं हैं तो यहाँ पड़े रहने से क्या लाभ?" ऐसे लोग प्रायः वही थे जो गुरु के वास्तविक स्वरूप, कार्य, प्रभाव तथा स्थिति को समझ नहीं पाए थे। जिस शिष्य ने गुरु के रहस्य तथा महत्त्व को कुछ जाना उन्होंने वहीं रहने का निश्चय किया यद्यपि उनकी संख्या केवल तीन-चार ही थी। वह विचार करते थे कि गुरुजी यद्यपि दिखाई नहीं देते हैं, किन्तु हैं तो कहीं यहीं इसी टेकड़ी पर ही। उपदेश के लिए चिल्ला कर कहना आवश्यक नहीं, वह बिना कुछ कहे भी हो सकता है। सच पूछा जाय तो उपदेश मौन ही होता है। न गुरु कुछ कहे, न शिष्य कुछ सुने, किन्तु शिष्य के संशय निवृत्त होते जाएं।

जो शिष्य टेकड़ी पर रह गये थे, उनका नित्य नियम था कि स्नानादि से निवृत्त होकर पहले चामुण्डा माताजी की गुफा में जाकर पूजा-प्रणाम करने के पश्चात योगी नागनाथ की कुटिया में एकत्रित होना। पूजन-प्रणाम करने के उपरान्त वहीं साधना में बैठते। योगी नागनाथ की कुटिया को उन्होंने साधना-कक्ष बना लिया था। कुटिया के कण-कण में तथा कोने-कोने में गुरुतत्त्व की विद्यमानता प्रत्यक्ष अनुभव होती थी।

साधक-शिष्यों को स्वप्न तथा ध्यान की अवस्था में योगी नागनाथ दर्शन देते, शंकाओं का समाधान करते, कोई बात समझ न आ रही हो तो समझा देते और मार्गदर्शन करते थे। शिष्यों को ऐसा आभास ही नहीं हो रहा था कि उनके गुरु महाराज अदृश्य अवस्था में समाधिस्थ हैं।

एक दिन एक शिष्य को ध्यान की अवस्था में योगी नागनाथ के दर्शन हुए तो वह भ्रम में पड़ गया, "हमारे गुरु महाराज तो अदृश्य समाधिस्थ हैं फिर वह यहाँ कैसे दिखाई दे सकते हैं। क्या उनका रूप धारण करके कोई और आया है?" कुछ देर वह दुविधा में पड़ा रहा। फिर उसने पूछ ही लिया, "महाराज! आप तो समाधि में हैं, फिर यहाँ कैसे?"

योगी नागनाथ-जिस शरीर को तुम मेरा रूप समझ बैठे हो, वह समाधि में ही है किन्तु गुरुतत्त्व सर्वव्यापक है। उस शरीर में भी है और उससे बाहर भी। वह कहीं भी, किसी भी रूप में प्रकट हो सकता है। तुम्हारी श्रद्धा तथा भावना योगी नागनाथ के प्रति है, इसीलिए गुरुतत्त्व उसी रूप में तुम्हारे सामने प्रकट हुआ है।

शिष्य-गुरुदेव! एक प्रश्न और है। मुझे मेरे अन्तर में आप जप करते दिखाई-सुनाई देते हैं, यह क्या बात है?

योगी नागनाथ-जो जप तुम स्वयं करते हो, होता वह भी शक्ति के द्वारा ही है किन्तु उसमें अभिमान तथा कर्ताभाव का मिश्रण होता है। इसलिए वह शक्ति के द्वारा किया जाता अनुभव नहीं होता। जाग्रत शक्ति की इस क्रिया को अजपा-जप की संज्ञा दी जाती है जिसमें जपकर्ता की आकृति भी दिखाई दे सकती है। जिस आकृति में तुम्हारी स्वाभाविक श्रद्धा है, शक्ति की क्रिया उसी आकृति में अनुभव होती है। यह जप की अभिमान-रहित उच्चावस्था है।

शिष्य-कई बार आपके प्रति प्रेम का ऐसा प्रबल वेग उमड़ता है कि मैं अपने आपको, आपके रूप में अनुभव करने लगता हूँ।

योगी नागनाथ-यह प्रेम की अति उत्कृष्ट अवस्था कही जा सकती है, जिसमें प्रेमी अपने-आपको भूल कर प्रियतममय अनुभव करता है। प्रेम का यह प्रकटीकरण भी शक्ति की ही एक क्रिया है।

शक्ति अनेकानेक प्रकार से साधक-भक्त को अनुभूतियां कराती है। अनुभूतियों को समझ पाना साधक के लिए कठिन होता है। साधक अनुभव करता जाता है तथा विस्मित होता जाता है। यह सब शक्ति की लीला है।

शक्ति की लीला दो प्रकार से होती है, अन्तरलीला, तथा बाह्यलीला। दृश्यमान जगत् उसकी बाह्यलीला है किन्तु आवरण-युक्त मोहित चित्त इस लीला को देख कर भ्रमित हो जाता है। बाह्यलीला जगत्-विस्तार की लीला है। आन्तरिक लीला आन्तरिक-अनुभवों के रूप में उदय होती है जिसमें शक्ति विस्तार को समेटती चलती है। भ्रम का विस्तार एक लीला है तो भ्रम की निवृत्ति दूसरी लीला।

जिसने आद्याशक्ति तथा उसकी लीला को जान लिया उसने समग्र जगत् का ज्ञान प्राप्त कर लिया। जगत् ही क्यों? उसके समक्ष जगत् का आधार भी प्रकट हो जाता है। यह सिद्धि क्रमशः अन्तरलीला के अवलोकन से प्राप्त होती है। समस्त सिद्धियां अकल्पित रूप में स्वयं ही प्रकट हो जाती हैं। किसी विशेष प्रकार का वेश बना लेने, ढोलक-मंजीरे बजाने, शास्त्र-ज्ञान का संचय कर लेने मात्र से यह प्राप्त नहीं हो जाती। इसके लिए वासनाओं तथा संस्कारों का क्षय तथा जड़-चेतन की ग्रन्थि का भेदन आवश्यक है, जो शक्ति की क्रियाशीलता के आश्रित है।

शिष्य-गुरुदेव! मैं यह जानता हूँ कि यह नहीं होना चाहिए किन्तु फिर भी कई बार मेरे अन्तर में गुरु बनने की वासना उठती है।

योगी नागनाथ-किन्तु अभी तुम्हारी स्थिति इस योग्य नहीं है कि तुम गुरु बन सको। अभी इसे वासना का खेल ही समझा जाएगा। अभी जब तुम्हारे अपने अन्तर में वासना नाच रही है तो दूसरों को वासना-मुक्त क्या करोगे? तुम इसी पार अपना सिर पटक रहे हो तो दूसरों को पार क्या लगाओगे? जिसके अपने हाथों में हथकड़ी पड़ी हो वह क्या दूसरों की हथकड़ी खोल सकता है? मैं आश्चर्यचकित हूँ कि ऐसे अधर्ममूलक विचार तुम्हें आ कहाँ से जाते हैं?

गुरु वह है जो न केवल सत् का उपदेश ही करे अपितु सत् का साक्षात्कार कराने की क्षमता भी रखता हो। तुम अवश्य ही शक्तिपात कर सकते हो किन्तु शक्तिपात के पश्चात् भी, सत् का साक्षात करने के लिए बड़ी लम्बी तथा कठिन यात्रा करनी पड़ती है। क्या तुम शिष्य को यह यात्रा करा सकते हो? क्या तुम्हारी अपनी यात्रा पूर्ण हो चुकी है। यदि नहीं तो तुम्हारी यह गुरु बनने की वासना है। क्या पत्थर की नाव में बैठ कर पार उतरा जा सकता है? तुम गुरु के पवित्र नाम को कलंकित एवं दूषित मत करो।

यह सुन कर शिष्य इतना भयभीत हो गया कि उसका ध्यान भंग हो गया। वह भय से कांप रहा था। उसे और तो कुछ नहीं सूझा, योगी नागनाथ की कुटिया की ओर भाग गया। वह रोता जा रहा था और उसके मुख से क्षमायाचना निकल रही थी।

"हे गुरुदेव! मैं वासना के अनन्त मरुस्थल में भटका जीव हूँ। किन्तु जो कुछ भी हूँ, आपका अबोध बालक हूँ। मेरे अपराध को क्षमा करें। मैं जानता हूँ कि अभी मैं गुरु बनने के विचार करने का भी अधिकारी नहीं हूँ, किन्तु वासना के हाथों विवश हो जाता हूँ। वासना जैसा चाहती है, नाचने लगता हूँ। भविष्य में मैं प्रयत्न करूंगा कि इस प्रकार के विचारों को चित्त में उभरने से रोकूं।"

मैंने महाराज के समक्ष अपने हृदय की वेदना व्यक्त की, "गुरुदेव! मैं भी तो सर्व प्रकार से अयोग्य हूँ। न तपोबल, न शास्त्र ज्ञान, फिर भी गुरु बना बैठा हूँ।"

महाराजश्री–तुम फिर वही भूल कर रहे हो, जो अब तक बार–बार करते आ रहे हो। तुम गुरु हो ही कहाँ? तुम केवल मेरे प्रतिनिधि हो। तुम्हारे माध्यम से मैं दीक्षा देता हूँ। तुम्हारा गुरुतत्त्व हमारे संकल्प के अधीन है। हम जानते हैं कि तुम्हें अभी बहुत साधना की आवश्यकता है। अभी तुम में बहुत कमियां हैं किन्तु तुम्हारे ऊपर परम्परा को चलाने का उत्तरदायित्व डाल दिया गया है जिसे तुम्हें सेवा–भाव से पूरा करने का प्रयत्न करना है। तुम गुरु नहीं हो, केवल गुरु का अभिनय कर रहे हो।"

"जब किसी गुरु के समक्ष इस प्रकार की परिस्थितियां उपस्थित हो जाती हैं कि उसके शिष्यों में साधना एवं ज्ञान के उस स्तर का अभाव होता है, जो गुरु बनने के लिए अपेक्षित है। जो शिष्य इसके योग्य होते हैं वह किसी कारण इस कार्य को करना नहीं चाहते अथवा कर नहीं सकते, तो परम्परा को चलाए रखने के लिए गुरु अपने किसी शिष्य या शिष्यों को दीक्षा के अधिकार के लिए संकल्प करता है तथा उन्हें अपना प्रतिनिधि नियुक्त कर देता है। यह प्रतिनिधि गुरु नहीं होते किन्तु गुरु की भांति व्यवहार करते हैं। दीक्षा के अधिकार की परम्परा का इस बात को ध्यान में रख कर ही विकास हुआ है। तुम गुरु नहीं हो।"

यह सुन कर मेरी (लेखक की) शंका का समाधान हो गया।

मैंने (लेखक ने) कहा, "एक प्रश्न और है। जगन्नाथपुरी में स्वामी गंगाधर तीर्थ महाराज ने तपस्या की। शंकराचार्य महाराज की विभिन्न स्थानों पर गतिविधियां रहीं। भगवान बुद्ध को गयाजी में बोध हुआ। उन सबकी सूक्ष्म तरंगें उन स्थानों पर विद्यमान थीं जो कालक्रम तथा विपरीत संस्कारों के प्रभाव से मंद होती चली गयीं किन्तु योगी नागनाथ जी अभी तक अदृश्य शरीर अवस्था में समाधिस्थ हैं। उनकी सूक्ष्म तरंगों का प्रवाह तथा विस्तार निरन्तर बना हुआ है। उनके मंद हो जाने का प्रश्न ही नहीं है। क्या टेकड़ी उन तरंगों से शक्तिसम्पन्न एवं पारमार्थिक स्वरूप ग्रहण किये रहेगी?"

महाराजश्री–इसमें कोई शंका नहीं। योगी नागनाथ जैसा सिद्ध महापुरुष जहाँ समाधिस्थ हो, उसके आस–पास का वातावरण शक्तिसम्पन्न बना रहना स्वाभाविक है। किन्तु आज का युग भौतिक है। सामान्य जन इन बातों पर न विश्वास रखते हैं, न उन्हें कुछ अनुभव होता है। साधकों में भी वही उन तरंगों का अनुभव कर पाते हैं जिनका चित्त पर्याप्त सूक्ष्मता धारण कर चुका होता है।

तब से अब तक योगी नागनाथ जी माता चामुण्डा के साधन-शिखर पर अधर में अदृश्य समाधिस्थ हैं। किसी भाग्यशाली को ही उनके दर्शन हो पाते हैं। टेकड़ी तथा आस–पास के जंगल का रूप परिवर्तित हो चुका है। देवास नगर उभर आया है। रेलगाड़ी की धक–धक शुरू हो चुकी है। देवास की रियासत स्थापित तथा विलीन हो गयी किन्तु योगी नागनाथ की समाधि निरन्तर चल रही है। न उन्हें अंग्रेजों का आना-जाना विचलित कर पाया, और न मुसलमानी राज से वह प्रभावित हुए।

योगी नागनाथ के इस अद्भुत वर्णन पर विश्वास ही करना कठिन है, क्योंकि हम लोगों का योग का स्तर उतना नहीं है। जो उस स्तर के साधक होते हैं, वे ही इसको समझ सकते हैं। हमें समझने के लिए उस स्तर की साधना करनी आवश्यक है। परन्तु स्वामी विष्णु तीर्थ महाराज अत्यन्त उच्चकोटि के साधक तो थे ही, साथ ही वे साक्षात शिव ही थे। इसलिए उनके समझने का स्तर भी उच्च था।

नागनाथ तथा नागार्जुन को एक ही कहा गया है। अनेक लोग नागार्जुन को ही नागनाथ कहते हैं। नागपन्थ के विद्वान भी नागार्जुन तथा नागनाथ को एक ही मानते हैं। एक रसेश्वरसिद्ध नागार्जुन थे, एक गोरखनाथ की पारसनाथी

शाखा के प्रवर्तक रूप में प्रसिद्ध थे। उन्हें पश्चिम भारत का निवासी बताया गया है। नागार्जुन को परवर्ती योगियों ने नागा अरजंद कहा है। नाथपन्थ के बारह आचार्यों में उनकी परिगणना है। एक नागार्जुन को छठी शताब्दी में विद्यमान कहा गया है, जो नालन्दा विश्वविद्यालय के आचार्य थे। इनका माध्यमिक शास्त्र उपलब्ध होता है। इन्द्रजाल विषयक 'कौस्तुभचिन्तामणि' ग्रन्थ के रचनाकार भी यही कहे जाते हैं। यह भी कहा जाता है कि 7वीं शती में कुरूकल्ला की उपासना के प्रवर्तक शबरपाद नागार्जुन के शिष्य थे। इन्हीं को कई विद्वानों ने नागा अरजंद कहा है। एक अन्य नागार्जुन के सम्बन्ध में 'प्रबन्धचिन्तामणि' में उल्लेख है कि टंक पर्वत पर निवास करने वाले रणसिंह की पुत्री भूपलदेव और वासुकिनाग के संयोग से नागार्जुन ने जन्म लिया। उन्हें महासिद्धि प्राप्त थी। उन्होंने अपने गुरु पादलिप्त सूरि से गगनगामी विद्या सीखी और राजा सालवाहन की रानी चन्द्रलेखा के द्वारा सेंढी नदी के तट पर स्थापित पार्श्वनाथ सिद्ध बिम्ब के सन्निधान में कोटिबोधिरस तैयार करने के लिए पारद-मर्दन करवाया था।[3]

एक शिलालेख गुजरात के सोमनाथ में पाया गया है, जो सन् 1283 ई. का है। इसमें गोरखनाथ का नाम लकुलीश के साथ लिखा है। लकुलीश पाशुपत मत के योगी ही रावल हैं, रावल योगी अपने आपको नागनाथ का अनुयायी मानते हैं। इसलिए यह स्पष्ट हो जाता है कि नाथपन्थ के योगी नागनाथ का रावल योगियों पर विशेष प्रभाव था, और उन्होंने लकुलीश पाशुपत मत को नाथपन्थ में अन्तर्भुक्त कर लिया था।

नागार्जुन की दो सबदी 'नाथसिद्धों की बानियाँ' में प्राप्त होती हैं। यह इस प्रकार है–

छारू मैं दाष उतपनी। दाषकथी नहीं जाई।
दाष दारू जब परचा भया। दाष मैं दारू समाई।।
पूरब उतपति पछिम निरंतर। उतपति परलै काया।।
अभिअंतरिपिंड छाड़ि। प्रान भरपूर रहै।
सिध संकेत नागा अरजन कहै।।[4]

इससे स्पष्ट हो जाता है कि योगीराज नागनाथ (नागार्जुन) नवनाथों में से एक हैं। इन्होंने सद्‌गुरु की प्राप्ति और योगसाधना पर बल दिया।

'नाथसिद्धों की बानियाँ' में इन्होंने लिखा कि उन्मनी अवस्था की प्राप्ति के फलस्वरूप ही अपने भीतर परिव्याप्त परमात्म–ज्योति का साक्षात्कार होता है–

आपा मेटिला सत गुरु थापिला।
न करिबा जोग जुगति का हेला।।
उनमन डोरी जब षैचीला।
तब सहज जोति का मेला।[5]

अतएव स्पष्ट है कि नवनाथों में नागनाथ एक थे। इनका नाम नाथ–पन्थ के सिद्धों में अत्यन्त श्रद्धास्पद और चिरस्मरणीय है। इनकी शिक्षाएं योगियों के लिए अत्यन्त लाभप्रद तथा अनुकरणीय हैं।

सन्दर्भ

1. *साधन शिखर* नामक ग्रन्थ स्वामी विष्णु तीर्थ महाराज एवं इनके शिष्य स्वामी शिवोम तीर्थ महाराज के वार्तालाप के रूप में वर्णित है।
2. *साधन शिखर*–स्वामी शिवोम तीर्थ, देवात्म शक्ति सोसायटी (आश्रम), ठाणे, महाराष्ट्र, संस्करण –2003 पृ. 66 से 99 तक का बीच–बीच का कुछ अंश।
3. नाथसिद्धचरितामृत–रामलाल श्रीवास्तव–गोरखनाथ मन्दिर गोरखपुर वि. सं. 2035– पृ. 245-246
4. नाथसिद्धों की बानियाँ–नागरी प्रचारणी–काशी–428
5. वही, 429

योगी गोपीचन्द जी

अध्याय-8

सिद्धयोगी गोपीचन्द

गोपीचन्द गौड़ बंगला के राजा माणिकचंद और उनकी पटरानी मैनावती के पुत्र हैं। गोपीचन्द जालन्धरनाथ के शिष्य हैं। माता मैनावती के उपदेश से इनमें वैराग्य उत्पन्न हुआ। ये ही सारंगी (गोपीतन्त्र) के आविष्कारक माने जाते हैं। इनके गीतों में नाथयोग की साधना तथा वैराग्य भाव सर्वत्र व्याप्त है। समय 11वीं शताब्दी माना जाता है। आज भी भरथरी साधु इनकी रचनाओं और ऐतिहासिक कालक्रम में इनकी कहानियों को गा-गा कर सारंगी बजाते हुए फेरी लगते हैं।

गोपीचन्द के पिता मानिकचन्द का सम्बन्ध पालवंश से बताया जाता है जो सन् 1095 ई. तक बंगाल में शासनारूढ़ थे। इसके बाद ये लोग पूर्व की तरफ हटने को बाध्य हुए। सिंध में गोपीचन्द पीर पटाव नाम से प्रसिद्ध हैं। पीर पटाव की मृत्यु सन् 1209 ई. में हुई। तुफ तुलकिरान में पीर पटाव की कहानी दी हुई है। यह कहानी गोपीचन्द को 12वीं शताब्दी में निर्धारित करती है, परन्तु पीर पटाव गोपीचन्द थे या नहीं यह निश्चयपूर्वक कहना कठिन है।[1] तिरुमलय शिलालेख से विदित है कि किसी युद्ध क्षेत्र में दक्षिण के शासक राजेन्द्र चोल ने माणिकचन्द के पुत्र गोविन्दचन्द को पराजित किया था। राजेन्द्र चोल का समय विक्रमी बारहवीं शती (1063 ई. से 1112 ई.) निर्धारित किया गया है।

गोविन्दचन्द को ही गोपीचन्द कहा जाता है। महाराष्ट्र की नाथपन्थ परम्परा में गोपीचन्द को श्रीमद्भागवत के पंचम और एकादश स्कन्ध में वर्णित नव योगेश्वरों में से द्रुमिलनारायण का रूप स्वीकार किया गया है।

नाथ सिद्ध वन्दना में उन्हें ब्रह्मानन्द स्वरूप कहकर नमस्कार किया है।[2] विक्रमी सोलहवीं शताब्दी के अन्तिम चरण में लोकमानस में मत्स्येन्द्रनाथ, गोरखनाथ और भर्तृहरि के साथ योगिराज गोपीचन्द की परिगणना होती है। उस समय के महाकवि तथा दिल्लीश्वर शेरशाह के समकालीन **मलिक मुहम्मद** जायसी ने अपने 'पद्मावत' प्रबन्धकाव्य में गोपीचन्द के नाम का जो उल्लेख किया है, उससे यह बात स्पष्ट हो जाती है कि जायसी से कई सौ साल पूर्व से ही लोकमानस में योगीराज गोपीचन्द का नाम शीर्ष स्थानीय होता चला आ रहा था। जायसी ने लिखा है कि यदि राज्य और भोग-विलास अच्छे होते तो राजा गोपीचन्द उन्हें त्यागकर योग की साधना क्यों करते-

जौ भल होत राज औ भोगू।
गोपीचन्द नहिं साधत जोगू।।[3]

जायसी केवल नवनाथों ही नहीं अपितु चौरासी सिद्धों के बारे में भी लिखते हैं।[4] इससे यह स्पष्ट हो जाता है नवनाथ लोकमानस में जायसी के बहुत पहले बहुश्रुत हैं।

सिद्धयोगी गोपीचन्द के सम्बन्ध में अनेक कथायें प्रचलित हैं जो निम्नवत वर्णित की जा सकती हैं-

1. मालव प्रदेश के योगीराज भर्तृहरि की बहन मैनावती का विवाह गौड़ बंगाल के माण्डलिक नरेशों के मुकुटमणि माणिकचन्द से हुआ था। उज्जयिनी नरेश महाराजा गन्धर्वसेन अथवा चन्द्रसेन भर्तृहरि और मैनावती के पिता थे। मैनावती ने महायोगी गोरखनाथ से अपनी बाल्यावस्था में महायोग ज्ञान प्राप्त किया था। जिस समय श्रीगुरु गोरखनाथ ने योगीराज भर्तृहरि को अपने सिद्धामृत मार्ग में ही दीक्षित किया था, उस समय राजकन्या मैनावती उज्जयिनी के राजप्रासाद में अपने भाई के सान्निध्य में उपस्थित थी।[5]

2. गोपीचन्द बंगाल के राजा थे, भर्तृहरि की बहन मैनावती इनकी माता थी। मैनावती बंगाल के राजा से ब्याही थीं। उनके एक पुत्र गोपीचन्द और एक कन्या चन्द्रावती दो सन्तानें थीं। चन्द्रावती का विवाह सिंहलद्वीप के राजा उग्रसेन से हुआ था। पिता की मृत्यु के बाद जब गोपीचन्द बंगाल का राजा हुआ, तो उसके सुन्दर कमनीय रूप को देखकर उसकी माँ रानी मैनावती के मन में आया कि विषय सुख में फँसने पर इसका यह शरीर नष्ट हो जायेगा।

इसलिए उसने पुत्र को उपदेश दिया कि "बेटा जो शाश्वत सुख चाहता है तो जालन्धरनाथ का शिष्य होकर योगी हो जा।" जालन्धरनाथ संयोगवश वहाँ आये हुए थे। गोपीचन्द राजपाट छोड़ योगी हो कदलीवन में चले गये पीछे से अपनी बाहन चन्द्रावती के अत्यन्त अनुरोध पर उसे भी योगी बनाया।[6]

3. **दुर्लभचन्द्र** के 'गोविन्दचन्देरगीत' के अनुसार गोपीचन्द का कथा सार इस प्रकार है–

जालंधरिपाद या हाड़िपा शिव के शापवश पाटीका-भुवन (या मेहारकुल) में राजा गोविन्दचन्द और उनकी सिद्धा माता मैनावती के घर नीच कर्म किया करते थे। मैनावती ने अपने पुत्र को उपदेश दिया कि इस हाड़ी का शिष्य बनकर महाज्ञान प्राप्त करो और अमर हो जाओ। राजा ने पहले तो नीच जाति से दीक्षा लेना स्वीकार नहीं किया। राजा ने माता से पूछा कि तुमको अगर सिद्धि प्राप्त है तो पिता जी क्यों मर गये। रानी ने बताया कि किस प्रकार पति को बचाने के लिए लौहकपाट-बद्ध गृह में बंद करके पहरा देती रहीं, किस प्रकार यमदूत चार राजा के अत्यन्त आग्रह से वे भोजन बनाने के लिए वहाँ से हटीं और मौका देखकर यमदूत वहाँ से पति को ले गये। फिर रानी भ्रमरी बन कर यमपुर गयीं। यम ने कहा कि अनजली मिट्टी ले आओ तो तुम्हारे पति को जिला दूँ। पर वह गंगा के गर्भ में है जिससे सब जीव बचे हुए हैं। रानी ने इस मिट्टी को लेना उचित नहीं समझा और पति नहीं बच सके। गोरखनाथ ने रानी को जलते धातुगृह में प्रवेश करने को कहा। फिर तो राजमाता की सिद्धि देखकर दीक्षा लेने को राजी हो गया। हाड़िपा या जालन्धरिपाद ने शिष्य बनाने में आपत्ति दिखाई। पर राजा ने छोड़ा नहीं। बाद में नगर में से भिक्षा मांग लेने की शर्त पर राजी हुए। राजा सारे नगर में मारा-मारा फिरा पर जालन्धरिपाद के माया-प्रभाव से उसे किसी ने भिक्षा नहीं दी, उनकी प्रियतमा रानियां उदुना और पुदुना ने भी नहीं। अंत में माता मैनावती ने ही भिक्षा दी, पर गुरु ने उसे भी मायाबल से उड़ा दिया। हैरान राजा गोविन्दचन्द गुरु के पास खाली हाथ लौटे। गुरु ने कहा, दूसरे देश से भिक्षा ले आओ। शिष्य गुरु के साथ ही देशान्तर जाने को राजी हुआ। झोली ले भभूत रमा कर गुरु के साथ राज-शिष्य निकल पड़ा। मस्ताने गुरु ने दक्षिण देश की किसी वीरांगना के घर राजा को कुछ कौड़ियों पर बन्धक रखा।

उसने राजा से प्रेम करना चाहा परन्तु अपने अनुकूल न पाकर कष्ट देने लगी। इधर उदुना-पुदुना रानियों ने अपनी वियोग-कथा को तोता-मैना के पंखों में बांधकर उड़ाया। वे सर्वत्र उड़ते हुए इस स्थान पर भी पहुँचे जहाँ राजा गोविन्दचन्द बंदी थे। उनका समाचार तोता-मैंना ने रानियों को दिया, रानियों ने सास मैनावती को, मैनावती ने गुरु जालन्धरिपाद को। इधर उस हीरा नामक वीरांगना ने राजा को भेड़ा बना दिया। गुरु वहाँ पहुँचे। कौड़ियाँ लौटा कर उन्होंने बंधक माँगा। हीरा ने कहा वह आदमी तो मर गया। पर गुरु ने ध्यान बल से सब समझ लिया। हुंकार छोड़ते ही भेड़े का बन्धन टूटा और राजा भी मनुष्य हुए। इस बार शिष्य को लेकर गुरु यमलोक में गये। वहाँ पर राजा ने अपने दुष्कर्मों का हिसाब देखा तो योगी होने का पक्का निश्चय कर लिया। गुरु ने अब राजा को महाज्ञान दिया। राजा महाज्ञान पाकर घर लौटे और रानियों को योगविभूति दिखाने लगे। हाड़िपा ने जब यह जाना तो महाज्ञान हर लिया। अब राजा कोई भी चमत्कार नहीं दिखा सके। रानियों ने हँसकर कहा बड़े भारी गुरु हैं तुम्हारे। जादू और टोना ही जानते हैं, राजा ने विश्वास किया और दूसरे ही दिन हाड़िपा को पकड़वा लिया। उस समय वे ध्यानस्थ थे। उसी अवस्था में राजा ने उन्हें भूमि में गड़वा दिया।

इधर हाड़िपा के शिष्य कानुपा ने गोरखनाथ के मुख से जो अपने गुरु का संवाद पाया तो बालक योगी का रूप धारण करके गोविन्दचन्द की राजधानी में पहुँचे। योगी का प्रवेश वहाँ निषिद्ध था। कोतवाल ने इस शिशु योगी को पकड़कर रानी उदुना के सामने पेश किया। बालक योगी ने बताया कि मैं गुरुहीन होकर भटक रहा हूँ। मैं योग भला क्या जानूँ और रानी के बन्धन से मुक्त हुए। तब कानुपा राजा के पास गये और एक हुंकार छोड़ा। सोलह सौ हाड़िपा के शिष्य उपस्थित हुए। राजा ने योगियों को भोजन कराना शुरू किया। भला योगियों का पेट कैसे भरता। अंत में राजा ने उन्हें सिद्ध समझा और असली परिचय पाकर डर गया। राजा की हाड़िपा के क्रोध से रक्षा करने के लिए कानुपा ने तीन पुतलियाँ बनायीं। खोद कर हाड़िपा को जब निकाला गया तो उन्होंने क्रोध भरी दृष्टि से तीन बार गोपीचन्द को देखना चाहा तीनों बार कानुपा ने पुतलियां दिखायीं जो जलकर भष्म हो गयीं। फिर गुरु कुछ शान्त हुए तब राजा गोपीचन्द ने क्षमा मांगी।

अबकी बार वे सच्चे योगी हुए। कान में शंख का कुंडल और शरीर में भस्म रमा कर देशाटन के लिए चल पड़े। रानियों ने जो विलाप शुरू किया तो उन्हें प्रस्तर मूर्ति में रूपान्तरित कर दिया। अबकी बार वे सचमुच अमर हुए और माता मैनावती प्रसन्न हुई।[7]

4. मैनावती गान का सारांश-

एक बार गोरखनाथ राजा तिलकचन्द्र के घर गये। वहीं बालिका शिशुमती को महाज्ञान का उपदेश दिया। यही रानी मैनावती हुई। इसका विवाह राजा मानिकचंद से हुआ। रानी ने मानिकचंद को महाज्ञान का उपदेश देना चाहा पर वे स्त्री को गुरु बनाने को राजी नहीं हुए। राजा ने अन्त में मैनावती को घर से निकाल दिया। वे 'फेरुसा' नगर चली गयीं। मानिकचंद ने चार पटरानियों और 180 सामान्य भार्याओं के साथ विहार करने में काल बिताया। मृत्यु के समय उन्हें होश आया और रानी मैनावती को बुलवाया। जब तक रानी-राजा के आदेश से हीरा-माणिक्य खचित सुवर्णा शृंगार में गंगाजल ले आने को गयीं तब तक यमदूत राजा का प्राण ले उड़े, रानी ने यमदूतों से बहुत लड़ाई की, पर पति को नहीं बचा सकीं। उस समय उनके गर्भ में गोविन्दचन्द या गोपीचन्द थे। पैदा होकर यही लड़का राजा हुआ, पर वास्तविक शक्ति रानी के ही हाथ में रही। गोविन्दचन्द ने बड़ा होकर साभार (वर्तमान ढाका में) के राजा की उदुना नामक कन्या से विवाह किया। द्वितीय कन्या पदुना दहेज में मिली।

भट्टशाली द्वारा संपादित 'मैनावती के गान' में ऐसा आभास पाया जाता है कि दक्षिणात्य राजा राजेन्द्र चोल ने अपनी एक कन्या गोविन्दचन्द को देकर संधि स्थापित की थी। रानी मैनावती ने देखा कि 18 वर्ष की उम्र में यदि गोविन्दचन्द संन्यास नहीं लेता है तो उन्नीसवें वर्ष में उसकी मृत्यु निश्चित है। फलतः रानियों को रोती-विलपती छोड़ हाड़िपा गुरु जालंधरिपाद से दीक्षा लेकर राजा 12 वर्ष के लिए प्रव्रजित हुए। रानी ने जब हाड़ी से दीक्षा लेने की बात कही तो राजा ने बहुत प्रतिवाद किया यहाँ तक कि हाड़ी के साथ रानी के गुप्त प्रेम और अपने पिता को विष प्रयोग से मार डालने का अभियोग भी लगाया। रानी ने रोकर कहा कि हाड़ी और वे दोनों ही गोरखनाथ के शिष्य हैं। अस्तु राजा संन्यासी हुआ और दक्षिण देश की हीरा

नामक वेश्या ने उससे प्रेम करना चाहा। प्रत्याख्यात होने पर उसने उसे नाना प्रकार के कष्ट दिए। एक दिन पानी भरते समय राजा को ज्ञात हुआ कि 12 वर्ष बीत गये और अपनी जाँघ चीर कर रक्त से एक पत्र लिखकर कबूतर के पंख में बाँध कर उड़ा दिया। कबूतर ने उस खबर को समुचित जगह पहुँचा दिया। तब गुरु हाड़ी ने आकर राजा का उद्धार किया। राजा दीर्घकाल बाद जब राजधानी लौटे तो अन्तःपुर गये, वहाँ रानी पदुना उन्हें पहचान न सकीं। अपरिचित को अन्तःपुर में जाते देख कुत्ता ललकार दिया और हाथी से कुचलवा देने का आदेश किया। दोनों ने राजा को पहचान कर सिर झुका लिया। तब रानी ने उन्हें पहचाना और राजा सिंहासनासीन हुए।[8]

5. डॉ. मोहन सिंह ने अपनी पुस्तक में, पंजाब यूनिवर्सिटी लाइब्रेरी में संगृहीत कई अन्य हस्तलिखित प्रतियों के आधार पर 'उदास गोपीचन्द, गाथा, गोरखपद' नाम से एक अंश छापा है जो गोपीचन्द और उनकी माता मैनावती (मैनावती) के संवाद के रूप में है। माता ने पुत्र को योगी वेश में देखकर बहुत दुःख अनुभव किया, इस पर पुत्र ने याद दिलाया कि तुम्हारे ही उपदेश से मैंने यह वेश लिया है और जब मैं इस राग में रम गया तो तुम पछताती हो। संवाद के बाह्य रूप से ही स्पष्ट मालूम होता है कि यह गोपीचन्द का अपना लिखा हुआ नहीं है। उनके मत को व्यक्त करने के लिए किसी ने बाद में लिखा है। भाषा भी नई है। फिर भी इस संवाद में से गोपीचन्द के मत को समझने में सहायता तो मिल ही सकती है। संवाद में गोरखनाथ को गोपीचन्द का गुरु बताया गया है।[9]

6. महारानी मैनावती सिद्धयोगी जालन्धरनाथ का बड़ा सम्मान करती थी। महारानी की प्रेरणा से महाराज माणिकचन्द्र भी सिद्ध जालन्धरनाथ का आदर करते थे। महाराज माणिकचन्द और रानी मैनावती बहुत चिंतित रहते थे, क्योंकि उनको कोई पुत्र नहीं था। जालन्धरनाथ के प्रभाव से महारानी ने रत्नाकर व्रत का अनुष्ठान किया, फलस्वरूप उनके गर्भ से गोपीचन्द का जन्म हुआ। राजा के महल में उत्सव मनाया गया। दूर-दूर के ज्योतिषियों ने राजमहल में उपस्थित होकर बालक की जन्म कुंडली पर विचार किया और चिन्तित हो गये। राजा ने चिन्ता का कारण पूछा तब ज्योतिषियों ने कहा कि बालक बड़ा सौभाग्यशाली है, इसकी आयु लम्बी है,

पर यौवन में प्रवेश करते ही, अल्पवय में ही, वैराग्य ग्रहण कर योग मार्ग में दीक्षित हो जायेगा।[10] ज्योतिषियों की बात सुनकर राजा ने कहा कि यह बात असत्य है। मेरे पुत्र का भाग्य ऐसा नहीं हो सकता है। तब ज्योतिषियों ने कहा कि कागज हो तो उसे फाड़कर फेंक दें परन्तु हे राजन किस्मत में लिखा नहीं मिटाया जा सकता। यदि योगी नहीं हुए तो मृत्यु हो जायेगी।

बालक गोपीचन्द थोड़ा बड़े हुए तो रानी मैनावती ने गोपीचन्द की शिक्षा में विशेष रुचि दिखाई। यह देखकर राजा माणिकचन्द्र के मन में यह आशंका घर कर गयी कि मेरा पुत्र जो राजसिंहासन का एकमात्र उत्तराधिकारी है, कहीं योगज्ञान में रुचि लेने वाली अपनी माँ की प्रेरणा से तथा उनके गुरु जालन्धरनाथ के प्रभाव से योगी न हो जाय। इन बातों के कारण राजा महारानी से खिंचे-खिंचे रहने लगे और जालन्धरनाथ के राजमहल में आने पर रोक लगा दी। इससे क्रुद्ध होकर जालन्धरनाथ ने राजा को छह माह में मृत्यु हो जाने का शाप दिया। राजा को गोपीचन्द की माता रानी मैनावती ने भी उपदेश देकर प्रभावित करना चाहा था, पर राजा का स्त्री को गुरु बनाना अभीष्ट नहीं था, रानी निर्वासन के बाद केरुसा नगर चली गयीं।

राजा माणिकचन्द्र का मृत्युकाल उपस्थित होने पर राजा ने मैनावती को बुलवाया। रानी मैनावती ने अपने पति माणिकचन्द्र को एक लौहकपाटबद्ध कक्ष में बन्द कर दिया, जिससे माणिकचन्द्र को मृत्यु से बचाया जा सके, पर रानी की योगसिद्धि का बल निष्फल हो गया। पति की प्राणरक्षा के लिए रानी ने भ्रमरी का रूप धारण कर यमलोक में प्रवेश किया, पर माणिकचन्द्र जीवित न रह सके। राजा की मृत्यु के बाद रानी मैनावती ने शासनभार संभाला।

कालान्तर में गोपीचन्द राजसिंहासन पर अधिष्ठित हुए। दक्षिण प्रदेश के राजेन्द्र चोल ने सन्धि के परिणामस्वरूप अपनी कन्या का विवाह गोपीचन्द के साथ कर दिया। गोपीचन्द की दूसरी पटरानियाँ उदुना और पुदुना बंगाल देश के ढाका जनपद स्थित साभार के राजा की कन्यायें थीं। उनका जीवन भोग-विलास में बीतने लगा। एक दिन गोपीचन्द के शरीर को देखकर मैनावती को लगा कि यह भोगविलास में रत रहकर अपने पिता की तरह काल के गाल में चला जायेगा। यह सोचकर सही रास्ते पर लाने के लिए राजा गोपीचन्द से मैनावती ने कहा कि बेटा तुम योगी जालन्धरनाथ से योगदीक्षा ग्रहण करो

क्योंकि यह शरीर एवं विषय–सुख नश्वर है। इसलिए जीवन को व्यर्थ संसर्ग में लगाना कदापि उचित नहीं है। गोपीचन्द माता मैनावती के समझाने–बुझाने पर योग दीक्षा ग्रहण करने जालन्धरनाथ के पास गये। जालन्धरनाथ ने कहा कि योगी होना आसान काम नहीं है, इसके लिए कठिन परीक्षा देनी पड़ेगी। गोपीचन्द से जालन्धरनाथ ने कहा कि अपनी राजधानी से मेरे स्नान के लिए आपको पानी भरकर लाना होगा, मेरे भोजन के लिए भिक्षा मांगकर लानी होगी। पटरानियों को माँ कहकर भिक्षा माँगना होगी। योग ज्ञान में दीक्षित होने के लिए माँ की आज्ञा प्राप्त करना आवश्यक है। यह बताकर जालन्धरनाथ ने कहा कि मेरे स्नान के लिए अपने हाथ से भर कर पानी लाइए। राजा पानी भरने अपनी राजधानी में गये तो उन्हें बड़ा संकोच हुआ, परन्तु गुरु की आज्ञा माननी थी इसलिए पानी भर कर उठाना चाहा, तो उठा नहीं पाये। यह देख कर दासियों ने पानी उठाने में सहयोग किया। जालन्धरनाथ ने योग दृष्टि से यह बात जान ली। राजा परीक्षा में खरे नहीं उतर सके। जालन्धरनाथ ने कहा कि जलपात्र स्त्री के संपर्क से दूषित हो चुके हैं। जालन्धरनाथ ने नगर से भिक्षा माँगकर लाने का आदेश दिया। राजा कन्धे पर झोली रखकर भिक्षा माँगने गये। नगर में प्रवेश करते ही मंत्रियों ने उनका स्वागत किया और कहा, महाराज आप राजसिंहासन पर बैठिए, भिक्षा माँगना आप का काम नहीं है। गोपीचन्द ने कहा कि मैं राजा नहीं हूँ। मैं जालन्धरनाथ का शिष्य हूँ। कर्मचारियों के विशेष आग्रह पर उन्होंने राजप्रासाद का थोड़ा–सा आटा स्वीकार कर लिया। योगी जालन्धरनाथ ने कहा कि यह एक ही घर का है इसलिए यह भिक्षा नहीं दान है, अपवित्र है। योगी जालन्धरनाथ ने रानियों से माँ कहकर भिक्षा माँगने का आदेश दिया। तब गोपीचन्द ने कहा–यह कैसे सम्भव है जिसका मैंने पाणिग्रहण किया है, उससे माँ कहकर किस तरह भिक्षा माँग सकता हूँ? जालन्धरनाथ ने कहा–कि राजन! योग का पथ सबके लिए नहीं है, यह मार्ग बहुत ही कठिन है। जब आप अपनी पटरानियों से योगी के वेष में जाकर भिक्षा माँगकर नहीं ला सकते हैं, तब आपके लिए अमर होना किस तरह सम्भव हो सकता है? यह सुनकर राजा गोपीचन्द भिक्षा लेने अपने राजप्रासाद की ओर चल पड़े। उनकी पटरानी चम्पा देवी ने भिक्षा दी। योगी जालन्धरनाथ प्रसन्न हो उठे और कहा अपनी माता मैनावती से भिक्षा प्राप्त

करने के पश्चात आप योग के मार्ग में प्रवेश करने का अधिकार पा सकेंगे, गोपीचन्द माँ से भिक्षा लेने चल पड़े। माँ का वात्सल्य हृदय गोपीचन्द को देखकर सहज स्नेह और करुणा से द्रवित हो उठा। योगज्ञान में पारंगत रानी मैनावती ने बेटे से कहा कि बेटा मैंने जालन्धरनाथ के पास तुम्हें अजर-अमर होने के लिए भेजा था। मेरा उद्देश्य यह नहीं था कि गौड़बंगाल का महाशासक राज्य का परित्याग कर गैरिक वस्त्र धारण करके योगी बन जाय। रानी मैनावती के नेत्रों से अश्रु का प्रपात उमड़ पड़ा। उनका कंठ अवरुद्ध हो उठा, पुत्र का वियोग उनको सहन नहीं हो रहा था। राजमन्त्रीगण रोने लगे। रनिवास में हाहाकार मच गया। उदुना, पदुना और चम्पा देवी आदि पटरानियों के विलाप वज्र से भी कठोर हृदय वाले योगियों के चित्त को पिघला देने वाले थे। बड़ा करुण दृश्य था। स्वयं अपने शिष्य गोपीचन्द को प्रव्रजित करने के लिए राजप्रासाद में योगेश्वर जालन्धरनाथ उपस्थित थे। उन्होंने मैनावती को समझाया कि राजभोग का सुख अस्थायी और क्षणिक है, आप अपने पुत्र के योगी होने के मार्ग में बाधा न उपस्थित कीजिए। गोपीचन्द को गैरिक परिधान में समलंकृत कर महायोग ज्ञान प्राप्त करने में सहायता कीजिए। महारानी मैनावती विह्वल थीं। वे एक तो गोपीचन्द की माँ थी तथा दूसरी तरफ गौड़बंगाल के राज्याधीश्वर की संरक्षिका थीं। उसी समय उन्हें गोपीचन्द के जन्म के समय ज्योतिषियों की बात भी याद आ गयी, जिसमें उन्होंने कहा था कि यदि गोपीचन्द योगी नहीं हुए तो उनकी मृत्यु हो जायेगी। यह सब सोचकर रानी मैनावती ने अपने हृदय पर पत्थर रखकर जालन्धरनाथ के चरणों में गोपीचन्द को समर्पित कर दिया। इसके पश्चात् गोपीचन्द ने माता मैनावती से सत्य की भिक्षा माँगी।[11] माता मैनावती ने गोपीचन्द को गुदड़ी पहना दी।[12] माता मैनावती ने बारह वर्ष तक योगी रहने का आदेश दिया। रानी मैनावती ने कहा कि राजर्षि जनक भी महायोगी थे, वे योगी होकर भी राजकार्य देखते थे। इसी प्रकार बारह वर्ष तक योगी रहने के बाद तुम आकर राजकार्य देखना। यह सुनकर गोपीचन्द जालन्धरनाथ के साथ चले गये। जालन्धरनाथ ने गोपीचन्द को अलख निरंजन सच्चिदानन्द अनिर्वचनीय शून्यपाद में स्थित परमशिव की उपासना की विधि बतायी। इसके पश्चात गुरु और गोपीचन्द भ्रमण के लिए निकल पड़े।

जालन्धरनाथ गोपीचन्द के साथ भ्रमण करते हुए दक्षिण भारत में जा पहुँचे और परीक्षा के लिए हीरा नामक वेश्या के यहाँ गोपीचन्द को बन्धक बना दिया। गोपीचन्द उस वेश्या के मायाजाल में नहीं फँसे क्योंकि उनका चित्त योग साधना में रमणशील था। इससे हीरा ने यातनायें देना आरम्भ कर दिया। भ्रमण कर रहे जालन्धरनाथ को जब यह बात पता चली तो वे वेश्या के निवास स्थान पर पहुँच गये। उन्होंने बन्धक की माँग की। तब उस वेश्या ने कहा कि गोपीचन्द की मृत्यु हो गयी है। जालन्धरनाथ ने योग-दृष्टि से सारी बात समझ ली। गुरु के द्वारा हुंकार करते ही गोपीचन्द का बन्धन टूट गया। वे गुरु के चरणादेश में उपस्थित हुए।

गोपीचन्द ने राजधानी में लौटने के बाद सदा के लिए योगी होने का दृढ़ निश्चय कर लिया। दैवयोग से गुरु के साथ लौटते समय वे धारा नगरी पहुँच गये। माँ ने धारा नगरी में जाने का निषेध किया था, पर गुरु की बात नहीं टाली जा सकती। धारा नगरी के राजा के साथ गोपीचन्द की बहन चन्द्रावती का विवाह हुआ था। जब चन्द्रावती को गोपीचन्द के आगमन का पता चला, वह रोने लगी। उसके करुण विलाप से धारा नगरी का कण-कण रो उठा। राजप्रासाद के प्रवेशद्वार पर खड़े होकर गोपीचन्द ने भिक्षा माँगी। उनकी बहन थाल में मोती लेकर निकली और गोपीचन्द से पूछा कि भैया तुम्हारे पास धन कम हो गया है या भाभी से तालमेल अच्छे नहीं है। गोपीचन्द ने कहा कि बहन न तो हमारे पास धन की कमी थी, न ही तुम्हारी भाभी से कोई वैमनस्यता थी। मैं योगी हो गया हूँ।[13] यह सुनकर चन्द्रावती ने सिर पटक लिया और बेहोश हो गयी। लगता था कि शरीर में प्राण ही नहीं है। मूर्च्छा समाप्त होने पर चन्द्रावती और गुरु जालन्धरनाथ के साथ गोपीचन्द अपनी राजधानी में लौट आये। उनकी बहन चन्द्रावती सिद्ध योगिनी के रूप में प्रसिद्ध हुई। गोपीचन्द का मन वैराग्य का रसिक बन चुका था। उन्होंने राज्य का परित्याग कर योगी होने में परमानन्द का अनुभव किया। उन्होंने अपने मन पर विजय प्राप्त की।[14]

7. गोपीचन्द के द्वारा जालन्धरनाथ को कुएँ में डालकर मिट्टी डालने की कथा दो प्रकार से प्रसिद्ध है। एक कथा के अनुसार जब मैनावती अपने पुत्र गोपीचन्द को योग ज्ञान प्राप्त करने के लिए जालन्धनाथ के पास जाने

को कहती हैं, तब उदुना-पुदुना नामक रानियों के द्वारा गोपीचन्द को उकसाया जाता है और रानी मैनावती पर जालन्धरनाथ के साथ अवैध सम्बन्ध का आरोप लगाकर उन्हें कुएँ में मिट्टी के नीचे डाला जाता है। दूसरी कथा के अनुसार जब 12 वर्ष के बाद गोपीचन्द राज्य में लौटते हैं तब उनकी रानियाँ उदुना-पुदुना के द्वारा गोपीचन्द को कुछ चमत्कार करने को कहा जाता है, परन्तु वे चमत्कार नहीं कर पाते हैं, क्योंकि जब जालन्धरनाथ 12 वर्ष बाद गोपीचन्द को लौटाने आये थे तब उनकी यौगिक शक्ति का हरण कर लिया था। गोपीचन्द के चमत्कार न दिखा पाने पर उनकी रानियाँ उदुना-पुदुना ने राजा को समझाया कि जालन्धरनाथ पारंगत योगी नहीं हैं, वे तो कोरे जादूगर और चमत्कार दिखाने में दक्ष हैं। राजा को रानियों की बात पर विश्वास हो गया और उन्होंने जालन्धरनाथ को कुएँ में डालकर ऊपर से मिट्टी डाल दी।

प्रारम्भिक कथा दो तरह की है परन्तु जालन्धरनाथ का उद्धार करने की कान्हपा (कृष्णपाद) की कथा एक ही तरह की है। कृष्णपाद ने गुरु को ही कुएँ से नहीं निकाला अपितु धातु की मूर्तियों की सहायता से गोपीचन्द को भी जालन्धरनाथ के कोप से बचाया हैं, जिसका वर्णन कृष्णपाद (कान्हपा) प्रकरण में विस्तृत दिया गया है। इसके पश्चात् राजा गोपीचन्द ने अपने राज्य का त्याग करके योग मार्ग अपना लिया। गोपीचन्द की सबदी में उनके शाश्वत योग जीवन के वरण की झांकी प्राप्त होती है। जो इस प्रकार है–

माता कै उपदेश करि। तजिला देश बंगाल।।
गोपीचन्द गुरु कै सरणै। भेटते भागा काल।।
छाड़ा राजपाट परिड्या। छाड्या भोग विलास जी।।
गोपीचन्द धौलाधरसवहीं। छांडि ग्रह्या बनबास जी।।
रांणी सकल कन्या सुत सबहीं। हाहाकार भईला।।
रावत रैति तुरी गज दल बल। राजा गोपीचन्द कहाँ गईला।
जलंध्री पाव हाथि दै डीबी। गोपीचन्द वंदाया जी।।
मंदिर महल पौलि जहाँ भीतरि। तहाँ अलेख जगाया जी।।[15]

गोपीचन्द को योग ज्ञान देने की प्रेरणास्रोत उनकी माता मैनावती बनीं। इतिहास में शायद कोई दूसरी ऐसी घटना नहीं देखने को मिलती जिसमें किसी व्यक्ति को अपनी माता जी के द्वारा योगी बनाया गया हो।

राज्य छोड़ते समय राज्य को अपने चचेरे भाई ललित को सौंप कर उन्होंने कदलीवन में रहकर अपनी यौगिक साधना में रत रहकर सिद्धि प्राप्त की। हिमालय के ऋषिकेश से बद्रिकाश्रम और उसके उत्तरवर्ती क्षेत्र को कदलीवन कहा जाता है। महायोगी गोरखनाथ ने अपनी सबदी में स्पष्ट किया है कि भर्तृहरि और गोपीचन्द दोनों ने अपने गुरु के महायोग के उपदेश में अपूर्व श्रद्धा और आस्था रखकर सांसारिक विषय प्रपंचों और छन्दों से विरक्तता प्राप्त की है–

मान्यां सबद चुकाया दंद।
निहचै राजा भरथरी परचै गोपीचन्द।[16]

गोपीचन्द सिन्ध में जिस पहाड़ी पर रहकर तपस्या करते थे, उस पर पहले दयानाथ योगी का अधिकार था। दयानाथ योगी के पास एक टोकरी थी। उसमें सवा लाख फकीरों के लिए वह आग जलाया करता था। उसके पास एक बैल था, जो उसके योगबल से नदी से थैले भरे पानी को खींचता था। वह अपने अनेक चमत्कारों के लिए प्रसिद्ध था। जब गिरनार पर महायोगी गोरखनाथ तप कर रहे थे, तब उनकी सिद्धि के प्रभाव से वातावरण में शान्ति हो गयी और दयानाथ का यौगिक चमत्कार समाप्त हो गया। दयानाथ ने तपोबल से यह जान लिया। उसने सांस से आग प्रकट करके जलती पहाड़ी को छोड़कर कच्छ में क्षीणाधर की पहाड़ी पर निवास किया। गोपीचन्द ने गिरनार पर जाकर गोरखनाथ जी से आग बुझाने की प्रार्थना की। गोरखनाथ जी की दृष्टि मात्र से आग का वेग शान्त हो गया। पहाड़ पृथ्वी पर गिरकर दो टुकड़े में बँट गया। गोरखनाथ जी ने दयानाथ को अपनी योगसिद्धि से प्रभावित किया। गोपीचन्द को सिन्ध में पीर पटाव कहा जाता है। गोपीचन्द ने इस पहाड़ी पर गोरखनाथ की कृपा से निवास किया।[17]

योगी गोपीचन्द ने योगपरक जीवन में सच्चिदानन्द तत्त्व का साक्षात्कार किया। इन्द्रिय बोधातीत सुखराम अथवा महासुख को उन्होंने अपनी योग साधना में सहज अनुभूति कर सिद्धि प्राप्त की थी। उन्होंने माया और ममता से अतीत गुरु की शरणागति प्राप्त करके अजपाजप की सिद्धि के द्वारा अलख निरंजन का साक्षात्कार किया। गोपीचन्द ने कहा योगी सिद्धदेह में निवास करता है और काल का वंचन कर अमृतत्व का ही वरण करता है।

इनके सिद्धान्तों का वर्णन 'नाथसिद्धों की बानियाँ' में प्राप्त होता है। इनकी एक पाण्डुलिपि प्रयागराज में प्राप्त हुई है। उसका प्रकाशन लेखकद्वय करने का प्रयास कर रहे हैं। सम्भवतः गोपीचन्द के जीवन के अनछुए पहलुओं पर भी प्रकाश पड़ेगा।

सन्दर्भ

1. *नाथ सम्प्रदाय*–डॉ. हजारी प्रसाद द्विवेदी, हिन्दुस्तानी एकेडमी, इलाहाबाद, 2012 पृ. 168।
2. "नमो गोपीचन्द रमत्व ब्रह्मनन्दम् ।" –*नाथसिद्धों की बानियाँ*–7
3. *पद्मावत*–मलिक मुहम्मद जायसी, जोखी खंड–5
4. "नवौ नाथ चलि आवल, औ चौरासी सिद्ध।" –*पद्मावत खंड*–8
5. *नाथसिद्धचरितामृत*–रामलाल श्रीवास्तव, गोरखनाथ मन्दिर, गोरखपुर, पृ. 22
6. *पद्मावती*–सुधाकर चन्द्रिका (हिन्दी टीका) –महामहोपाध्याय पं. सुधाकर द्विवेदी, कलकत्ता, 1907, पृ. 25
7. दुर्लभचन्द्र के *गोविन्दचन्देर गीत का कथासार* के अनुसार कथानक।
8. *दिनेशचन्द्र सेन के बंग भाषा साहित्य* में दी हुई कथा, पृ. 55-57।
9. *नाथ सम्प्रदाय*–डॉ. हजारी प्रसाद द्विवेदी, हिन्दुस्तानी एकेडमी, इलाहाबाद, पृ. 169-17
10. थार भर मोती लै कै द्वारे हैं राजा,
सोने का टका वहिमा डारे हो राम।
बायें हाथ पण्डित वेद विचारैं,
दहिने हाथ पोछें अंसुवा हो राम।।
बारह बरस कै जब गोपीचन्द होइहैं।
तेरहें लगत होइहैं जोगिया हो राम।।
11. कहैं राजा गोपीचन्द सुनौ री माई।
सत की भिष्या देस्यौ मैणावती माई।
बाट-बाट की थेगली। मेरे पाटपटोला।
मसांण की ठीकरी धाल कचोला।। – *नाथ सिद्धों की बानियाँ*–123
12. खोलि पेटारी मैया गुदड़ी निकारिन।
गोपीचन्द को दिहिन पहिराय हो राम।।
13. थार भर मोती लैके निकरी बहिनिया,
देखिन गोपीचन्द सुरतिया हो राम।
कि तुम्हारे भैया अन-धन थोरे-भये,

की हो भायज गरियावै हो राम।।
ना मोरे बहिनी अनधन थोरे भये,
ना तुमरी भावज गरियावै हो राम।
हमरी सुरति बहिनी बाप हमरे रहे,
उनहूँ भये रावल योगी हो राम।।
थार पटकि बहिनी सिर धुनि मारे,
उलटि खाय पछाड़ हो राम।
जाइ के गिरि बहिनी गोपीचन्द के आगे,
गिरते प्रान गवाये हो राम। (लोकगीत सं.)

14. नाथसिद्धचरितामृत–रामलाल श्रीवास्तव, गोरखनाथ मन्दिर, गोरखपुर, पृ. 222-227 तक।
15. *नाथसिद्धों की बानियाँ*–84 से 87 तक
16. *गोरखबानी सबदी*–15
17. *गोरखनाथ एण्ड दि कनफटा योगीज–ब्रिग्स*

योगिराज चौरंगी नाथजी

अध्याय-9

सिद्धयोगी चौरंगीनाथ

नवनाथों की प्रायः प्रत्येक सूची में सिद्धयोगी चौरंगीनाथ का नाम अगणित है, वे गोरखनाथ जी के गुरुभाई[1] और मत्स्येन्द्रनाथ के शिष्य हैं। किंवदंती है कि इनकी विमाता ने इनके हाथ–पैर कटवा दिये। पंजाब एवं अफगानिस्तान में इनकी कहानी पूरनभगत के नाम से प्रसिद्ध है। तिब्बती मत के अनुसार ये राजा देवपाल के पुत्र हैं। इनकी एक रचना पिण्डी के जैन ग्रन्थ भण्डार में सुरक्षित है जिसका नाम–'प्राणसंकली' है।[2] इसमें इन्होंने अपना जीवन–वृत्तान्त लिखा है। भाषा से ये पूर्व देशीय मालूम होते हैं। एक अन्य मत के अनुसार चौरंगीनाथ बिहार प्रदेश के शाहबाद जिले के चनपुर गाँव (भभुआ प्रमंडल) के थे, जहाँ शालिवाहन का खंडहर है।[3] स्यालकोट में उस कुएँ का दर्शन आज भी कराया जाता है, जहाँ इनके हाथ–पैर काटकर डाले गये थे। कंदली मंजुनाथ माहात्म्य में पुष्पुर नगर के राजा महाबल के आप पुत्र बताये गये हैं।[4] पूरनभगत की कथानुसार ये राजा रसाल वैमात्रेय के भाई थे। चौरंगीनाथ की रचनायें 'नाथसिद्धों की बानियाँ' संग्रह गें प्रकाशित हैं।

चौरंगीनाथ की जीवनी के बारे में उनके ग्रन्थ 'प्राणसंकली' में विवरण प्राप्त होते हैं। ग्रन्थ के अनुसार–योगी चौरंगीनाथ का जन्म स्यालकोट के राजा सालबाहन (शालिवाहन) के पुत्र के रूप में हुआ था। ये मत्स्येन्द्रनाथ के शिष्य और गोरखनाथ के गुरुभाई हैं। इनकी विमाता ने इनके हाथ पैर कटवा दिये थे। ये ही पंजाब की लोक कथाओं के पूरनभगत हैं। प्राणसंकली के अनुसार यह सिद्ध भी हो जाता है। चौरंगीनाथ ने स्वयं ही लिखा है–

सत्यं बदंत चौरंगीनाथ आदि अन्तरि सुनौ व्रितांत
सालबाहन घरे हमारा जनम उतपति, सतिमां झुट बोलीला।।1।।
ई अम्हारा भइला सासत, पाप कलपना नहीं हमारे मने,
हाथ पांव कटाय रलाइ लायला निरंजन बने,
सोष सन्ताप मने परभेव सनमुख देवीला
श्री मछंद्रनाथ गुरुदेव, नमस्कार करीला, नमाइला माथा।।2।।
आसीरबाद पाइला अम्हे, मने भइला
हरषित होठ, कंठ तालूका रे सुकाईला
धर्मना रूप मच्छंद्रनाथ स्वामी।।3।।
मन जानै पुण्यपाप, वचन न आवै मुणै बोलब्या कैसा हाथ
रे दीला फल मुषे पीलीला, ऐसा गुसाई बोलीला।।4।।
जीवन उपदैस भाषिला फल आदन्हे बिलासा
दोष बुध्या त्रिषा विसारिला।।5।।
नहीं मानै सोक धन धरम सुमिरिला, अम्हे भइला सचेत
के तुम्ह कहारे बोले पुछीला।।6।।[5]

इन पंक्तियों से स्पष्ट हो जाता है कि इनके पिता सालबाहन, गुरु मत्स्येन्द्रनाथ हैं और इनकी विमाता ने अनेक कष्ट देते हुए इनके हाथ-पाँव कटवा दिये थे। दूसरा पंक्तियों की भाषा पूर्वी है। यदि 'प्राणसंकली' सचमुच चौरंगीनाथ की रचना है तो इसका स्थान पूर्वी प्रदेश मानना पड़ेगा। चौरंगीनाथ को ज्ञानस्वरूप, पूरुख सिंह, सिंगारी और पूरनभगत नाम से अभिहित किया जाता है। पूरनभगत नाम से चौरंगीनाथ की जीवनी मियां कादरयार की कहानी 'संग पूरनभगत' में विस्तृत रूप से प्राप्त होती है।

चौरंगीनाथ (पूरनभगत) का कथानक कतिपय इस प्रकार है। उज्जयिनी के राजा विक्रमादित्य के वंशज महाराजा गज पंजाब प्रदेश में सुदूर उत्तरवर्ती क्षेत्र में राज्य करते थे। वे बहादुर सूरवीर थे। उन्होंने गजनी पर भी अधिकार कर लिया उन्होंने अपनी राजधानी पहले गजपुर-रावलपिण्डी में अथवा उसके सन्निकट बनायी थी बाद में उनकी राजधानी स्यालकोट अथवा साकल नामक स्थान में स्थापित हुई। राजा गज के पुत्र शालिवाहन बड़े तेजस्वी और कुशल शासक थे। उन्हीं के नाम पर शालिवाहन संवत् प्रचलित है।

उनकी पटरानी ने एक पुत्र को जन्म दिया। ज्योतिषियों ने उनका जन्मलग्न विचारा, उन्होंने राजा शालिवाहन से निवेदन किया कि राजकुमार को बारह साल तक एकान्त स्थान में रखकर उनका पालन-पोषण करना चाहिए। राजकुमार के एकान्तवास की अवधि में राजा शालिवाहन ने लूण (लूना) नामक युवती से विवाह कर लिया। एकान्तवास समाप्त होने पर राजकुमार को राजप्रासाद में लाया गया। उनका नाम पूरण अथवा पूरन रखा गया। वे बड़े सुन्दर और ऐश्वर्यशाली थे, उनके चेहरे पर विलक्षण तेज था। देखने वाले उनके सौन्दर्य पर मुग्ध हो जाते थे। उन्होंने अपनी नयी विमाता को माता कह कर पुकारना आरम्भ किया, वह उनके मोहक रूप से घायल थी। उसके मन में कामवासना जाग उठी। उसके मन को बहुत चोट लगती थी, जब राजकुमार उसे माँ-सम्बोधन से सम्मानित करते थे, उसका यौवनपूर्ण हृदय इससे क्षुब्ध हो उठता था। राजा शालिवाहन के प्रवास में जाने पर विमाता ने राजकुमार को अपने शयनकक्ष में बुला भेजा। उसने उनके सम्मुख घृणित काम-प्रस्ताव रखा। राजकुमार पूरण ने कहा कि माँ! आप मेरी माँ हैं। आपके मुख से इस तरह का प्रस्ताव सुनकर मेरा मस्तक लज्जा से नत हो जाता है। रानी ने कहा कि आप नौजवान हैं, आपकी अंग-कान्ति ऐसी है कि किसी भी नवयुवती का उसका शिकार हो जाना स्वाभाविक है। सौन्दर्य भोग की वस्तु है, मैं अपना समस्त जीवन आपके चरणों पर समर्पित करती हूँ। मेरी कामवासना शान्त कीजिए, सुन्दर शरीर, राजोचित सुख तथा स्वाधिकार का यही तकाजा है कि आप मेरा प्रस्ताव स्वीकार कर लें। राजकुमार ने कहा कि मां, आप सदैव मेरी माँ हैं। वह यौवन व्यर्थ है, वह रूप निस्सार है, वह सौन्दर्य घृणित है, जो मनुष्य को सत्य के पथ पर चलने में विचलित कर दे, पतित कर दे। मेरा मस्तक आपके चरणों का अलंकार है, मेरा जीवन आप जैसी राजमाता के स्नेह और वात्सल्य से प्राणान्वित रहने का एकमात्र पात्र है। आप क्षमा करें। राजकुमार शयनकक्ष से तत्काल बाहर चले गये।

राजा शालिवाहन के प्रवास से वापस आने पर पूरण की विमाता ने अपना शृंगार उतार दिया, साड़ी और शरीर के अन्य परिधान फाड़ डाले, आभूषण उतार कर फेंक दिये, केश बिखेर लिए, भीषण आकृति बना ली। शालिवाहन के कारण पूछने पर उसने राजकुमार के चरित्र को पापमय बताकर कलंकित किया।

उसने कहा कि राजकुमार ने आपके प्रवास के समय मेरे यौवन का उपभोग करना चाहा। मैंने प्रतिरोध किया तो मुझे धमका कर विवश करना चाहा। राजा शालिवाहन ने रानी का इस तरह अपमान करने के कारण राजकुमार पूरण के हाथ-पैर कटवा कर तथा नेत्रहीन कर निर्जन वन में उन्हें कुएँ में फिंकवा दिया। उनकी सगी माता ने अपने पुत्र को निर्दोष सिद्ध करने का यथासाध्य प्रयत्न किया, परन्तु नयी रानी के यौवन में कामान्ध शालिवाहन के लिए पूरण की माता का रोना-पीटना बेकार था। वह रोते-रोते अन्धी हो गयी, पुत्र का वियोग उनके लिए असह्य हो गया। स्यालकोट के राजप्रासाद में न्याय महँगा ही नहीं, लुप्त हो गया।

जंगल में कुएँ के निकटस्थ योगेश्वर मत्स्येन्द्रनाथ का आगमन हुआ। उनके साथ महायोगी गोरखनाथ भी थे। मत्स्येन्द्रनाथ जी ने कुएँ पर खड़े होकर कहा कि यदि मैं आपके भोजन की बारह साल तक व्यवस्था कर दूँ तो आप इस समयावधि में ध्यान में तत्पर रह सकेंगे। राजकुमार के प्रस्ताव स्वीकार कर लेने पर योगीन्द्र मत्स्येन्द्रनाथ ने गोपालक शिष्य को उनकी सेवा में नियुक्त किया। कहा जाता है कि गोरखनाथ जी की प्रसन्नता और कृपा से उनके कटे हाथ-पैर पूर्ण हो गये। वे चौरंगीनाथ के नाम से प्रसिद्ध हुए। इस सम्बन्ध में एक धारणा यह भी है कि वे बारह साल के दीर्घकालीन ध्यान में संलग्न रहने के फलस्वरूप वाक्सिद्ध हो गये और अपने ही तपोबल और यौगिक सिद्धि से वे कटे हाथ-पैर के स्थान पर पूरे हाथ-पैर वाले हो गये। बारह साल बीत जाने पर जिस स्थान पर अपूर्ण हाथ-पैर वाले चौरंगीनाथ जी पड़े हुए थे, वहाँ बहुत से व्यापारी आये, चौरंगीनाथ जी ने उनसे पूछा कि आप लोग कौन हैं? यह सोचकर कि वह व्यक्ति, चौरंगीनाथ, राजा का कर-संग्राहक होगा, व्यापारियों ने अपने आप को कोयले का व्यापारी बताया। चौरंगीनाथ जी ने तत्काल कहा कि सब कोयला हो जायेगा। जब वे व्यापारी बाजार में गये और अपनी सामग्री उन्होंने निकाली तो देखा कि सारा सामान कोयला हो गया है। व्यापारियों ने समझ लिया कि यह चौरंगीनाथ की वाणी का चमत्कार है। व्यापारियों ने घटनास्थल पर आकर उनसे क्षमा माँगी और उन्हें भिक्षा दी। चौरंगीनाथ ने कहा कि सारा सामान पहले की तरह हो जाय और सब कुछ वैसा ही हो गया।

चौरंगीनाथ और उनके गुरु मत्स्येन्द्रनाथ का वर्णन **संत ज्ञानेश्वर की गीता की भावार्थ दीपिका 'टीका ज्ञानेश्वरी'** में प्राप्त होता है-

क्षीरसिंधु परिसरी। शक्ति च्या कर्णकुहरी।
नैणा के श्रीत्रिपुरारी। सागितेलें जें।
ते क्षीर कल्लोला आंतु। मकरोदरीं गुप्तु।
होता तया चा हातु। पैहे जालें।
तो मत्स्येन्द्रनाथ सप्तश्रृंगी। भग्नावयवा चौरंगी।
भेटावा की तो सर्वाणी । सम्पूर्ण जाला।[7]

अर्थात क्षीर-समुद्र में मछली के पेट में रहकर शिव का उपदेश पाने वाले मत्स्येन्द्रनाथ सप्तश्रृंगी पर्वत पर हाथ पैर-कटे चौरंगीनाथ से मिले। मिलते ही चौरंगीनाथ के अंग पूर्ण हो गये। '**प्राणसंकली**' में भी चौरंगीनाथ ने इसकी पुष्टि की है-

ग्यानं रा गुर अम्हारा सिंध मछींद्रनाथ तां प्रसादै भइला।
पग हाथ, त्रिभवने किरत थाकलो अम्हारो अनदाता श्रीगोरखनाथ।
बारै बरषं अम्है एक चित्त मने तिरीये भ्रित धोरपारं दुतर
तिरलो अम्हे सिंध भईला काया।।[8]

बारह वर्ष की तपस्या के बाद चौरंगीनाथ ने पूर्णांग होकर अपने माता-पिता के द्वार पर अलख जगाया। चौरंगीनाथ की सगी माता जो कि उनके वियोग में रोती-रोती अन्धी हो गयी थी। उनका अन्धापन भी चौरंगीनाथ ने ठीक कर दिया। पिता ने विमाता को दण्ड देना चाहा परन्तु चौरंगीनाथ ने अपने पिता को रोक दिया। पिता ने उन्हें राजसिंहासन पर बैठने का आग्रह किया। चौरंगीनाथ ने मना कर दिया और कहा कि राजसुख क्षणभंगुर है, योगामृत का आनन्द अक्षय है, स्थायी है। चौरंगीनाथ ने अलख निरंजन पर ब्रह्म, शून्य पद में अभिव्यक्त परमशिव की उपासना पर ही बल दिया। चौरंगीनाथ ने स्वयं स्वीकार किया है कि गुरु मत्स्येन्द्रनाथ जी ने हमें सद्बोध प्रदान किया कि काम, क्रोध और दुःख के वश में नहीं होना चाहिए, इससे भवसागर से सहज-अनायास पार उतर जाना सम्भव हो जाता है-

अम्हारा वचन तुम्हें दिढ करि धरिबा, काम दुष मने न।
थोइबा, ये भवनदी तुम्हें सहजे तिरबा, सुष दुष षडेरा प्रापति।।[9]

डॉ. हजारी प्रसाद द्विवेदी पूरनभगत और राजा रसालू के बारे में लिखते हैं कि "राजा रसालू पूरनभगत के बैमात्रेय भाई थे। इनके समय को लेकर सन् 1884 ई. में **टेम्पल** ने खोज करके देखा कि राजा रसालू का समय आठवीं शताब्दी हो सकता है। उनके अनुमान का आधार यह था कि पंजाब की दो जाट जातियाँ सिद्ध और संसी–अपने को इनके वंश का बताती हैं। सिद्ध लोग अपना सम्बन्ध जैसलमेर के संस्थापक जैसल नामक राजपूत राजा से बताते हैं। इस राजा की मृत्यु सन् 1168 ई. में हुई थी और इसने जैसलमेर की स्थापना सन् 1159 ई. में की थी। संसी लोग और भी पुराने काल से अपना सम्बन्ध बताते हैं। वे अपने को सालवाहन के पिता राजा गज के वंशधर मानते हैं। **टाड** ने लिखा है कि राजा गज से गजनी के सुल्तान की लड़ाई हुई थी। अन्त में गज हार गया था और पूरब की ओर हटने को बाध्य हुआ था। उसी ने स्यालकोट की स्थापना की थी। बाद में उसने गजनी को भी अपने अधिकार में कर लिया था। यह सातवीं शताब्दी के अन्त की घटना है और इस प्रकार राजा रसालू का काल आठवीं सदी होता है। अरबी इतिहास लेखकों ने आठवीं शताब्दी के प्रतापी हिन्द राजा की बहुत चर्चा की है।

एक दूसरा प्रमाण भी इस विषय में संग्रह किया जा सकता है। रिसल नामक एक हिन्दू राजा के साथ मुहम्मद कासिम ने सिंध में संधि की थी। संधि का समय आठवीं शताब्दी का प्रारंभिक भाग है। इस प्रकार **टेम्पल** ने अनुमान किया कि रिसल असल में रसालू ही होगा और उसका समय आठवीं शताब्दी के आदि भाग में होना चाहिए। कुछ पंडितों ने तो राजा शालिवाहन को शक संवत् का प्रवर्तक माना है। **डॉ. हचिंसन** ने इन्हें पवार राजपूत माना है। इनके मत से ये यदुवंशी राजपूत थे और रावलपिंडी (जिसका पुराना नाम गजपुरी है) इनकी राजधानी थी। बाद में सीथियनों से घोर युद्ध के बाद इन्हें पूरब की ओर हटना पड़ा। तभी स्यालकोट में इनकी राजधानी हुई। **ब्रिग्स** ने निष्कर्ष निकाला है कि यह सब कहानियाँ केवल यही सिद्ध करती हैं कि राजा रसालू के समय में सीमान्त पर हिन्दुओं और विधर्मियों का जबर्दस्त संघर्ष चल रहा था और इसीलिए पूरनभगत और राजा रसालू का समय वस्तुत: ग्यारहवीं शताब्दी के पूर्व में ही होना चाहिए। परम्पराएँ और ऐतिहासिक प्रमाण स्पष्ट रूप से पूरनभगत और राजा रसालू को गोरखनाथ के पूर्व ले जाते हैं।

रावल लोग जो वस्तुतः लाकुल या लकुलीश सम्प्रदाय के पाशुपत थे–अपना सम्बन्ध राजा रसालू से बताते हैं और उनकी एक प्रधान शाखा–गल या पागल पन्थी चौरंगीनाथ को अपना मूल प्रवर्तक मानते हैं। चौरंगीनाथ पूरनभगत का ही नामान्तर बताया जाता है।[12]

योगीराज चौरंगीनाथ ने सिद्ध पन्थ की व्याख्या करते हुए 'प्राण-संकली' में लिखा है–

एते एक संजोगे तीन भवन एकान्ति साधना
सपत पाताल सपत पाताल
ऊपर सपत दीप सपत दीप ऊपर सपत सुनकार।
सपत सुनकार ऊपर बसत निरालंब निरंजन निराकार
ग्याने मन पवन हेत बुध मति।
ए अपार श्रीगुर मछिन्द्रनाथ प्रसादे
इह कौ सिध संकेत बोलियै
इह कौ गुरुउपदेश बोलियै,
इह कौ पल पर अपार अनुपम बोलियै।
इह कौ ध्याइयै कंद्रप जित्रा चाप त्रिबंध दाय जै
सकति संकोच जै गंठि फुटै ब्रह्म अग्नि प्रजालै।
ब्रह्म मंडल फाड़ीयै त्रिवेणी संगम पवन संचारियै,
षट् चक्र को फुटीयै।
सुमेर मध्ये वाट गगन भेदिये भंवर गुफा प्रवेशियै,
इहाँ को पिंड प्राण परस्वौ बोलीयै इह को परम सिध बोलियै।
इह कौ अगम बोलीयै, इह कौ परम परमार बोलियै,
इह अहौनिस ध्यानै चतने च्यार तुहै न करता विंद।
परकंती पवन कलपता मन अघोरता निद्रा
इह कौ स्वयं प्रतीत बोलीयै
इह कौ पिंड प्राण परचौ साधन बोलियै।
इह कौ मृत्यु जयंत सिध पन्थ बोलियै।
ए च्यार तुटै सा कायं अजरं अमरं निरबिधन निष्पपत।
त्रिभुवने पूजाते ऊपर कोउ नाहीं दूजा

अयं सो परम पद सो परम आसण...।
गुर उपदेसै जानिये आपै आप प्रमानियै।[13]

अर्थात जब तक चित्त, वायु और बिन्दु की त्रिवेणी के संगम में साधक स्नान नहीं कर लेता है तब तक स्वसंवेद्य का प्रत्यक्षीकरण नहीं हो पाता है। चौरंगीनाथ ने प्राणसाधना, प्राणायाम को योगसिद्धि में सहायक बताया है। उनका कहना है कि मन के उन्मन होने पर तथा प्राण के ब्रह्मरन्ध्र में संस्थित होने पर सहस्रार से द्रवित चन्द्रामृत का पान करने पर योगी आवागमन से मुक्त हो जाता है।

चौरंगीनाथ का कहना है कि योगसाधक के लिए योग साधना में सिद्धि की प्राप्ति अलख निरंजन परमात्मा परमशिव की उपासना से ही सम्भव है। योगी को इस सिद्धि के लिए कार्य साधना, प्राणायाम, मनोनिग्रह, षट्चक्रभेदन तथा कुण्डलिनी के उत्थान प्रबोधन की नितान्त आवश्यकता है।

चौरंगीनाथ तथा गोरखनाथ एक-दूसरे को आदरणीय समझते थे। जहाँ गोरखनाथ ने चौरंगीनाथ को सिद्ध, बुद्ध और धीमान कर नमस्कार किया है- "नमश्चौरंगीनाथाय सिद्धबुद्धाय धीमते।"[14] वहीं **चौरंगीनाथ** ने 'श्रीनाथष्टक' की रचना करके गोरखनाथ के प्रति श्रद्धा समर्पित की है। यद्यपि डॉ. हजारी प्रसाद द्विवेदी तथ्यों के आधार पर चौरंगीनाथ को गोरखनाथ का पूर्ववर्ती प्रमाणित करते हैं।[16]

सिद्धयोगी चौरंगीनाथ के उपदेश सिद्धमार्ग के सभी साधकों के लिए अत्यन्त उपयोगी हैं। वे अलख निरंजन पद में नित्य लीन रहते हैं और अपने भक्तों का उद्धार भी करते हैं।

सन्दर्भ

1. *गंगा पुरातत्त्वांक*-राहुल सांकृत्यायन, पृ. 260
2. *नाथ सम्प्रदाय*-डॉ. हजारी प्रसाद द्विवेदी, हिन्दुस्तानी एकेडमी, इलाहाबाद, 2012, ई. पृ. 137
3. *हिन्दी साहित्य और बिहार-भाग-1*, पृ. 12
4. *कंजली मंजुनाथ माहात्म्य*, अध्याय-20
5. *प्राणसंकली*-चौरंगीनाथ-1-7
6. *नाथसिद्धचरितामृत*-रामलाल श्रीवास्तव, गोरखनाथ मन्दिर, गोरखपुर पृ.-148-149

7. *गीता ज्ञानेश्वरी*–संत ज्ञानेश्वर 18/ओबी 1751–53
8. *नाथसिद्धों की बानियाँ 217–221* (प्रांणसांकली)।
9. *प्राणसंकली*–चौरंगीनाथ–8
10. *गोरखनाथ एण्ड दि कनफटा योगीज*–श्री जॉर्ज बेस्टन ब्रिग्स, कलकत्ता, 1938, पृ. 239–241
11. वही।
12. *नाथ सम्प्रदाय*–डॉ. हजारी प्रसाद द्विवेदी, हिन्दुस्तानी एकेडमी, इलाहाबाद, 2012 ई., पृ. 162–163।
13. प्राणसंकली–131–142।
14. *अमरौध प्रबोध*।
15. *नाथ सिद्धों की बानियाँ–347 (श्रीनाथाष्टक)*।
16. *नाथ सम्प्रदाय*–डॉ. हजारी प्रसाद द्विवेदी, हिन्दुस्तानी एकेडमी, इलाहाबाद, 2012 ई., पृ. 163।

योगिराज चर्पटनाथ जी

अध्याय-10

सिद्धयोगी चर्पटीनाथ

चर्पटीनाथ गोरखनाथ के शिष्य थे। तिब्बती परम्परा में इन्हें मीनपा का गुरु माना जाता है। मीन चेतन में इन्हें ही कर्पटीनाथ कहा गया है। कुछ रचनाओं में इन्हें गोपीचन्द का भाई बताया गया है। प्रारम्भ में इनको रसेश्वर सम्प्रदाय से सम्बन्धित होने के प्रमाण प्राप्त होते हैं। ये गहनीनाथ के गुरु भाई भी बताये जाते हैं। रज्जवदास के एक पद के आधार पर इनको राजपुताना का निवासी माना जाता है। ये जाति के ब्राह्मण थे। इन्हें चर्पटीनाथ, चर्पटीया, पचरीया, चपटी, कर्पटीनाथ आदि नामों से जाना जाता है। इनके शिष्यों में राघनाथ, बालनाथ, तोटनाथ, जांमुनाथ, नित्यानाथ, सारेंद्रनाथ, काकुत्सनाथ और भैरवनाथ हैं। गोरखनाथ की कौपीन या कर्पटी से इनकी उत्पत्ति होने के कारण इनका नाम चर्पटीनाथ पड़ा।

नवनाथों की सूची में चर्पटीनाथ की गणना की जाती है। इन्होंने रस सिद्ध किया था। अनेक नाथ पन्थी सिद्धों के लिखे हुए रस-ग्रन्थ आज भी वैद्यों में प्रचलित हैं। कहा जाता है कि इस रस सम्प्रदाय का मत आदिनाथ शिव के द्वारा बताया गया था और आदिनाथ चंद्रसेन, नित्यानन्द, गोरक्षनाथ, कपालि, भालुकी, माण्डव्य योगियों ने योगबल से इसकी स्थापना की थी।[1] बाद में नागार्जुन, नित्यनाथ, शालिनाथ, चर्पटनाथ ने आयुर्वेद शास्त्र के अनेक ग्रन्थ लिखे। चर्पटनाथ रस सिद्ध योगी थे। गोरखनाथ अथवा गुरु नानकदेव के द्वारा विरचित प्राणसंकली नामक ग्रन्थ में चर्पटनाथ और गुरुनानक देव से बातचीत के रूप में विविध रसायनों का उल्लेख है। संभव है गुरु गोरखनाथ की प्राणसंकली कोई बड़ी पुस्तक थी, यह ग्रन्थ उसी के अनुकरण पर लिखा गया है।[2] इसलिए यह स्पष्ट हो जाता है कि चर्पटीनाथ रसेश्वर मत के सिद्ध थे।

चर्पटीनाथ ने भेष के योगी को अधिक महत्त्व नहीं दिया है, अपितु आत्मा के योगी कहलाने को ही दिया है।[3] डॉ. मोहन सिंह ने चर्पटीनाथ की एक कविता उद्धृत की है–

सुधु फटकि मनु गिआनि रता। चरपट प्रणिवै सिधमता।।
बाहिरि उलटि भवन नहिं जाउं। काहे कारनि काननि का चीराखाउँ।।
विभूति न लगाओं जिउतरि उतरि जाइ। खर जिउ धूडि लेटे मेरी बलाई।।
सेली न बांधो लेबो न भ्रिगानी। ओठउं नाखिथा जो होई पुरानी।।
पत्र न पूजो उडा न उठावो। कुते की निआई मांगने न जावो।।
बासी करि के भुगति न खाओ। सिंधिआ देखि सिंगी न बजाओ।।
दुआरे-दुआरे धूआ न पाओ। मेखि का जोगी न कहावो।।[3]
अतिमा का जोगी चरपटनाउ।

इसमें चर्पटीनाथ ने गुदड़ी आदि धारण करके इधर-उधर घूमने का निषेध करते हुए योगी को साधना में रत रहने का उपदेश दिया है। इन्होंने बाह्य आडम्बर करने के लिए अन्य सम्प्रदायों के साथ सिद्ध मार्ग के योगियों को भी निषेध किया है। चर्पटीनाथ ने बाह्य आडम्बर का विरोध करते हुए आगे लिखा है कि–

इक सेति पटा इक नीलि पटा, इक तिलक जनेऊ जंबि जटा।
इक फीए एक मोनी इक कानि कटा, जब आवैगी कालि घटा।।

अर्थात् वस्त्र, दाढ़ी, जनेऊ, तथा कान फाड़ने का भी विरोध करते हैं। श्री संत सम्पूर्ण सिंह ने तरनतारण से प्राणसंकली छपाई है उसमें चर्पटीनाथ और गुरुगोरखनाथ की बातचीत छपी है। उसमें भी उक्त पद दूसरे तरह से प्राप्त होता है–

इक पीत पटा इक लंब जटा, इक सूत जनेऊ तिलक ठटा।
इक जंगम कही अै भसम घूटा, जठलइ नहीं नीचें उलटि घटा।।
तब चरपट संगले स्वांग नटा।।[4]

डॉ. हजारी प्रसाद द्विवेदी विश्लेषण करते हैं कि–इस पद का भाव यह है कि वेश बनाने से क्या लाभ सभी वेश तब तक स्वांग मात्र हैं जब तक उनसे मृत्यु को जीतने में सहायता न मिले। यदि मृत्यु पर विजय ही नहीं मिली तो इन टंटों से क्या लाभ? और मृत्यु पर विजय केवल रसायन से ही हो सकती है।

चर्पटीनाथ की सारी वार्ता रसायन के विषय में ही है।[5] डॉ. मोहन सिंह के अनुसार चर्पटीनाथ ने सिद्धों को सावधान किया है–

इह संसार कंटिओं की बाड़ी, निरख-निरख पगु धरना।
चरपटु कहैं सुनहुरे सिधो हठि करि तपु नहिं करना।।

इन सभी पदों के पढ़ने से यह स्पष्ट हो जाता है कि चर्पटीनाथ बाह्य वेश के विरोधी थे, और वे कनफटा सम्प्रदाय में रहकर भी उसकी बाह्य प्रक्रियाओं को नहीं मानते थे। यह प्रवृत्ति नाथ सम्प्रदाय में कब आई यह विचारणीय है। वर्णरत्नाकर में चर्पटीनाथ का नाम आने से इतना तो स्पष्ट है कि चौदहवीं शताब्दी के पहले वे अवश्य प्रादुर्भूत हो चुके थे। प्राणसंकली के वार्तालाप से यह भी मालूम होता है कि वे रसायन सिद्ध के अन्वेषक थे। इससे इतना ही अनुमान किया जा सकता है कि ये गोरक्षनाथ के थोड़े परवर्ती थे, संभवतः रसायनवादी बौद्ध सिद्धों के दल से आकर गोरक्षनाथ के प्रभाव में आए थे और अन्त तक बाह्य वेश के विरोधी बने रहे।[6]

चर्पटीनाथ ने बाह्य आडम्बर के साथ ही साथ योगियों को स्त्री से भी दूर रहने का उपदेश दिया है। उनका कहना है कि स्त्रियों के सम्पर्क में आने से ब्रह्मचर्य और योग साधना का आधार वीर्य क्षीण हो जाता है और शरीर मृत्यु का ग्रास बन जाती है–

चरपट कहें सुणौ रे अवधू कांमणि संग न कीजै।
जिंद बिंद नौ नाडी सौषै दिन-दिन काया छीजै।।[7]

चर्पटीनाथ ने यह भी कहा है कि योगियों को ऐसा कार्य करना चाहिए जिससे बार-बार के जीवन-मरण चक्र से छुटकारा मिल जाय–

ऐसी करणी करौ न अवधू। ज्यूं बहुरि न होय मरणा।''[8]

चर्पटीनाथ योगी को कठोर यति धर्म का पालन करने के लिए निर्देश देते हैं। उनका कहना है कि योगी को आम जन से दूर वृक्ष के नीचे या गिरि की कन्दरा में निवास कर साधना में तत्पर रहना चाहिए और कायाकल्प के द्वारा शरीर को निरोगी बनाकर रात-दिन योगाभ्यास में प्रवृत्त रहना चाहिए–

रुष विरष गिरि कंदलि बास। अहनिसि रहिबा जोग अभ्यास।।
पलटै काया खड़ै रोग। चरपट कहैं धनि धनि जोग।।[9]

चर्पटीनाथ ने लोगों को जगत् के मिथ्यात्व की बात समझाई है। उनका कहना है कि ये सब जंजाल हैं इसमें फँसना नहीं चाहिए–

किसका बेटा किसकी बहू। आप सवारथ मिलिया सहू।
जेता फूला तंता काल। चरपट कहै ए सऊआल जंजाल।।

अर्थात् न कोई किसी का पुत्र है, न कोई किसी की बहू है। सब के सब स्वार्थवश एक-दूसरे से सम्बद्ध हैं, जो कुछ भी फूलता है, पैदा होता है, वह काल का ग्रास बन ही जाता है। इसलिए यह संसार जंजाल के सिवा और कुछ भी नहीं है। वे मन की चंचला पर भी रोक लगाने को कहते हैं-

ढील कछोटी मन भंग फिरै। घरि-घरि नैव पसारा करै।।
पाया जरै न वाचा फुरै। तो कारणि मुंहु करिकरि भरै।।[10]

वे योगियों को उपदेश देते हैं कि यदि योगी ब्रह्मचर्य का पालन न करता हुआ विषयों में आसक्त होता हुआ स्थान-स्थान पर रूप की तृष्णा में घूमता रहता है, तो न तो उसकी काया योगाग्नि में परिपक्व हो सकती है और न तो उसकी वाणी का ही उपदेश के रूप में किसी पर प्रभाव पड़ेगा। उसका पालन करना सबसे आवश्यक है।

चर्पटनाथ योग का स्वरूप वर्णन करते हुए लिखते हैं कि-

अवधू मूल दुवारै लावै बंध। बाई षेलै चौसठि संघ।।
जुरा पलटै षंडै रोग। बोलै चरपट धनि-धनि जोग।।[11]

अर्थात् योगी को मूल बन्ध लगाकर चौंसठ सन्धियों के मल को प्राणायाम से शोधित कर जरा को यौवन में बदल कर समस्त रोगों का अन्त कर देना चाहिए। यही योग की साधना है। योगी का मुख्य लक्ष्य काया सिद्धि का प्राप्त करना होना चाहिए। योग के द्वारा अमरत्व की विधि बताते हुए चर्पटीनाथ कहते हैं-

बंधसि बंध विषम करिबंधा। तलि करि रवि ऊपरि करे चंदा।।
रैणि दिवस रस चरपट पीया। षूटै तेल न बूझै दीया।।
थिरकरि मनवा द्रिढ करि चित। काया पवन पखानै नित।।
अभरा भरौ ज्यूं धिरवै कंधा। न उडै हंसा न पड़े जिन्दा।।[12]

अर्थात् विषय बन्ध अथवा विपरीतकरणी मुद्रा के द्वारा सूर्य को ऊर्ध्व कर उसे चन्द्रामृत के शोषण से रोकना चाहिए और तालुमूल में स्थित चन्द्रमा को अधोमुख कर ब्रह्मन्ध्र के सहस्त्रदल के मूल कन्द से द्रवित अमृत का पान कर अमरत्व को प्राप्त कर लेना चाहिए।

चर्पटीनाथ में सिद्धियाँ अपने आप प्रकट हो जाती थीं, पंजाब के गुरुदासपुर जनपद में पठानकोट के सन्निकट स्थित चर्पटवनी नामक स्थान पर वे तप करते थे। इस वन के स्वामी को एक बार मन में भ्रम हुआ कि कहीं योगीराज इस पर अधिकार न कर लें। इसलिए वन स्वामी ने चर्पटीनाथ से वन को त्याग कर कहीं अन्यत्र चले जाने का आग्रह किया। सिद्धयोगी सांसारिक वस्तुओं को कूड़े के समान समझते हैं इसलिए उन्हें वन छोड़ते देर न लगी। वे तुरन्त वन से जाने लगे तभी उनके पीछे-पीछे वन की लता-वृक्ष सब चल पड़े। यह देखकर वन स्वामी को महान आश्चर्य हुआ और उन्होंने योगी चर्पटीनाथ को वहीं निवास करने की प्रार्थना की। तब वे पुनः वहीं रुककर तप करने लगे। चर्पटवनी आज भी सुरक्षित है तथा पंजाब सरकार के आदेश से कोई भी व्यक्ति यहाँ की वृक्ष एवं लताओं को नहीं काटता है।

चम्पा राज्य के तत्कालीन अधिपति महाराज साहिल्लदेव यौगिक चमत्कार से आकृष्ट होकर चर्पटीनाथ के दर्शन के लिए उपस्थित हुए। इनके पास कोई सन्तान नहीं थी। योगीराज चर्पटनाथ के आशीर्वाद से उन्हें कन्यारत्न की प्राप्ति हुई। एक दिन योगीराज चर्पटनाथ शिष्यों के साथ बैठे थे तभी उनके सामने से एक बारात जा रही थी। सांसारिक वैषयिक जीवन से विरक्त योगीराज ने बारात का आशय पूछा तो बताया गया कि स्त्री-पुरुष का विवाह होगा। उन्होंने भोलेपन में विवाह करने का संकल्प किया तब राजा साहिल्लदेव ने उन्हीं के आशीर्वाद से प्राप्त कन्या उनके चरणों में समर्पित कर दी। ब्रह्मचर्य व्रत में अडिग योगीराज वैवाहिक बन्धन से आजीवन ही दूर रहे और राज्य कन्या चम्पा ने उनके सन्निधान में योगसाधना में सिद्धि प्राप्त की। चम्पा राज्य में चम्पा देवी का मन्दिर उनकी सिद्धि का स्मारक है।[13]

विद्वानों द्वारा चर्पटीनाथ का जन्म स्थान हिमाचल प्रदेश के चम्बा राज्य का मुख्य नगर चम्बा ही सुनिश्चित किया जाता है। चम्बा के राजप्रासाद के सन्निकट अनेक मन्दिर हैं, उनमें से एक चर्पटीनाथ का मन्दिर है। यह मन्दिर इस तथ्य का द्योतक है कि चम्बा के राजघराने में योगीराज चर्पटीनाथ को विशिष्ट आदर प्राप्त था। वे राज गुरुपद पर आसीन थे। उन्हें चम्बा के राजाधिराज साहिल्लदेव का आध्यात्मिक गुरु स्वीकार किया गया है, क्योंकि चम्बा राज्य की वंशावली में चर्पटनाथ अथवा चर्पटीनाथ का उल्लेख मिलता है। राजा साहिल्लदेव के उत्तराधिकारी आसत का उल्लेख महाकवि कल्हण

ने अपने राजतरंगिणी काव्य में किया है और कल्हण के मतानुसार संवत् 1144 वि. में चर्पटीनाथ का कश्मीर में आगमन हुआ था। चम्बा राज्य की वंशावली साहिल्ल और आसत के बीच सात रसाचार्य चर्पटीनाथ उस समय चम्बा में थे, पर इसका आशय यह नहीं है कि विक्रमी नौवीं या दसवीं शताब्दी में उन्होंने जन्म लिया था। चर्पटीनाथ की सब बानियों में रसेश्वर मत के सिद्ध पुरुष नागार्जुन का उल्लेख है। चर्पटीनाथ ने उन्हें सम्बोधित करते हुए अपने इस (पारद) सिद्धिमत की अभिव्यक्ति की है। नागार्जुन को धर्मपाल का समकालीन कहा गया है, जिनका समय नौवीं विक्रमी संवत् है। अतः यह स्पष्ट है कि योगी चर्पटीनाथ ने विक्रमी नौवीं और दशवीं में अपनी यौगिक विभूति से जगत् के असंख्य प्राणियों का कल्याण किया, पारमार्थिक पथ-प्रदर्शन किया।[14]

चर्पटीनाथ के जन्म के बारे में अनेक कथायें प्रचलित हैं। एक कथा श्यामदास की कृति मीनचेतन तथा बंगाली काव्य ग्रन्थ गोरखविजय (फैजुल्ला कृत) काव्य में कर्पटीनाथ (चर्पटीनाथ) की उत्पत्ति का वर्णन प्राप्त होता है। आद्य तथा आद्या की कथा पूर्व में वर्णित की गयी है। यहाँ पर सिर्फ चर्पटीनाथ के वृत्तान्त का वर्णन किया जाता है। देवी गौरी ने भुवन मोहिनी रूप धारण करके गोरखनाथ की भी परीक्षा ली तब उन्हें देखकर गोरखनाथ ने दृढ़ संकल्प किया कि ऐसी रूपवती स्त्री मेरी माता हो तो उसकी गोद में बैठकर दूध पीऊँ। देवी ने गोरखनाथ की कठिन परीक्षा ली उसमें वे खरे उतरे तो देवी ने प्रसन्न होकर उन्हें सुन्दर स्त्री रत्न पाने का वरदान दिया। देवी के वरदान की मान-रक्षा के लिए शिव ने माया से एक कन्या उत्पन्न की, जिसने गोरखनाथ को पति रूप में वरण किया। गोरखनाथ जी उसके घर में जाकर अपनी सिद्धि के बल से छः माह का बालक बन गये। वे दूध पीने के लिए मचलने लगे। गोरखनाथ ने उस रूपवती कन्या से कहा मुझमें काम विकार नहीं हो सकता। तुम मेरी कोपीन (करपटी) धोलकर पी लो तुम्हें पुत्र पैदा होगा। कन्या ने आदेश का पालन किया और उसने पुत्ररत्न को जन्म दिया। इसी पुत्र की प्रसिद्धि कर्पटीनाथ (चर्पटीनाथ) के नाम से हुई।

श्रीमद्भागवत के एकादश स्कन्ध के दूसरे अध्याय से पाँचवें अध्याय में योगेश्वर नवनारायणों का उल्लेख है। चर्पटीनाथ ऋषभदेव के पुत्र कहे गये हैं और उन्होंने विदेहराज निमि को भागवत धर्म का उपदेश दिया है।

इनमें से पिप्पलायन नारायण को ही चर्पट अथवा चर्पटीनाथ कहा गया है। चर्पटीनाथ का उल्लेख चौरासी सिद्धों में भी है। शाबरतन्त्र में कापालिकों के बारह आचार्य और उनके प्रधान शिष्यों के सन्दर्भ में चर्पट का उल्लेख किया गया है। हठ योग प्रदीपिका में ब्रह्माण्ड में विचरने वाले सिद्धों में चर्पटीनाथ का नाम भी उल्लेख है।[15] रज्जबदास के सरवंगी ग्रन्थ में इन्हें वारणी के गर्भ से उत्पन्न बताया गया है।[16]

चर्पटीनाथ के जन्म की एक अन्य कथा लोक में प्रचलित है। कथा इस प्रकार है–एक बार ब्रह्मा जी का वीर्य पृथ्वी पर गिर गया था, जिससे अट्ठासी हजार ऋषि उत्पन्न हुए तथा उसी वीर्य के शेष भाग से पिप्पलायन नारायण पैदा हुए। इन्हीं का नाम चरपटीनाथ हुआ। इस बालक को सत्यश्रवा नामक ब्राह्मण और उनकी पत्नी चन्द्र प्रभा ने पाला। चर्पटीनाथ के पाँच वर्ष का हो जाने पर यज्ञोपवीत संस्कार करने के पश्चात् पाठशाला भेजा गया और वे इस दौरान वेद–वेदांग पढ़कर सभी विद्याएँ प्राप्त करके प्रवीण हो गये। एक दिन नारद मुनि सत्यश्रवा के घर आये और देखा कि चरपटीनाथ बारह वर्ष के हो गये हैं। उन्होंने विचार किया कि चूँकि चरपटीनाथ ब्रह्म के वीर्य से उत्पन्न हुए हैं इसलिए मेरे छोटे भाई हैं। भाई से प्रेम करने के पश्चात् नारद मुनि बद्रीनाथ पहुँच गये, वहाँ उन्होंने दत्तात्रेय–मत्स्येन्द्रनाथ और शिव जी से भेंट की और चारों योगी मिलकर मंत्रणा करने लगे। शिव जी ने दत्तात्रेय जी से कहा कि तुम्हारी इच्छा नौनाथों का संघ स्थापित करने की है, सो चर्पटीनाथ को भी अपने नाथ पन्थ में मिलाकर अपनी इच्छा पूरी करो। दत्तात्रेय जी ने कहा कि बिना तपस्या के कोई योगी नहीं होता इसलिए तपस्या होने तक हमें इन्तजार करना पड़ेगा। नारद जी ने कहा कि मैं ऐसा उपाय करता हूँ जिससे चर्पटीनाथ शीघ्र तप में लग जाये। नारद जी सत्यश्रवा के घर आ गये और ब्राह्मण कुमार का वेश बनाकर कहा कि आप आज से मुझे अपना शिष्य समझें। सत्यश्रवा ने नारद जी का नाम कुलम्ब रखा और वह चर्पटीनाथ के साथ रहने लगे। एक दिन अपने पिता के स्थान पर चर्पटीनाथ स्वयं पूजा कराने गये वहाँ उनका यजमान से विवाद हुआ और वे बिना दक्षिणा लिए ही घर लौट आये। यह बात सत्यश्रवा ने सुनी तो चर्पटीनाथ को बुरा–भला कहकर थप्पड़ लगा दिया। चर्पटीनाथ नाराज होकर घर से निकल गये और गाँव के बाहर भगवती के मन्दिर में जा पहुँचे। नारद जी भी वेश बदलकर मन्दिर में जा पहुँचे।

प्रणाम कर उन्होंने देवी से अपना वृत्तान्त बताया तब नारद जी बोले–तुम्हारा पिता पागल हो गया है अतः तुम्हें चाहिए कि ऐसे पिता का न मुख देखो न अपना मुख उसे दिखाओ। तुम वन में जाकर तपस्या करो। यह सुनकर चर्पटीनाथ मन्दिर से बाहर आ गये तभी नारद अपना वेश बदल कर कुलम्ब के रूप में आ गये और दोनों बद्रीनाथ चले गये। वहाँ उन्हें दत्तात्रेय एवं मत्स्येन्द्रनाथ मिले, दत्तात्रेय जी ने चर्पटनाथ के सिर पर हाथ रखकर मंत्र फूँका जिससे अज्ञानता दूर होकर उन्हें दिव्य ज्ञान की प्राप्ति हुई। दत्तात्रेय जी ने उन्हें विद्या अभ्यास कराकर नाथ पन्थ की दीक्षा दी। फिर सभी विद्याओं में निपुण करा के तप करने को कहा। तब चर्पटीनाथ ने नाग अश्वत्थ पहुँचकर बारह वर्ष तक तपस्या की। तत्पश्चात सभी विद्याओं और सिद्धियों में पारंगत हो, देवताओं के सामने सिद्धियाँ प्रदर्शित कीं। ब्रह्मा जी ने विष्णु से चर्पटनाथ का परिचय कराया तथा शिव से आशीर्वाद दिलाकर कुछ दिन अपने पास रखा। अनेक कथायें भी प्राप्त होती हैं, परन्तु उन सभी का वृत्तान्त इन कथाओं से मिलता-जुलता है। इसलिए उसका वर्णन यहाँ पर हम नहीं कर रहे हैं।

अतएव नाथ सम्प्रदाय में चर्पटीनाथ ने बाह्य आडम्बर का विरोध करते हुए, तपस्या तथा आत्मा के साक्षात्कार और चिन्तन पर जोर दिया। उन्होंने परब्रह्म अलख–निरंजन का अनुशीलन किया। ये रससिद्ध योग पुरुष थे तथा महायोगी गोरखनाथ के सिद्धमत के अत्यन्त प्रभावशाली वैराग्य रसिक योगी थे। उन्होंने ब्रह्मचर्य और शरीर रक्षा पर भी जोर दिया। वे आत्म-रमरणरस के विज्ञान योगी थे। उन्हें ज्ञानी गुरु के रूप में नमस्कार किया गया है–"**नमो चरपटरायं गुरु ग्यान पायं।**"

सन्दर्भ

1. *आयुर्वेद परिचय,* विश्व विद्या संग्रह, शान्तिनिकेतन, 1350 बंगाब्द, पृ. 12-13
2. *नाथ सम्प्रदाय*–डॉ. हजारी प्रसाद द्विवेदी, हिन्दुस्तानी एकेडमी, इलाहाबाद, 2012 ई., पृ. 175
3. डॉ. मोहन सिंह की हस्तलिखित पुस्तक, पंजाब यूनिवर्सिटी लाइब्रेरी की 374 नं. पुस्तक के परिशिष्यट, पृ. 20 से चर्पटीनाथ की कविता ।
4. *प्राणसंगली*–श्रीसंत सम्पूर्ण सिंह, अध्याय – 76 पृ. 794।
5. *नाथ सम्प्रदाय*–डॉ. हजारी प्रसाद द्विवेदी, हिन्दुस्तानी एकेडमी, इलाहाबाद, 2012 ई., पृ. 143

6. वही।
7. *नाथ सिद्धों की बानियाँ–160*
8. वही, 184
9. वही, 179
10. वही, 144
11. वही, 185
12. वही, 187-188
13. *नाथसिद्धचरितामृत*–रामलाल श्रीवास्तव, गोरखनाथ, मन्दिर गोरखपुर, पृ. 216
14. वही, पृ. 209
15. *हठयोगप्रदीपिका–1/6।*
16. *नाथ सम्प्रदाय*–डॉ. हजारी प्रसाद द्विवेदी, हिन्दुस्तानी एकेडमी, इलाहाबाद, 2012 ई., पृ. 144

सहायक ग्रन्थानुक्रमणी

1. *अद्वयवज्र संग्रह :* गायकवाड़ ओरिएण्टल सीरीज, नं. 40, बड़ौदा, 1927 ई.।
2. *अमनस्क योग :* महायोगी गोरक्षनाथ प्रणीत, संपादक–रामलाल श्रीवास्तव, गोरखनाथ मन्दिर, गोरखपुर, वर्ष 2037 वि., संस्करण–1।
3. *अमरौघशासनम् :* सिद्धगोरक्षनाथ-विरचित, महामहोपाध्याय पं. मुकुन्दराम शास्त्री द्वारा सम्पादित, काश्मीर संस्कृत ग्रन्थावली, ग्रन्थांक 20, बंबई, 1918।
4. अवधूत जोगी : राजा चन्द्रनाथ जोगी, प्रकाशक–वृहस्पतिनाथ योगी, गोरक्षटिल्ला, योग प्रचारिणी, काशी।
5. *अष्टोत्तरशतोपनिषदः :* निर्णयसागर प्रेस, बंबई, चतुर्थ संस्करण।
6. *आचार्य विश्वनाथ प्रसाद मिश्र अभिनन्दन ग्रन्थ :* प्रधान संपादक–डॉ. विजयेन्द्र स्नातक, प्रकाशक–प्रेम पुस्तक भंडार, 1644 सोहनगंज, सब्जी मंडी, दिल्ली-7, सन् 1976।
7. *आदर्श योगी : श्री श्री योगिराज गंभीराज चरितामृत* लेखक–अक्षयकुमार बंद्योपाध्याय, अनुलेखक-अध्यापक श्री रघुनाथ शुक्ल, प्रकाशक–दिग्विजयनाथ ट्रस्ट, गोरक्षनाथ मन्दिर, गोरखपुर, वि. सं. 2017।
8. *आदर्शयोगी :* श्री दिग्विजयनाथ संवत्, 2017 वि.।
9. *आदिकालीन हिन्दी साहित्य :* डॉ. शंभुनाथ पाण्डेय, प्रकाशक-विश्वविद्यालय प्रकाशन चौक-वाराणसी, संस्करण-1, वर्ष, 1970 ई.।

10 *इ. ए. : इण्डियन एण्टिक्वैरी।*

11. *इन्ट्रोडक्शन पांचरात्र एण्ड अहिर्बन्ध संहिता,* अड्यार, 1912।

12. *उत्तर भारत के निर्गुण पंथ साहित्य का इतिहास :* डॉ. विष्णुदत्त राकेश, साहित्य भवन प्रा. लिमिटेड, जीरो रोड, इलाहाबाद, संस्करण–1, वर्ष 1975।
13. *उत्तरी भारत की संत परंपरा :* आचार्य परशुराम चतुर्वेदी प्रकाशक, भारती भंडार, लीडर प्रेस, इलाहाबाद, संस्करण-3, वर्ष,1972 ई.।
14. ए. रे. ए.–*इनसाइक्लोपोडिया आव् रेलिजन एण्ड एथिक्स*।
15. *एकनाथ–चरित्र :* पं. लक्ष्मण रामचन्द्र पंगारकर बी. ए. अनुवादक, श्री लक्ष्मीनारायण गर्दे, प्रकाशक–गीता प्रेस, गोरखपुर, संस्करण-3, संवत् 2038।
16. *कबीर :* आचार्य हजारी प्रसाद द्विवेदी, राजकमल प्रकाशन, नई दिल्ली पटना, संस्करण-3, 1976 ई.।
17. *कबीर ग्रन्थावली :* संपादक डॉ. बाबू श्यामसुन्दर दास, प्रकाशक–नागरी प्रचारिणी सभा काशी, संवत् 2027।
18. *कर्पूर मंजरी :* राजशेखर, अनुवादक डॉ. त्रिवेणी दत्त मिश्र, प्रकाशक –स्टूडेंट स्टोर बिहारीपुर, बरेली, संस्करण-1, वर्ष 1973 ई.।
19. *कल्याण :* गोरखपुर।
20. *कादम्बरी :* महाकवि बाण भट्ट, हिन्दी अनुवाद श्री ऋषिश्वरनाथ भट्ट, प्रकाशक–भारती भंडार लीडर प्रेस, इलाहाबाद, द्वितीय संस्करण, वर्ष 2007 वि., 1950 ई.।
21. *काशी की सारस्वत साधना :* डॉ. गोपीनाथ कविराज, प्रकाशक–बिहार राष्ट्र भाषा परिषद् पटना, संस्करण-1, सन् 1965 ई.।
22. *कुण्डलिनी सिद्धमहायोग :* शिवोम तीर्थ–श्री नारायण कुटी न्यास संन्यास आश्रम देवास (म. प्र.), सन् 1984 ई.।
23. *कृष्ण-काव्य में भ्रमरगीत तथा नाथ-सम्प्रदाय और तन्त्रशास्त्र :* केशव नारायण सिंह, प्रकाशक--अस्सी-संगम काशी, मई 1947।
24. *कैटोलागस कैटोलोगोरम :* थियोडोर आफ्रेख्ट, लिपलिग, 1896।
25. *कौ. ज्ञा. नि :* कौल ज्ञान निर्णय, डॉ. प्रबोधचन्द्र बागची द्वारा सम्पादित, कलकत्ता संस्कृत सीरीज, नं. 3. कलकत्ता, 1934।
26. *कौ. मा. र. :* कौलमार्गरहस्य (बंगला), स्व. सतीशचन्द्र विद्याभूषण, कलकत्ता, 1335 बंगाब्द।

27. *कौलावली निर्णय :* तान्त्रिक टेक्सट्स, जिल्द 14, आर्थर एबेलेन द्वारा संपादित, कलकत्ता।

28. *गंगा-पुरातत्वांक :* श्री राहुल सांकृत्यायन, के लेख।

29. *गंभीरनाथ प्रसंग (बंगला) :* श्री अक्षयकुमार बंद्योपाध्याय-लिखित, फेमी नवाखाली, बंगाब्द 1332।

30. *गढ़वाल का इतिहास :* श्री हरिकृष्ण रतूडी, देहरादून, 1928।

31. *गीतारहस्य :* स्व. लोकमान्य बालगंगाधर तिलक, (स्व. माधवराव सप्रे का अनुवाद)।

32. *गोपीचन्द (उर्दू) :* पंडित कवि कालीदास साहब गुजरानवाला, लाहौर, 1944।

33. *गोपीचन्दरगान :* दो जिल्द, श्री विश्वेश्वर भट्टाचार्य द्वारा संकलित और कलकत्ता विश्वविद्यालय द्वारा प्रकाशित, प्रथम संस्करण ।

34. *गोरक्ष पद्धति :* अनुवादक महीधर शर्मा, प्रकाशक एवं मुद्रक–खेमराज श्रीकृष्णदास, अध्यक्ष–श्रीवेंकेटश्वर, स्टीम प्रेस, 7वीं खेतावड़ी, बंबई, संवत् 2024 तथा गोरखनाथ मन्दिर का प्रथम संस्करण, 2041 वि.।

35. *गोरक्ष विकास :* पं. सदानाथ योगी, प्रकाशक–श्री श्री 108 श्री महंत बलकाईनाथ जी, योगिभवन, पो. नरहट्ट, जि. बगुड़ा, संस्करण-1।

36. *गोरक्ष शतक :* गोरक्षनाथ प्रणीत, प्रकाशक–गोरखनाथ मन्दिर, गोरखपुर, संस्करण–1, सं. 2038।

37. *गोरक्ष शब्द की निरुक्ति :* महन्त श्री गंगानाथ काली मेरी, अलवर, प्रकाशन–रमेशचन्द्र शर्मा, प्राप्ति स्थान गोरखटिल्ला, मंदाकिनी, काशी, संवत 2011।

38. *गोरक्ष संहिता :* गोरक्षनाथ, प्रथमों भाग : द्वितीयों भाग : प्रधान संपादक–डॉ. भगीरथ प्रसाद त्रिपाठी 'वागीश शास्त्री', प्रकाशक–संपूर्णानन्द विश्वविद्यालय (प्रकाशन विभाग) वाराणसी–221002, उ. प्र., प्रथम संस्करण 1976 ई., विक्रमी–2033।

39. *गोरक्ष सिद्धान्त संग्रह :* श्री जनार्दन शास्त्री पाण्डेय (संपादक), प्रकाशक –गवेषणालयस्य, वाराणसेय संस्कृत-विश्वविद्यालये, प्रथमं संस्करणम्, 2029 वि.।

40. *गोरक्ष स्तुतिमंजरी :* प्रकाशक–अवेद्यनरहररिनाथ, वि. सं. 2007, गोरक्ष ग्रन्थमाला का प्रथम पुष्प।
41. *गोरक्षनाथ एण्ड मिडिएवल हिन्दू मिस्टिसिज्म :* डॉ. मोहन सिंह लाहौर, 1937।
42. *गोरक्षनाथ एवं उनकी परंपरा का साहित्य :* डॉ. दिवाकर पाण्डेय, प्रकाशक शोध संस्थान, गोरखनाथ मन्दिर, गोरखपुर, संस्करण-1, वर्ष-1981 ई.।
43. *गोरक्षनाथ और नाथ सिद्ध :* डॉ. अनुज प्रताप सिंह, प्रकाशक–श्रीगोरखनाथ मन्दिर, गोरखपुर (उ. प्र.), सन् 2019 ई.।
44. *गोरक्षसिद्धान्तसंग्रह :* म. म. पं. गोपीनाथ कबिराज द्वारा सम्पादित, सरस्वती भवन टेक्सट्स, नं. 18, काशी, 1925।
45. *गोरख दर्शन :* अक्षय कुमार बनर्जी, प्रकाशक–महन्त दिग्विजयनाथ न्यास, श्री गोरखनाथ मन्दिर, गोरखपुर (उ. प्र.), संस्करण 2015 ई.।
46. *गोरख सहस्रनाम :* डॉ. अरुण कुमार त्रिपाठी, कृष्णा कम्प्यूटर, मोरी रोड, दारागंज, प्रयागराज 2019।
47. *गोरखनाथ :* नागेन्द्रनाथ उपाध्याय, साहित्य अकादेमी, नई दिल्ली, सं. 2008।
48. *गोरखनाथ (नाथ सम्प्रदाय के परिप्रेक्ष्य में) :* डॉ. नागेन्द्रनाथ उपाध्याय, प्रकाशक–नागरी प्रचारिणी सभा, वाराणसी, प्रथम सं. 2033।
49. *गोरखनाथ एण्ड कनफटा योगीज :* दे. ब्रिग्स।
50. *गोरखनाथ और उनका युग :* डॉ. रांगेय राघव, प्रकाशक–आत्माराम एंड संस, कश्मीरी गेट, दिल्ली–6, वर्ष 1963, संस्करण-1।
51. *गोरखबानी :* गोरखनाथ, संपादक एवं टीकाकार–डॉ. पीताम्बर दत्त बड़थ्वाल, प्रकाशक–हिन्दी साहित्य सम्मेलन, प्रयाग, प्रथम संस्करण, वर्ष 1999 वि.।
52. *गोरख-बोध :* प्रकाशक–देहाती पुस्तक भंडार, चावड़ी बाजार, चौक बड़शाह बुला, दिल्ली–110006।
53. *गोरखवाणी :* सम्पादक-रामलाल श्रीवास्तव, गुरु गोरक्षनाथ, शोध संस्थान, श्री गोरखनाथ मन्दिर, गोरखपुर (उ. प्र.), सन् 2019 ई.।

54. *गोरखवानी* : डॉ. पीताम्बरदत्त बड़थ्वाल-संपादित, हिन्दी साहित्य सम्मेलन द्वारा प्रकाशित, प्रयाग 1999 वि.।
55. *ग्लासरीज ऑफ दी ट्राइब्स एण्ड कास्टस् ऑफ दि पंजाब एण्ड दि नार्थ वेस्टर्न प्राविंसेज* : एच. ए. रोज, जि. 3. लाहौर, 1914 ई.।
56. *घेरण्ड-संहिता* : घेरण्ड ऋषि, संपादक डॉ. चमन लाल गौतम, प्रकाशक –संस्कृति संस्थान–बरेली, संस्करण–1, वर्ष 1975 ई.।
57. *घेरण्ड संहिता* : सेक्रेट बुक ऑफ दि हिन्दूज, प्रयाग, 1895।
58. *चर्याचर्य विनिश्चय* : बौ. गा. दो. में संगृहीत।
59. *चिद्विलास* : डॉ. संपूर्णानन्द, प्रकाशन– ज्ञान मंडल लिमिटेड, काशी, सं. 2001।
60. *चौरासी सिद्धों का वृत्तान्त* : प्रधान संपादक भिक्षु संमदोङ् रिन्पोछे, रचनाकार (मूल) आचार्य अभयदत्त श्री प्रणीत, प्रकाशक–केन्द्रीय उच्च तिब्बती–शिक्षा संस्थान, सारनाथ वाराणसी, सन् 1979, बुद्धाब्द–2523, संस्करण–1।
61. *जर्नल आव् दि डिपार्टमेंट आफ लेटर्स* : 28 वां जिल्द (कलकत्ता विश्वविद्यालय, 1934)–में डॉ. प्रबोधचन्द्र वागची द्वारा सम्पादित निम्नलिखित ग्रन्थ–1. तिल्लोपाद का दोहाकोष, 2. सरहपाद का दोहाकोष, 3. कण्हपाद का दोहा, 4. सरहपादीय दोहा संग्रह, 5. प्रकीर्ण दोहा संग्रह। इसकी अन्य जिल्दों का भी यथास्थान उल्लेख है।
62. *जायसी ग्रन्थावली* : पं. रामचन्द्र शुक्ल-संपादित, काशी, 1924।
63. *जैन बौद्ध धर्म और दर्शन* : डॉ. राजेन्द्र प्रसाद चतुर्वेदी, प्रकाशक केन्द्र–न्यू बिल्डिंग्स, अमीनाबाद, लखनऊ, वर्ष 1976 ई.।
64. *ज्ञानसिद्धि* : गायकवाड़ ओरिएण्टल सीरीज, नं. 44, बड़ौदा, 1929।
65. *ज्ञानेश्वर चरित्र* : पं. लक्ष्मण रामचन्द्र पंगारकर द्वारा लिखित और पं. लक्ष्मण नारायण गर्दे द्वारा अनुवादित, गोरखपुर, सं. 1990।
66. टॉड लिखित *राजस्थान का इतिहास* : (एनाल्स एंड एन्टीक्यूटीज आव राजस्थान का हिन्दी अनुवाद) श्री केशव कुमार ठाकुर, प्रकाशक–आदर्श हिन्दी पुस्तकालय 492, मालवीय नगर, इलाहाबाद, संस्करण-2, अक्टूबर 1965।

67. *ट्राइब्स एण्ड कास्ट्स :* आव दि नार्थ वेस्टर्न प्राविंसेज एण्ड आवध विलियम क्रुक, कलकत्ता, 1869।

68. डायसन–*दि सिस्टम ऑफ वेदान्त :* पीडायसन, शिकागो, 1912।

69. *तन्त्र और आगम शास्त्रों का दिग्दर्शन :* महामहोपाध्याय डॉ. गोपीनाथ कविराज, अनुवादक हंसकुमार तिवारी, प्रकाशक–बिहार राष्ट्रभाषा परिषद् पटना, संस्करण-1, वर्ष 1977 ई.।

70. *तन्त्र और संत :* डॉ. राममूर्ति त्रिपाठी, प्रकाशक–साहित्य भवन (प्रा.) लिमिटेड, इलाहाबाद–3, संस्करण–1, वर्ष 1975 ई.।

71. *तान्त्रिक बौद्ध साधना और साहित्य :* डॉ. नागेन्द्र नाथ उपाध्याय, नागरी प्रचारिणी सभा, काशी, प्रथम संस्करण, वर्ष संवत् 1978 ई.।

72. *तान्त्रिक वाङ्मय में शाक्त दृष्टि :* महामहोपाध्याय डॉ. गोपीनाथ कविराज, बिहार राष्ट्रभाषा परिषद्, पटना–4, संस्करण–2, वर्ष 1978 ई.।

73. *तान्त्रिक साधना सिद्धान्त :* महामहोपाध्याय डॉ. गोपीनाथ कविराज, अनुवादक हंसकुमार तिवारी, बिहार राष्ट्रभाषा परिषद्, पटना, संस्करण–1, वर्ष 1979 ई.।

74. *तारानाथ : गेशिप्टे देस् बुलिम्मुस् इन इण्डियन हाउस देम् तिवेतिशेम् युबेर सेट्स फन् उतन् शिफ्रेरा* (जर्मन भाषा में तारानाथ नामक तिब्बती ऐतिहासिक ग्रन्थ का अनुवाद, जिसके आवश्यक अंश का अंग्रेजी अनुवाद लेखक (ह. द्वि.) के लिए डॉ. ए. एरेन्सन ने कर दिया था। सेन्टपीटर्सबेग, 1869।

75. *तिब्बत में बौद्ध धर्म :* म. पं. राहुल सांस्कृत्यायन, किताब महल, इलाहाबाद, संस्करण–2, वर्ष 1979 ई.।

76. *दि इण्डियन बुद्धिष्ट आईकोनोग्राफी मेनसी बेस्ड आपान दि साधनमाला ऐण्ड ऑदर क्रॉग्रे तांत्रिक टेक्स्ट :* वी. भट्टाचार्य द्वारा लिखित, आक्सफोर्ड, 1924।

77. *दि पीपुल ऑफ इण्डिया :* इर्बर्ट रिजली, कलकत्ता, 1908।

78. *दि सेन्सस ऑफ इण्डिया :* 1931।

79. *दि. सर्पेन्ट पावर :* आर्थेर एबेजन लिखित, लंडन, 1919।

80. *दोहा-कोश :* (ग्रन्थकार सिद्ध सरहपाद, हिन्दी अनुवाद सहित) संपादक महापंडित राहुल सांस्कृत्यायन, प्रकाशक–बिहार राष्ट्रभाषा परिषद्, पटना, वि. सं. 2014।
81. *नवनाथ चौरासी सिद्ध :* योगी नरहरि नाथ, योगप्रचारिणी महासभा, शिवनाथ बगीचा, श्रीनगर गोंदिया, महाराष्ट्र, संस्करण-1968 ई.।
82. *नागरसर्वस्व* पद्मश्री विरचित और तनसुखराम शर्मा द्वारा संपादित, बंबई 1921।
83. *नाथ और संत साहित्य (तुलनात्मक अध्ययन) :* डॉ. नागेन्द्रनाथ उपाध्याय, काशी हिन्दू विश्वविद्यालय प्रकाशन, संस्करण-1, वर्ष 1968 ई.।
84. *नाथ पंथ और निर्गुण संत काव्य :* डॉ. कोमल सिंह सोलंकी, विनोद पुस्तक मन्दिर, आगरा, संस्करण-1, वर्ष 1966 ई.।
85. *नाथ सम्प्रदाय :* आचार्य हजारी प्रसाद द्विवेदी, लोकभारती प्रकाशन जुनेजा, गोरखनाथ मन्दिर, गोरखपुर, संस्करण–1, संवत्, 2042
86. *नाथ सम्प्रदाय :* आचार्य हजारी प्रसाद द्विवेदी, लोकभारती प्रकाशन, 15-ए, महात्मा गांधी मार्ग, इलाहाबाद–1, संस्करण-3, वर्ष 1981 ई.।
87. *नाथ सम्प्रदाय :* आचार्य हजारी प्रसाज द्विवेदी, प्रकाशक-हिन्दुस्तानी एकेडमी, इलाहाबाद, सन् 2012 ई.।
88. *नाथ सम्प्रदाय के सिद्ध योगी :* डॉ. अरुण कुमार त्रिपाठी, कृष्णा कम्प्यूटर, मोरी रोड, दारागंज प्रयागराज, 2019।
89. *नाथसिद्धचरितामृत :* रामलाल श्रीवास्तव, गोरखनाथ मन्दिर, गोरखपुर, संस्करण 2071 वि.।
90. *नाथ सिद्धों का तात्त्विक विवेचन :* डॉ. अनुज प्रताप सिंह, महायोगी गुरु गोरक्षनाथ शोध संस्थान गोरखनाथ, मन्दिर, गोरखपुर, सं. 2071 वि.।
91. *नाथ सिद्धों की बानियाँ :* प्रधान संपादक रुद्रकाशिकेय, संपादक आचार्य हजारी प्रसाद द्विवेदी, नागरी प्रचारिणी सभा काशी, संस्करण–2, वि. सं. 2035।

92. *नाथपंथ :* डॉ. शान्ति प्रसाद चंदोला, भगवती प्रसाद चंदोला, नेपाल कोठी, वरुणापुल, वाराणसी, कैंट, संस्करण-1, वर्ष 1975 ई.।
93. *नाथ-योग :* मूल लेखक अक्षयकुमार बनर्जी, अनुवादक डॉ. रामचन्द्र तिवारी, दिग्विजयनाथ ट्रस्ट, गोरखनाथ मन्दिर, गोरखपुर, संस्करण–2, वर्ष 1968 ई.।
94. *निर्गुण साहित्य :* सांस्कृतिक पृष्ठभूमि : डॉ. मोती सिंह, नागरी प्रचारिणी सभा, काशी, संस्करण-1, संवत् 2019।
95. *नीति श्रृंगार वैराग्य शतकत्रयम् :* योगीन्द्र श्री भर्तृहरि, अनुवादक श्री पं. राजाराम पाठक, प्रकाशक–बाबू ठाकुर प्रसाद गुप्त बुकसेलर, धर राजा दरवाजा, दुकान कचौड़ी गली, वाराणसी।
96. *पदुमावती : बिब्लोथिका इण्डिका,* न्यू सीरीज नं 1172, जी. ग्रियर्सन और सुधाकर द्विवेदी द्वारा संपादित, कलकत्ता, 1907।
97. *परशुरामकल्पसूत्र :* रामेश्वरकृत टीका सहित, गायकवाड़ ओरिएण्टल सीरीज में प्रकाशित और वी. ए. महादेव शास्त्री द्वारा संपादित।
98. *पातंजल योग दर्शन :* टीकाकार, हरिकृष्णदास गोयंदका, प्रकाशक–मोतीलाल जालान, गीता प्रेस गोरखपुर, संस्करण–11, वर्ष 2023 वि.।
99. पारानन्द सूत्र *:* गायकवाड़ सीरीज 56, बड़ौदा, 1931 ई.।
100. *पुरातत्त्व निबंधावली :* महापंडित राहुल सांकृत्यायन, किताब महल, इलाहाबाद, दिल्ली, बंबई, संस्करण-2, वर्ष 1958 ई.।
101. *पुरानी हिन्दी :* चन्द्रधर शर्मा गुलेरी, नागरी प्रचारिणी सभा, काशी, संस्करण-2, वर्ष 2018 वि.।
102. *पूरनभगत (उर्दू) :* पंडित कवि कालिदास साहब शायर, गुजरानवाला द्वारा लिखित लाहौर, 1944।
103. *प्रज्ञेयापविनिश्चय सिद्धि :* गायकवाड़ ओरिएण्टल, सीरीज 44, बड़ौदा, 1929।
104. *प्रत्यभिज्ञाहृदयम् :* क्षेमराज, टीकाकार स्वामी विष्णु तीर्थ जी महाराज, योग श्रीपीठ ट्रस्ट (10 वीं शताब्दी)।

105. *प्रबन्ध चिन्तामणि :* हजारी प्रसाद द्विवेदी द्वारा अनुवादित और मुनि श्री जिनविजय जी द्वारा संपादित, सिंधी जैन ग्रन्थमाला, अहमदाबाद, कलकत्ता, 1940।
106. *प्रबोध चन्द्रोदयम् :* श्रीकृष्ण मिश्र, प्रकाशक व्याख्यायोपेतम् चौखंबा विद्या भवन, वाराणसी–1, संस्करण सन् 1955।
107. *प्राकृत और अपभ्रंश साहित्य तथा उनका हिन्दी साहित्य पर प्रभाव :* डॉ. रामसिंह तोमर, हिन्दी परिषद् प्रयाग विश्वविद्यालय, संस्करण–1, वर्ष 1964 ई.।
108. *प्राचीन भारत :* गंगा मेहता, हिन्दी प्रकाशन मंडल, काशी हिन्दू विश्वविद्यालय, वाराणसी, संस्करण–2, वर्ष 1948 ई.।
109. *प्राचीन हस्तलिखित पोथियों का विवरण :* संपादक आचार्य नलिन विलोचन शर्मा (चौथा खंड), बिहार राष्ट्रभाषा, परिषद, पटना, संस्करण–1, वर्ष 2016 वि.।
110. *प्राणतत्व :* स्वामी विष्णुतीर्थ जी महाराज, योग श्री पीठ ट्रस्ट (प्रकाशन) मुनि की रेती ऋषिकेश, उत्तराखण्ड, संवत् 2056।
111. *प्राणसंगली :* सन्तसम्पूरन सिंह जी द्वारा संपादित, तरनतारन, पंजाब।
112. *बंगला साहित्य का संक्षिप्त इतिहास :* डॉ. सत्येन्द्र, प्रकाशन शाखा सूचना विभाग, उत्तर प्रदेश, संस्करण-1, वर्ष 1961 ई.।
113. *बांगला साहित्येर इतिहास* (बंगला) : डॉ. सुकुमार सेन, कलकत्ता, 1940।
114. *बुद्ध-चर्य्या* (भगवान बुद्ध का जीवन और उपदेश) : महापंडित त्रिपिटकाचार्य राहुल सांकृत्यायन, प्रकाशक–शिव प्रसाद गुप्त, सेवा उपवन काशी, वि. सं. 1988, बुद्धाब्द–2475।
115. *बौ. गा. दो :* बौद्ध गान ओ दोहा (बंगाक्षरों में मुद्रित) स्व. पं. हरप्रसाद शास्त्री, सम्पादित, कलकत्ता, 1323 बंगाब्द।
116. बौद्ध कापालिक साधना और साहित्य : डॉ. नागेन्द्रनाथ उपाध्याय, स्मृति प्रकाशन, 124 शराराबाग, इलाहाबाद–2, संस्करण–1, वर्ष 1983।
117. *बौद्ध दर्शन :* म. पं. राहुल सांस्कृत्यायन, किताब महल, 15 थार्नहिल रोड, इलाहाबाद, वर्ष 1980 ई.।

118. *बौद्ध दर्शन तथा अन्य भारतीय दर्शन* (प्रथम भाग) : भरतसिंह उपाध्यक्ष, बंगला हिन्दी मंडल–8, रॉयल एक्सचेंज प्लेस, कलकत्ता–1, 2011 वि.।
119. *बौद्ध धर्म के विकास का इतिहास :* डॉ. गोविन्द चन्द्र पाण्डेय, हिन्दी समिति, सूचना विभाग, उ. प्र., संस्करण-2, वर्ष 1976 ई.।
120. *बौद्ध धर्म दर्शन :* आचार्य नरेन्द्रदेव, बिहार राष्ट्रभाषा परिषद्, पटना-4, द्वितीय संस्करण, वि. सं. 2028, सन् 1971।
121. *ब्रजभाषा और ब्रजबुलि साहित्य (तुलनात्मक) :* डॉ. श्रीमती कणिका तोमर, काशी हिन्दू विश्वविद्यालय, वाराणसी-5, वर्ष1964 ई.।
122. *ब्रह्मसूत्रम् :* शांकरभाष्यसहित, पं. वासुदेवलक्ष्मणशास्त्रीपाणाशीकर संपादित, बंबई, 1927।
123. *गोरखनाथ एण्ड कनफटा योगीज :* श्री जार्ज वेस्टन ब्रिग्स-लिखित, कलकत्ता, 1938।
124. *भरथरी चरित्र :* (नौ खंड), हावड़ा, 1942 ई.।
125. *भारत में बौद्धधर्म का इतिहास :* लामा तारानाथ, अनुवादक रिंगजिन लुण्डुप लामा, काशी प्रसाद जायसवाल शोध संस्थान, पटना, वर्ष 1971।
126. *भारतवर्ष में जाति-भेद :* श्री क्षितिमोहन सेन, कलकत्ता, 1940।
127. *भारतवर्षीय उपासक सम्प्रदाय* (बंगला) : श्री अक्षयकुमार दत्त, कलकत्ता, 1314 बंगाब्द, द्वितीय संस्करण)।
128. *भारतीय दर्शन :* पं. बलदेव उपाध्याय एम. ए. लिखित, द्वितीय संस्करण, काशी, 1945 ई.।
129. *भारतीय दर्शन :* आचार्य बलदेव उपाध्याय, संस्करण-7, शारदा-मन्दिर, काशी।
130. *भारतीय दर्शन :* म. म. डॉ. उमेश मित्र, हिन्दी समिति. उ. प्र. संस्करण–4, वर्ष 1975 ई.।
131. भारतीय दर्शन की रूपरेखा : आचार्य बलदेव उपाध्याय, चौखम्भा ओरियन्टालिया, वाराणसी, दिल्ली, संस्करण – 2, 1979 ई.।

132. *भारतीय दर्शन परंपरा :* डॉ. हरवंश लाल शर्मा, नेशनल पब्लिशिंग हाउस, 23 दरियागंज, दिल्ली-6, संस्करण-1, वर्ष 1972 ई.।
133. *भारतीय धर्म एवं संस्कृति :* बुद्ध प्रकाश, मीनाक्षी प्रकाशन, मेरठ–नई दिल्ली।
134. *भारतीय संत परंपरा और समाज :* डॉ रांगेय राघव, किताब महल, इलाहाबाद, बंबई, संस्करण-1।
135. *भारतीय साधना की धारा :* म. पं. गोपीनाथ कविराज, अनुवादक पं. हंसकुमार तिवारी, बिहार राष्ट्रभाषा, परिषद, पटना–4 संस्करण–1।
136. *भ्रमरगीत सार :* पं. रामचन्द्र शुक्ल, संपादित, बनारस, 1999 सं.।
137. *मध्यकालीन धर्म-साधना :* आचार्य हजारी प्रसाद द्विवेदी, साहित्य भवन प्रा. लि., इलाहाबाद, संस्करण–4, 1970 ई.।
138. *मध्यकालीन भारतीय संस्कृति :* म. म. गौरीशंकर हीराचन्द ओझा, हिन्दुस्तानी एकेडमी, इलाहाबाद, संस्करण–4, 1966 ई.।
139. *मालतीमाधवम् :* जगद्धरकृत टीकासहित, एन. आर. काले द्वारा संपादित, बंबई, 1928।
140. *महाराणा कुंभा और उनका काल :* तारा मंगल, राजस्थानी ग्रन्थागार, जोधपुर, संस्करण-1, वर्ष 1984।
141. *महार्थ मंजरी :* महेश्वरानन्द प्रणीता, प्रधान संपादक डॉ. भगीरथ त्रिपाठी, वागीश शास्त्री, संपादक-ब्रजवल्लभ द्विवेदी : स्वोपज्ञपरिमला –व्याख्योपेता, प्रकाशक–वाराणसेय संस्कृत विश्वविद्यालय, वाराणसी, वर्ष 2029 वि.।
142. *महार्थ मंजरी :* गोरक्षापर्याय महेश्वर विरचित, काश्मीर ग्रन्थावलि।
143. *मालती गाधवम् :* भवभूति, चन्द्रकला टीकोपेतम्, चौखंबा संस्कृत सीरीज, बनारस–1, संस्करण 1954 ई.।
144. *मिडिएवल मिस्टिसिज्म आव् इण्डिया :* श्री क्षितिमोहन सेन, सन 1934।
145. *योग–रहस्य :* उपदेष्टा–श्री श्री योगिराज गंभीरनाथ जी महाराज, व्याख्याता–श्री अक्षयकुमार बंद्योपाध्याय, अनुलेखक–श्री रघुनाथ शुक्ल, श्रीमहंत दिग्विजय ट्रस्ट, गोरखनाथ मन्दिर, गोरखपुर, संस्करण-2, वर्ष मकर संक्रान्ति–2016 वि.।

146. *योग उपनिषदः* : अड्यार लाइब्रेरी, अ. महादेवशास्त्री-संपादित, अड्यार 1920।

147. *योग प्रवाह* : पीताम्बरदत्त बड़थ्वाल द्वारा लिखित, श्री संपूर्णानन्द द्वारा संपादित, काशी सं. 2003।

148. *योग बीज* : प्रणेता–शिव गोरक्ष महायोगी गोरक्षनाथ टीकाकार तथा संपादक–श्रीरामलाल श्रीवास्तव, प्रकाशक–गोरखनाथ मन्दिर, गोरखपुर, संस्करण-1, वर्ष 2039 वि.।

149. *योगदर्शन* (बंगाक्षरों में) : कापितमठ संस्करण, कलकत्ता विश्वविद्यालय द्वारा प्रकाशित।

150. *योगदर्शन* : डॉ. सम्पूर्णानन्द, हिन्दी समिति-सूचना विभाग, उ. प्र. लखनऊ, संस्करण–1, वर्ष 1984।

151. *योगबीज* : महेश्वर गोरक्षनाथ भाषितम्, योग प्रचारिणी, गोरख टिल्ला, काशी (प्राप्ति स्थान), संस्करण-1, समय वि. सं. 2008, नेपाल संवत् 1072।

152. *योगिनी हृदयम्* : अमृतानन्द योगिकृतदीपिकया भास्कर रायकृत सेतुबन्धन च सहितम्, संपादक म. म. डॉ. गोपीनाथ कविराज, वाराणसेय संस्कृत विश्वविद्यालय, सरस्वती ग्रन्थमाला (7), संवत् 2035।

153. *योगिसम्प्रदायविष्कृति* : चन्द्रनाथ योगी, अहमदाबाद, 1924।

154. *राजपूताने का इतिहास* : म. म. पं. गौरीशंकर हीराचन्द ओझा लिखित, अजमेर।

155. *राजस्थान का इतिहास* (तिथिक्रम से) : सुखवीर सिंह गहलोत, राजस्थान साहित्य मन्दिर, सोजती दरवाजा, जोधपुर, फरवरी, 1980।

156. *रामानन्द की हिन्दी रचनाएँ* : संपादक स्व. डॉ. पीतांबर दत्त बड़थ्वाल, आचार्य हजारी प्रसाद द्विवेदी, नागरी प्रचारिणी सभा, वाराणसी, चैत्र रामनवमी 2012 वि.।

157. *ल नेपाल (फ्रेंच भाषा में)* : नेपाल का इतिहास, सिल्वालेवी पेरिस,1905।

158. *लोई का ताना* : डॉ. रांगेय राघव, राजपाल एण्ड संस, दिल्ली, संस्करण–1, 1970 ई.।

159. *वामकेश्वर तन्त्रान्तर्गत नित्याषोडशिकारणावः* : श्री भास्कररायोन्नीत सेतुबन्धव्याख्यानसहित, आनन्दाश्रम संस्कृत ग्रन्थावली, 56 पूना, 1908 ई.।

160. *विवेक मार्तंड* : प्रणेता श्री शिवगोरक्ष महायोगी गोरखनाथ, टीकाकार तथा संपादक रामलाल श्रीवास्तव, प्रकाशक–गोरखनाथ मन्दिर, गोरखपुर, संस्करण–1, वर्ष 2040।

161. *विश्वभारती पत्रिका* (हिन्दी) : हजारीप्रसाद द्विवेदी संपादित, शान्तिनिकेतन, बंगाल।

162. *विष्णुपुराण* : गीता प्रेस गोरखपुर।

163. *वैष्णव धर्म का उद्भव और विकास* : डॉ. सुबीरा जायसवाल, अनुवाद अनन्त लाल चौधरी, दि. मैकमिलन कंपनी ऑफ इंडिया लिमिटेड, नई दिल्ली, बंबई, कलकत्ता, मद्रास, संस्करण-1, वर्ष 1976 ई.।

164. *वैष्णव साधना और सिद्धान्त : हिन्दी साहित्य पर उसका प्रभाव* : डॉ. भुवनेश्वरनाथ मिश्र 'माधव', बिहार हिन्दी ग्रन्थ अकादमी, कदमकुआँ, पटना-3, संस्करण–1, मई 1973 ई.।

165. *वैष्णविज्म शैविज्म एण्ड अदर माइनर रिलिजियस सिस्टम्स* : आर. जी. भाण्डारकर, स्ट्राएवर्ग, 1913।

166. *शाबरचिंतामणि* : पार्वती प्रचनित्यनाथसिद्ध मत्स्येन्द्रविरचित : प्रकाशन–योग प्रचारिणी सभा के. 58/78 गोरक्ष टिल्ला, मंदाकिनी, वाराणसी, संवत् 2034, संस्करण–3।

167. *शारदातिलक तत्रम्* : आर्थर एवेलन द्वारा संपादित, कलकत्ता, 1933।

168. *शक्ति एण्ड शाक्त* (द्वितीय संस्करण) : जान बुडरफ, मद्रास, 1920।

169. *शिवसंहिता* : शिवसंहिता विशेषांक योगवाणी, गोरखपुर मन्दिर, गोरखपुर, वर्ष 10, अंक–1, जनवरी 1985 ई.।

170. *शिवसंहिता* : पाणिनि ऑफिस, इलाहाबाद,1914 ई.।

171. *श्रीकृष्ण प्रसंग* : म. म. गोपीनाथ कविराज, अनुवादिका (मूल बंगला से) कु. उर्मिला शर्मा, भारतीय विद्या प्रकाशन, वाराणसी, संस्करण-1, वर्ष सितम्बर 1967 ई.।

172. *श्री गुरु प्रताप सूरज ग्रन्थ* (गुरुमुख) : कविचूड़ामणि भाई सन्तोष सिंह जी, द्वितीय संस्करण वीर सिंह जी द्वारा सम्पादित, 1935 ई.।

173. *श्री गुह्यसमाजतन्त्र :* गायकवाड़ सीरीज नं. 53, बड़ौदा, 1931 ई.।

174. *श्री गोरक्ष महापुराण :* श्रीपृथ्वीराज जी, लक्ष्मी प्रकाशन, दिल्ली–6।

175. *श्री गोरक्ष-वैदिक पूजा-पद्धति :* संकलनकर्ता–श्री गोरखनाथ मन्दिर, गोरखपुर, संस्करण-2, वर्ष वि. सं. 2038।

176. *श्री महाभारतम्* (शान्ति पर्व) : हिन्दी अनुवाद सहित गीता प्रेस, गोरखपुर।

177. *श्री शंकराचार्य :* आचार्य हजारी प्रसाद द्विवेदी, हिन्दुस्तान एकेडमी, इलाहाबाद, संस्करण-2, वर्ष 1963 ई.।

178. *श्वेताश्वतरोपनिषद् :* शाङ्कर भाष्य, गीता प्रेस गोरखपुर, संस्करण–10।

179. *सर्वदर्शन संग्रह :* भाषा टीका समेत : लेखक श्री मन्मध्वाचार्य विरचित, प्रकाशक–श्री कृष्णदासात्मजगड्गाविष्णु समय संवत् 1982, टीकाकरण–श्री उदयनारायण सिंह तथा गोविन्द सूरी।

180. *सर्वदर्शन संग्रह :* श्री मन्मध्वाचार्यकृत : भाष्यकार, उमाशंकर शर्मा 'ऋषि', प्रकाशक–चौखम्भा विद्या भवन, वाराणसी-1, संस्करण-1, सं. 2021।

181. *सर्वदर्शनसंग्रह :* सायणमाधवाचार्य म. म. वासुदेवशास्त्री अभ्यंकर संपादित, पूना, 1924 ई.

182. *सहजाम्नाय पंजिका :* बौ. गा. दो. में संगृहीत।

183. *साधन शिखर :* स्वामी शिवोम तीर्थ, देवात्म शक्ति सोसायटी, नवली गाँव, ठाणे, महाराष्ट्र, 2006।

184. *साधनमाला :* गायकवाड़ज ओरिएण्डल सीरीज नं. 26 और 41 बड़ौदा।

185. *सिद्धसिद्धान्त पद्धति : अथवा गोरक्षोपनिषद् :* भगवद् गोरखनाथ विरचिता, भाष्यकार–महामहोपाध्याय पं. द्रव्येश झा शास्त्री मैथिलीः बृहद्भूमिका टिप्पणीकारः पंव श्री गंगानाथो योगिराजः हिन्दी टीकाकार वेदांत पं. श्री भीष्मनाथौ योगिराजः, संस्करण-2, समय 1971 ई., प्रकाशक योगिराज पं. गंगानीजी, सिद्धपुरवाड़ा कुटी, पो. गांधहारा, जालंधर–पंजाब।

186. *सिद्धसिद्धान्त पद्धति :* प्रणेता : शिवगोरक्ष महायोगी गोरखनाथ टीकाकार, तथा संपादक–रामलाल श्रीवास्तव, प्रकाशक–गोरखनाथ मन्दिर, गोरखपुर, संस्करण–1, संवत् 2038 वि.।

187. *सिद्धसिद्धान्तसंग्रह* : म. म. पं. गोपीनाथ कविराज संपादित, सरस्वती भवन टेक्सट्स 13, काशी, 1925 ई.।

188. *सुधाकरचन्द्रिका, पदुमावती (... दे.)* : म. म. पं. सुधाकर द्विवेदी का हिन्दी टीका।

189. *स्टडीज इन दि तन्त्र : पार्ट-1* : डॉ. प्रबोध चन्द्र बागयी कलकत्ता, 1939।

190. *हठयोग : (स्वरूप एवं साधना)* : योगी आदित्यनाथ, प्रकाशक–महन्त दिग्विजयनाथ न्यास, श्री गोरखनाथ मन्दिर, गोरखपुर (उ. प्र.)।

191. *हठयोगप्रदीपिका* : (आदिनाथ प्रणीत) टीकाकार डॉ. चमन लाल गौतम, प्रकाशक–संस्कृति संस्थान, ख्वाजा कुतुब, वेदनगर–243001, उ. प्र., प्रथम संस्करण, 1974 ई.।

192. *हठयोगप्रदीपिका* : स्वात्मारामयोगी विरचिता, हिन्दी, संस्कृत टीका सहित, क्षेमराज-श्रीकृष्णदास श्रेष्ठिना श्रीवेंकटेश्वर (स्टीम) प्रेस मुंबई, संवत् 2039, सन् 1983 ई.।

193. *हठयोगप्रदीपिका* : हठयोग विशेषांक योगवाणी, वर्ष-6, जनवरी 1981, अंक–1 में प्रकाशित, गोरखपुर मन्दिर, गोरखपुर।

194. *हठयोगप्रदीपिका* : पाणिनि ऑफिस, इलाहाबाद, 1915 ई.।

195. *हर्ष चरितम्* : महाकवि बाणभट्ट हिन्दी व्याख्या सहित, व्याख्याता–श्रीजगन्नाथ पाठक, प्रकाशक–चौखम्भा विद्याभवन वाराणसी-1, संस्करण–2, समय 1964 ई., 2021 वि.।

196. *हिन्दी काव्य धारा भाग–1* : महापंडित राहुल सांस्कृत्यायन, प्रकाशक–किताब महल, इलाहाबाद, संस्करण-1, वर्ष 1954 ई.।

197. *हिन्दुत्व* : स्व. रामदास गौड़, ज्ञानमण्डल काशी, सं. 1997 वि.।

❑❑

